Comunidades autónomas de España

Relieve de España

Nouveaux programmes

Palier 1 - Année 1

Juntos

A1 → A2

Espagnol 1re année

Collection dirigée par Édouard Clemente
Inspecteur d'Académie,
Inspecteur Pédagogique Régional, Bordeaux

Direction pédagogique
Edouard Clemente et Victoria Faurieux

Victoria Faurieux
Professeur certifié,
Collège Jean Rebier, Isle
Formatrice associée à l'IUFM, Académie de Limoges

Sophie Berillon
Professeur certifié,
Collège Sainte Marie Grand Lebrun, Bordeaux
Formatrice Carfec, Bordeaux

Robert Louison
Professeur agrégé,
Collège J.M. Lonne, Hagetmau
Formateur Tice, Académie de Bordeaux

Maitena Susperregui
Professeur certifié,
Collège Pierre Jéliote, Lasseube
Formatrice Tice, Académie de Bordeaux

Avec la contribution de :

Anna Martinez
Professeur agrégé,
Collège Université, Reims

Anne-Marie Perez
Professeur agrégé,
Formatrice associée à l'IUFM de Champagne-Ardenne
Collège Henri Guillaumet, Mourmelon-le-Grand

Danièle Urbin-Landreau
Professeur agrégé,
Lycée Camille Jullian, Bordeaux

Nathan

Illustrations de la couverture

Haut à gauche : concours de Castellers, place Sant Jaume, Barcelone.

Haut à droite : jeunes filles en costumes pendant la Feria à Seville.

Bas : défilé en costumes typiques à Potosí, Bolivie.

Edition : **Sonia Berthelot**

Iconographie : **Valérie Vidal** et **Christine Morel**

Illustratrice : **Mademoiselle Caroline**

Conception de la maquette
et mise en pages : **Elise Rebaa-Launay**

Conception de la couverture : **Killiwatch**

Cartographie : **AFDEC** et **Légendes Cartographie**

Lecture et correction : **Dulce Gamonal**

ISBN 978.2.09.175510.6

N° d'éditeur: 10210944
Dépôt légal: Juillet 2016
Imprimé en Espagne par Graficas Estella

AVANT-PROPOS

Juntos 1re année prend en compte les nouveaux programmes du Palier 1 (année 1) qui intègrent les axes forts du CECRL (Cadre européen commun de référence pour les langues).

Les huit unités de cette méthode constituent un parcours qui vous conduira au niveau A1, ou le consolidera, et vous engagera vers le niveau A2. Chacune des unités permet de travailler les cinq activités langagières (écouter, lire, parler en continu, parler avec quelqu'un, écrire), avec une insistance sur la pratique de l'oral conformément aux instructions du Palier 1. Vous serez entraînés à comprendre et à vous exprimer et vous serez mis en situation d'utiliser vos acquis pour agir, en réalisant des tâches qui entraînent des réemplois linguistiques et sollicitent votre mémoire et votre imagination.

Les unités comportent des pages spécifiques à chacune des cinq activités langagières indiquées par des logos facilement identifiables. Ces pages s'appuient sur des documents authentiques correspondant à l'activité majeure travaillée. La démarche adoptée incite à l'entraînement régulier et méthodique à TOUTES les activités langagières. Les différents supports oraux, visuels, textuels, audiovisuels ciblent une activité dominante dont la réalisation met systématiquement en jeu d'autres activités en mineur.

La variété des situations, des tâches et des supports proposés devrait alimenter votre intérêt pour la langue espagnole, les pays, les hommes et les femmes qui la pratiquent : plus de 400 millions de personnes à travers le monde !

De la découverte et de la compréhension d'une langue authentique à l'expression orale et écrite, de l'expression en continu à l'interaction orale, ce sont toujours des activités guidées ou semi-guidées qui vous permettront d'acquérir une autonomie linguistique confortée par des évaluations et des auto-évaluations souples et ciblées.

Nous vous souhaitons à toutes et à tous, ***Juntos***, une année riche en découvertes avec ce manuel !

Edouard Clemente

À la fin de la première année le niveau « attendu » est A1, mais il peut être A2-1, voire A2-2 pour des élèves de section européenne.

	ÉCOUTER	LIRE	PRENDRE PART À UNE CONVERSATION	S'EXPRIMER ORALEMENT EN CONTINU	ÉCRIRE
A1	Comprendre des mots familiers et des expressions très courantes.	Comprendre des mots familiers, ainsi que des phrases très simples, par exemple des annonces, des affiches ou des catalogues.	Communiquer, de façon simple, à condition que l'interlocuteur soit disposé à répéter ou à reformuler ses phrases plus lentement et à aider à formuler ce que l'on essaie de dire. Poser des questions simples sur des sujets familiers ou sur ce dont on a immédiatement besoin. Répondre à de telles questions.	Utiliser des expressions et des phrases simples pour décrire son lieu d'habitation et les gens que l'on connaît.	Écrire une courte carte postale simple, par exemple de vacances. Remplir un questionnaire, par exemple, inscrire son nom, sa nationalité et son adresse sur une fiche d'hôtel.
A2-1	Reconnaître des énoncés simples déjà rencontrés et entendus dans des situations familières. Comprendre les nombres et les chiffres isolés ainsi que des mots simples désignant des personnages dans un récit très bref.	Comprendre à l'écrit des énoncés déjà rencontrés auparavant. Repérer les thèmes essentiels abordés dans un courrier personnel ou dans un texte traitant d'un domaine familier.	Prendre part à des conversations brèves dans des situations simples et habituelles (rencontre, achats, demande de renseignements) sans que l'interlocuteur manifeste de grandes difficultés pour comprendre.	Se présenter ainsi que sa famille et ses amis (identité, travail, loisirs, domicile…) en quelques phrases simples.	Transcrire en 2 ou 3 phrases une information simple communiquée oralement.

Présentation du manuel

Structure des unités

→ Les logos utilisés dans le manuel

- Écouter
- Lire
- Parler en continu
- Parler en interaction
- Écrire
- CD élève : Document enregistré sur le CD élève
- CD classe : Document enregistré sur les CD classe
- CD-ROM : Exercices disponibles sur le CD élève
- → Vídeo DVD : Document disponible sur le DVD classe

Ouverture

- Un grand visuel pour entrer dans la thématique de l'unité
- Les objectifs d'apprentissage par activité langagière
- Les outils de la langue à maîtriser
- La tâche finale de l'unité

Rubriques récurrentes

→ Palabras para decirlo
Aide à l'expression

→ Memoriza
Étude d'un point de grammaire issu du document

→ Practica
Court exercice d'application

→ ¿Cómo se pronuncia?
Étude d'un point de prononciation issu du document et court exercice d'application

→ ¿Lo sabías?
Aspect de la culture hispanique

→ ¡Y ahora tú!
Micro-tâche pratique pour utiliser la langue dans une situation quotidienne

Comprensión oral

- Un document audio par page
- Un visuel en lien avec chaque document pour faciliter la compréhension
- Une série de tâches pour comprendre les 2 enregistrements et s'exprimer

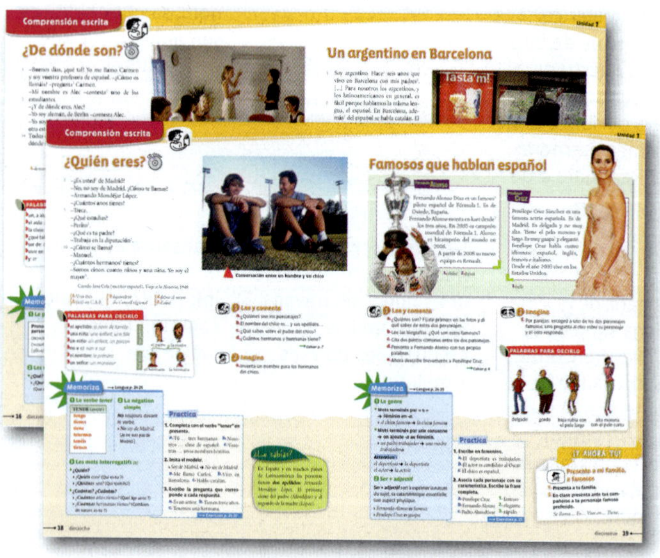

Comprensión escrita

- 4 textes, un texte par page et un visuel en lien avec ce texte
- Une série de tâches pour comprendre les textes et s'exprimer

Expresión oral

- Deux documents déclencheurs de parole
- Une série de tâches d'expression orale en continu et en interaction

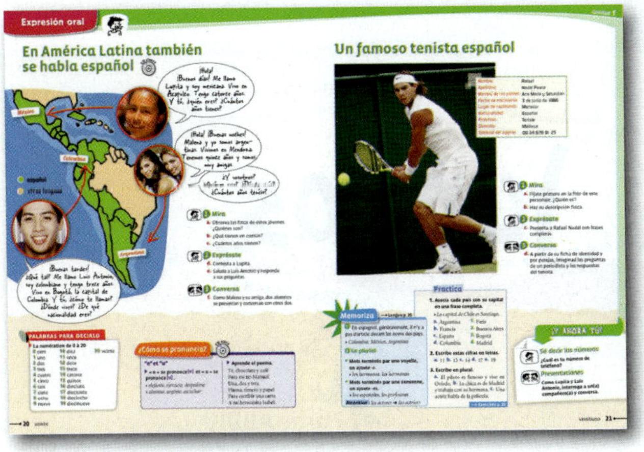

Expresión escrita

- Un document écrit comme modèle
- Des tâches d'expression orale pour repérer les étapes d'écriture
- Une tâche d'expression écrite

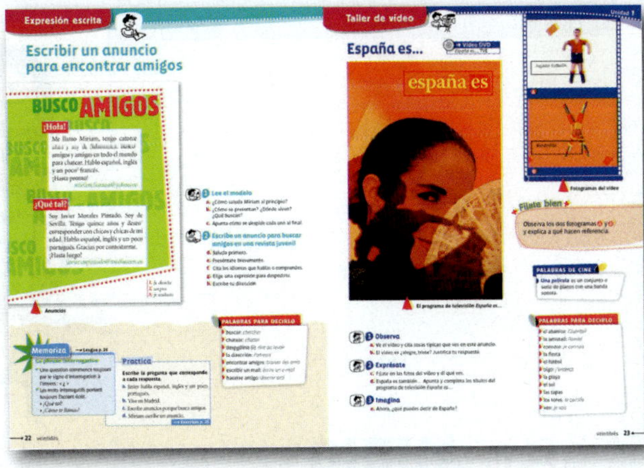

Taller de vídeo

- L'affiche du film et deux photogrammes de l'extrait
- Une série de tâches pour comprendre et s'exprimer sur un document vidéo

Lengua y práctica

- Les points de langue de l'unité
- Des exercices pour faire le point sur ses connaissances grammaticales et lexicales

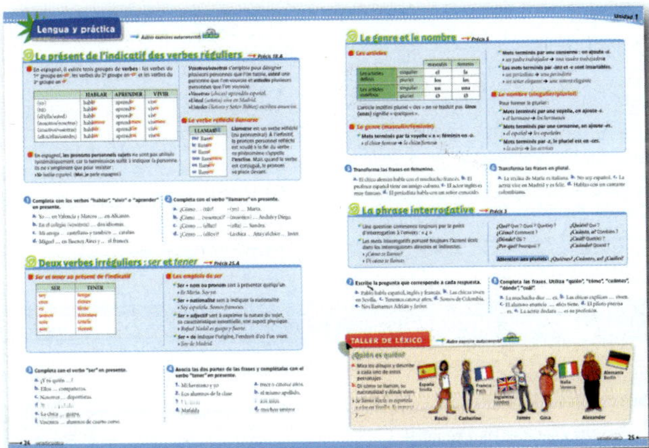

Muy interesante

- Des documents pour découvrir les cultures du monde hispanique
- Des activités de compréhension
- Une tâche finale, **Proyecto final**
- Des pistes de recherche sur Internet

Actividades de evaluación

- Des activités pour s'évaluer et valoriser les compétences acquises dans chaque activité langagière

En fin de manuel

- Des pages **Fiestas** : *Fiestas de Navidad, Fiestas de Carnaval, Fiestas populares españolas*
- Un **précis grammatical** et des **tableaux de conjugaison**
- Un **lexique** espagnol-français et français-espagnol

Le CD audio-Rom

Entraîne-toi avec ton CD !

Partie AUDIO

Pour mieux comprendre l'espagnol et pour le parler avec un bon accent, n'hésite pas à écouter ton CD.

Repère dans ton manuel le logo (CD élève) qui t'indique un **document** ou une **chanson en espagnol** ainsi que les **exercices de prononciation** de ton CD.

Partie ROM

EXERCICES AUTOCORRECTIFS

Pour progresser en grammaire, enrichir ton vocabulaire et améliorer ta prononciation, mets ton CD dans un ordinateur.

Repère dans ton manuel le logo (CD-ROM) qui t'indique les **exercices autocorrectifs** de grammaire, de vocabulaire et de prononciation de ton CD.

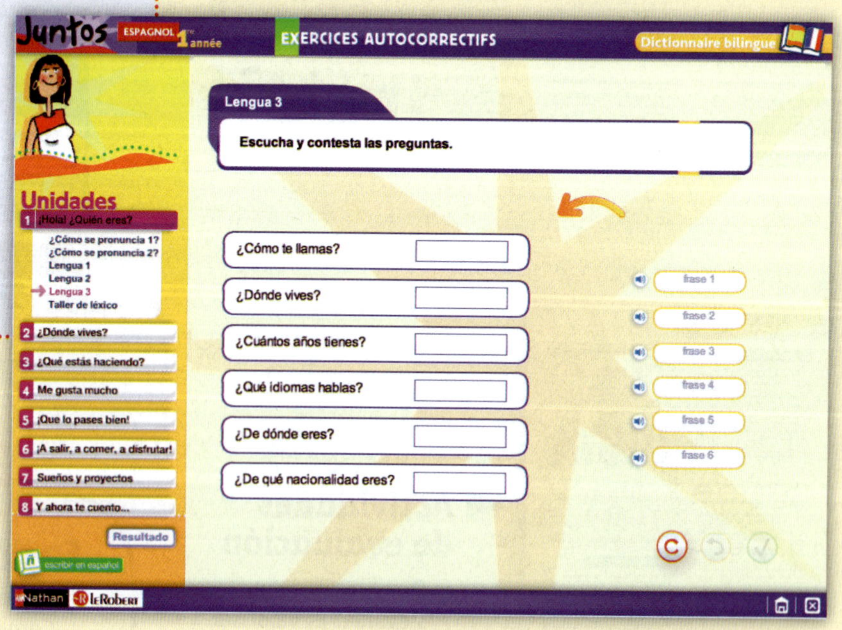

Partie ROM

DICTIONNAIRE

Ton CD contient également un **dictionnaire bilingue sonorisé** et un **dictionnaire illustré** de 35 planches animées. Des activités interactives te sont proposées sur chacune de ces planches pour réviser ton vocabulaire.

Maintenant, à toi de jouer !

FIESTAS
1. Los Reyes Magos

EN CASA
2. La casa
3. La cocina
4. El salón
5. El comedor
6. El cuarto de baño
7. El dormitorio

CIUDAD Y COMERCIOS
8. La ciudad
9. Comercios y tiendas

TRANSPORTE
10. Medios de transporte

EL MUNDO
11. La Tierra
12. El paisaje
13. El tiempo

PERSONAS
14. El cuerpo
15. La ropa
16. La cara
17. Las emociones
18. Los oficios
19. Los parientes
20. La familia

EL COLEGIO
21. En el colegio
22. El aula
23. El ordenador

ALIMENTOS Y BEBIDAS
24. Las frutas
25. Las verduras
26. Las bebidas
27. En el supermercado

TIEMPO LIBRE
28. El cine
29. La música
30. El teatro
31. Los deportes

ANIMALES
32. Las mascotas
33. Los animales de la granja
34. Los animales salvajes
35. Insectos y reptiles

Mira y escucha
Découvre les mots et écoute-les.

Lee y encuentra
Retrouve les mots en cliquant sur le dessin.

Escucha y encuentra
Écoute les mots et retrouve-les en cliquant sur le dessin.

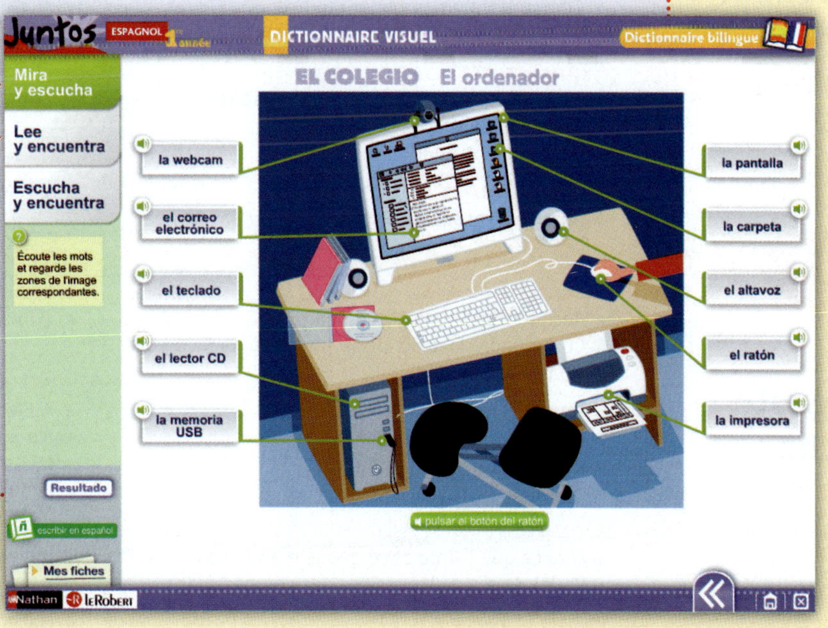

SOMMAIRE

A1 → A2

EL ESPAÑOL EN CLASE

¡Escuchad!

¡Hablad!

¡Escribid!

Unidad 1

¡Hola! ¿Quién eres?

Niña mexicana

Je vais apprendre à... A1

- Comprendre quelqu'un qui se présente.
- Prononcer les lettres en espagnol.
- Comprendre un texte de présentation très simple.
- Me présenter et présenter quelqu'un.
- Saluer à différents moments de la journée.
- Poser des questions simples.
- Saluer, dire au revoir, dire mon âge, ma nationalité.
- Écrire une petite annonce très simple pour me faire des amis.

Je vais utiliser...

- *Ser*, *llamarse* et *tener*
- Le présent de l'indicatif des verbes réguliers
- Les mots interrogatifs
- La négation simple
- Le genre et le nombre
- La phrase interrogative

Je vais découvrir...

- Qui parle espagnol ?
- Les langues parlées en Espagne

Mon projet final

→ Réaliser un poster sur des personnalités parlant espagnol.

¿Quiénes son?

CD élève

Vista de Tordesillas

1 Prepárate

a. Observa el documento. ¿Qué sabes de Marina y de Héctor? La chica se llama... y tiene... El chico...

2 Escucha

b. Marina vive en: ¿Tordesillas, Rueda o Villán?

c. Héctor tiene: ¿trece o catorce años?

d. ¿Qué puedes decir de José? ¿Y de Miguel?

→ Cahier p. 4

3 Exprésate

e. ¿Qué puedes decir de los chicos que se presentan?

PALABRAS PARA DECIRLO

- vivir en: *habiter à*

Saludar | Despedirse

Memoriza

→ Lengua p. 24

Le présent de l'indicatif des verbes *ser* et *llamarse* (1)

Pronoms personnels sujets	SER (être)	LLAMARSE (s'appeler)
(yo)	soy	me llamo
(tú)	eres	te llamas
(él/ella)	es	se llama

Practica

Conjuga los verbos en presente.

a. (Ella/llamarse) Alicia y (ser) española, (ser) de Sevilla.

b. (Yo/llamarse) Charo, (ser) argentina.

→ Exercices p. 24

El alfabeto español

CD élève

A de amapola
B de balón
C de camino
Ch de chocolate
D de domingo
E de espejo
F de fácil
G de genial
H de hombre
I de imaginar
J de jueves
K de kilómetro
L de lunes
LL de lluvia
M de mamut

N de nariz
Ñ de ñu,
que es un animal
O de ovillo
P de pirata
Q de quiosco
R de risa
S de sirena
T de tambor
U de uf…
V de verano
X de xilófono
Y griega
y Z de zas.

Poema, según Charo Ruano (poeta española), 1993

PALABRAS PARA DECIRLO

- el acento: *l'accent*
- las consonantes (b, c, d…)
- deletrear: *épeler*
- noto que: *je remarque que*
- oigo la palabra: *j'entends le mot*
- reconozco el sonido: *je reconnais le son*
- las vocales (a, e, i, o, u)

1 Prepárate

a. Observa el texto y anota las letras que te sorprenden.

2 Escucha

b. Repite algunas palabras que oyes.

c. Repite los sonidos nuevos que reconoces.

→ *Cahier p. 5*

3 Exprésate

d. Las diferencias con el alfabeto francés son…

¿Cómo se pronuncia?

CD élève

La voyelle tonique → *Précis 2*

▸ En espagnol, une voyelle est prononcée plus fort que les autres dans tous les mots : elle est accentuée (ou tonique). Les mots qui ne respectent pas la règle de l'accent tonique portent un accent écrit.

▸ **Écoute les mots de l'alphabet et relève leur voyelle tonique.**

→ *Autre exercice autocorrectif* CD-ROM

¡Y AHORA TÚ!

Deletreo

1. Deletrea tu nombre y apellido.

2. Por grupos: un alumno deletrea el nombre y apellido de un(a) compañero(a); los otros alumnos deben adivinar quién es.

¿De dónde son?

CD classe 2

–Buenos días, ¿qué tal? Yo me llamo Carmen y soy vuestra profesora de español. –¿Cómo os llamáis? –pregunta[1] Carmen.
–Mi nombre es Alec –contesta[2] uno de los estudiantes.
–¿Y de dónde eres, Alec?
–Yo soy alemán, de Berlín –contesta Alec.
–Yo soy Ruth, también soy de Berlín –contesta otra estudiante.
Todos empiezan[3] a decir cómo se llaman y de dónde son.

Rosana Acquaroni Muñoz (escritora española),
El sueño de Otto, 1994

1. *demande* 2. *répond* 3. *commencent*

Clase de español para extranjeros

PALABRAS PARA DECIRLO

- un, a alumno, a: *un(e) élève*
- el aula: *la salle de classe*
- la clase: *le cours*
- ¿qué tal?: *ça va ?* **muy bien:** *très bien*
- ser de: *être de (être originaire de)*
- vivir en: *vivre/habiter à*
- y: *et*

1 Lee y comenta

a. Los personajes son cuatro estudiantes y una profesora de: ¿español, alemán o francés?
b. El nombre de la profesora es...
c. Los alumnos se llaman...
d. Alec y Ruth son de...

→ *Cahier p. 6*

¿Lo sabías?

El español es el idioma oficial de veintidós países, sobre todo de Latinoamérica. En España, además del español, existen otras lenguas oficiales.

Memoriza

→ Lengua p. 24-25

1 Le présent de l'indicatif des verbes *ser* et *llamarse* (2)

Pronoms personnels sujets	SER (être)	LLAMARSE (s'appeler)
(nosotros, as)	somos	nos llamamos
(vosotros, as)	sois	os llamáis
(ellos/ellas)	son	se llaman

2 Les mots interrogatifs (1)

- *¿Qué?*
  › *¿**Qué** pregunta Carmen?* (Que demande Carmen ?)
- *¿Cómo?*
  › *¿**Cómo** se llama el alumno alemán?* (Comment s'appelle l'élève allemand ?)
- *¿Dónde?*
  › *¿**Dónde** vive Sandra?* (Où vit Sandra ?)

Practica

Conjuga los verbos entre paréntesis. Después, escribe las preguntas que corresponden a cada frase.

a. (Nosotros/ser) alumnos de la clase de español, (vivir) en Francia. **b.** (Ellos/llamarse) María y Raúl, (ser) mexicanos, (vivir) en México.

→ Exercices p. 24-25

Un argentino en Barcelona

Soy argentino. Hace[1] seis años que vivo en Barcelona con mis padres[2]. [...] Para nosotros los argentinos, y los latinoamericanos en general, es fácil porque hablamos la misma lengua, el español. En Barcelona, además[3] del español se habla catalán. El español de España y el de[4] Argentina son un poco diferentes. Aquí[5] dicen "dinero[6]" y en Argentina "plata".

Elvira Sancho y Jordi Surís (escritores españoles), *Persecución en Madrid*, © Difusión 2005

1. *Cela fait*
2. *avec mes parents*
3. *en plus*
4. *celui de*
5. *Ici*
6. *on dit argent*

Publicidad en catalán en el metro de Barcelona

1 Lee y comenta

a. ¿Qué lengua se habla también en Barcelona?

b. El chico es... pero vive en...

c. ¿Por qué es fácil para él vivir en España?

d. El español de España y el de Argentina son un poco diferentes. ¿Por qué?

→ *Cahier p. 7*

Memoriza

→ Lengua p. 24-25

1 Le présent de l'indicatif des verbes réguliers

HABLAR (parler)	APRENDER (apprendre)	VIVIR (vivre)
hablo	aprendo	vivo
hablas	aprendes	vives
habla	aprende	vive
hablamos	aprendemos	vivimos
habláis	aprendéis	vivís
hablan	aprenden	viven

2 *¿Por qué? / Porque*

Attention à ne pas confondre ***¿por qué?*** (pourquoi ?) et ***porque*** (parce que).

› *¿Por qué es fácil?* (Pourquoi est-ce facile ?) *Porque...* (Parce que...)

Practica

Conjuga los verbos.

a. (Nosotros/hablar) francés. **b.** (Ellos/vivir) en Barcelona. **c.** Los alumnos (aprender) español. **d.** El profesor (enseñar) idiomas.

→ Exercices p. 24

PALABRAS PARA DECIRLO

- diferente
- un idioma = una lengua
- mismo, a: *même*
- pero: *mais*
- se habla: *on parle*
- también: *aussi*

¡Y AHORA TÚ!

Me presento

1. Por parejas: pregunta a tu compañero(a) sobre su identidad; después él a ti.
2. ¿Qué idiomas hablas? ¿Qué lenguas aprendes en el colegio?

¿Quién eres?

CD classe

–¿Es usted[1] de Madrid?
–No, no soy de Madrid. ¿Cómo te llamas?
–Armando Mondéjar López.
–¿Cuántos años tienes?
–Trece.
–¿Qué estudias?
–Perito[2].
–¿Qué es tu padre?
–Trabaja en la diputación[3].
–¿Cómo se llama?
–Manuel.
–¿Cuántos hermanos[4] tienes?
–Somos cinco: cuatro niños y una niña. Yo soy el mayor[5].

Camilo José Cela (escritor español), *Viaje a la Alcarria*, 1948

1. *Vous êtes* **2.** *(ici) un C.A.P.* **3.** *équivalent du Conseil général* **4.** *frères et sœurs* **5.** *l'aîné*

Conversación entre un hombre y un chico

PALABRAS PARA DECIRLO

- el apellido: *le nom de famille*
- una niña: *une enfant, une fille*
- un niño: *un enfant, un garçon*
- no ≠ sí: *non ≠ oui*
- el nombre: *le prénom*
- un señor: *un monsieur*

1 Lee y comenta

a. ¿Quiénes son los personajes?
b. El nombre del chico es… y sus apellidos…
c. ¿Qué sabes sobre el padre del chico?
d. ¿Cuántos hermanos y hermanas tiene?

→ *Cahier p. 7*

2 Imagina

e. Inventa un nombre para los hermanos del chico.

Memoriza

→ Lengua p. 24-25

1 Le verbe *tener*

TENER (avoir)
tengo
tienes
tiene
tenemos
tenéis
tienen

2 La négation simple

No toujours devant le verbe.
› ***No*** *soy de Madrid.* (Je ne suis pas de Madrid.)

3 Les mots interrogatifs (2)

- *¿Quién?*
  › *¿**Quién** eres?* (Qui es-tu ?)
  › *¿**Quiénes** son?* (Qui sont-ils?)
- *¿Cuántos? ¿Cuántas?*
  › *¿**Cuántos** años tienes?* (Quel âge as-tu ?)
  › *¿**Cuántas** hermanas tienes?* (Combien de sœurs as-tu ?)

Practica

1. Completa con el verbo "tener" en presente.
a. Tú … tres hermanas. **b.** Nosotros … clase de español. **c.** Vosotras … unos nombres bonitos.

2. Imita el modelo:
› *Soy de Madrid.* → *No soy de Madrid.*
a. Me llamo Carlos. **b.** Vivo en Barcelona. **c.** Hablo catalán.

3. Escribe la pregunta que corresponde a cada respuesta.
a. Es un señor. **b.** Tienen trece años. **c.** Tenemos una hermana.

→ Exercices p. 24-25

¿Lo sabías?

En España y en muchos países de Latinoamérica las personas tienen **dos apellidos:** *Armando Mondéjar López*. El primero viene del padre *(Mondéjar)* y el segundo de la madre *(López)*.

Famosos que hablan español

Fernando Alonso

Fernando Alonso Díaz es un famoso[1] piloto español de Fórmula 1. Es de Oviedo, España.
Fernando Alonso monta en kart desde[2] los tres años. En 2005 es campeón mundial de Fórmula 1. Alonso es bicampeón del mundo en 2006.
A partir de 2008 su nuevo equipo es Renault.

1. *célèbre* 2. *depuis*

Penélope Cruz

Penélope Cruz Sánchez es una famosa actriz española. Es de Madrid. Es delgada y no muy alta. Tiene el pelo moreno y largo. Es muy guapa[1] y elegante. Penélope Cruz habla cuatro idiomas: español, inglés, francés e italiano.
Desde el año 2000 vive en los Estados Unidos.

1. *belle*

1 Lee y comenta

a. ¿Quiénes son? Fíjate primero en las fotos y di qué sabes de estos dos personajes.
b. Lee las biografías. ¿Qué son estos famosos?
c. Cita dos puntos comunes entre los dos personajes.
d. Presenta a Fernando Alonso con tus propias palabras.
e. Ahora describe brevemente a Penélope Cruz.

→ *Cahier p. 8*

2 Imagina

f. Por parejas: escoged a uno de los dos personajes famosos; uno pregunta al otro sobre su personaje y el otro responde.

PALABRAS PARA DECIRLO

delgado — gordo — baja rubia con el pelo largo — alta morena con el pelo corto

Memoriza

→ Lengua p. 24-25

1 Le genre

- **Mots terminés par « o » → féminin en *-a*.**
  › *el chico famoso* → *la chica famos**a***
- **Mots terminés par une consonne → on ajoute *-a* au féminin.**
  › *un padre trabajador* → *una madre trabajador**a***

Attention :
el deportista → *la deportista*
el actor → *la actriz*

2 *Ser* + adjectif

***Ser* + adjectif** sert à exprimer la nature du sujet, sa caractéristique essentielle, son aspect physique.

› *Fernando Alonso **es** famoso.*
› *Penélope Cruz **es** guapa.*

Practica

1. Escribe en femenino.
a. El deportista es trabajador.
b. El actor es candidato al Oscar.
c. El chico es español.

2. Asocia cada personaje con su característica. Escribe la frase completa.

a. Penélope Cruz	**1.** famoso
b. Fernando Alonso	**2.** elegante
c. Pedro Almodóvar	**3.** rápido

→ Exercices p. 25

¡Y AHORA TÚ!

Presento a mi familia, a famosos

1. Presenta a tu familia.
2. En clase presenta ante tus compañeros a tu personaje famoso preferido.
Se llama… Es… Vive en… Tiene…

En América Latina también se habla español

CD classe

1 Mira

a. Observa las fotos de estos jóvenes. ¿Quiénes son?

b. ¿Qué tienen en común?

c. ¿Cuántos años tienen?

2 Exprésate

d. Contesta a Lupita.

e. Saluda a Luis Antonio y responde a sus preguntas.

3 Conversa

f. Como Malena y su amiga, dos alumnos se presentan y conversan con otros dos.

PALABRAS PARA DECIRLO

La numération de 0 à 20

0 cero	**10** diez	**20** veinte
1 uno	**11** once	
2 dos	**12** doce	
3 tres	**13** trece	
4 cuatro	**14** catorce	
5 cinco	**15** quince	
6 seis	**16** dieciséis	
7 siete	**17** diecisiete	
8 ocho	**18** dieciocho	
9 nueve	**19** diecinueve	

¿Cómo se pronuncia?

CD élève

"e" et "u"

▸ « e » se prononce [e] et « u » se prononce [u].

› *elefante, ejercicio, despedirse*

› *alumno, urgente, escuchar*

▸ Aprende el poema.

Té, chocolate y café
Para mi tío Manuel.
Una, dos y tres.
Pluma, tintero y papel
Para escribir una carta
A mi hermanita Isabel.

Un famoso tenista español

Nombre:	Rafael
Apellidos:	Nadal Parera
Nombre de los padres:	Ana María y Sebastián
Fecha de nacimiento:	3 de junio de 1986
Lugar de nacimiento:	Manacor
Nacionalidad:	Español
Profesión:	Tenista
Domicilio:	Mallorca
Teléfono del agente:	00 34 678 91 25

1 Mira

a. Fíjate primero en la foto de este personaje. ¿Quién es?

b. Haz su descripción física.

2 Exprésate

c. Presenta a Rafael Nadal con frases completas.

3 Conversa

d. A partir de su ficha de identidad y por parejas, imaginad las preguntas de un periodista y las respuestas del tenista.

Memoriza

→ Lengua p. 25

1 En espagnol, généralement, il n'y a pas d'article devant les noms des pays.

› *Colombia, México, Argentina*

2 Le pluriel

- **Mots terminés par une voyelle, on ajoute *-s*.**
  › *los hermanos, las hermanas*
- **Mots terminés par une consonne, on ajoute *-es*.**
  › *los españoles, los profesores*

Attention : *los actores* → *las actrices*

Practica

1. Asocia cada país con su capital en una frase completa.

› *La capital de Chile es Santiago.*

a. Argentina	**1.** París
b. Francia	**2.** Buenos Aires
c. España	**3.** Bogotá
d. Colombia	**4.** Madrid

2. Escribe estas cifras en letras.

a. 11 **b.** 13 **c.** 14 **d.** 17 **e.** 19

3. Escribe en plural.

a. El piloto es famoso y vive en Oviedo. **b.** La chica es de Madrid y trabaja con su hermana. **c.** Una actriz habla de la película.

→ Exercices p. 25

¡Y AHORA TÚ!

Sé decir los números

¿Cuál es tu número de teléfono?

Presentaciones

Como Lupita y Luis Antonio, interroga a un(a) compañero(a) y conversa.

Escribir un anuncio para encontrar amigos

BUSCO AMIGOS

¡Hola!

Me llamo Miriam, tengo catorce años y soy de Salamanca. Busco[1] amigos y amigas en todo el mundo para chatear. Hablo español, inglés y un poco[2] francés.
¡Hasta pronto!
miriam.lozano@yahoo.es

¿Qué tal?

Soy Javier Morales Pintado. Soy de Sevilla. Tengo quince años y deseo[3] corresponder con chicos y chicas de mi edad. Hablo español, inglés y un poco portugués. Gracias por contestarme.
¡Hasta luego!
javier.mpintado@mediacom.es

1. *Je cherche*
2. *un peu*
3. *je souhaite*

Anuncios

1 Lee el modelo

a. ¿Cómo saluda Miriam al principio?
b. ¿Cómo se presentan? ¿Dónde viven? ¿Qué buscan?
c. Apunta cómo se despide cada uno al final.

2 Escribe un anuncio para buscar amigos en una revista juvenil

d. Saluda primero.
e. Preséntate brevemente.
f. Cita los idiomas que hablas o comprendes.
g. Elige una expresión para despedirte.
h. Escribe tu dirección.

PALABRAS PARA DECIRLO

- buscar: *chercher*
- chatear: *chatter*
- despedirse (i): *dire au revoir*
- la dirección: *l'adresse*
- encontrar amigos: *trouver des amis*
- escribir un mail: *écrire un e-mail*
- hacerse amigo: *devenir ami*

Memoriza

→ Lengua p. 25

La phrase interrogative

- Une question commence toujours par le signe d'interrogation à l'envers : « ¿ »
- Les mots interrogatifs portent toujours l'accent écrit.
  › *¿Qué tal?*
  › *¿Cómo te llamas?*

Practica

Escribe la pregunta que corresponde a cada respuesta.

a. Javier habla español, inglés y un poco portugués.
b. Vive en Madrid.
c. Escribe anuncios porque busca amigos.
d. Miriam escribe un anuncio.

→ Exercices p. 25

España es...

→ Vídeo DVD
España es..., TVE

El programa de televisión *España es...*

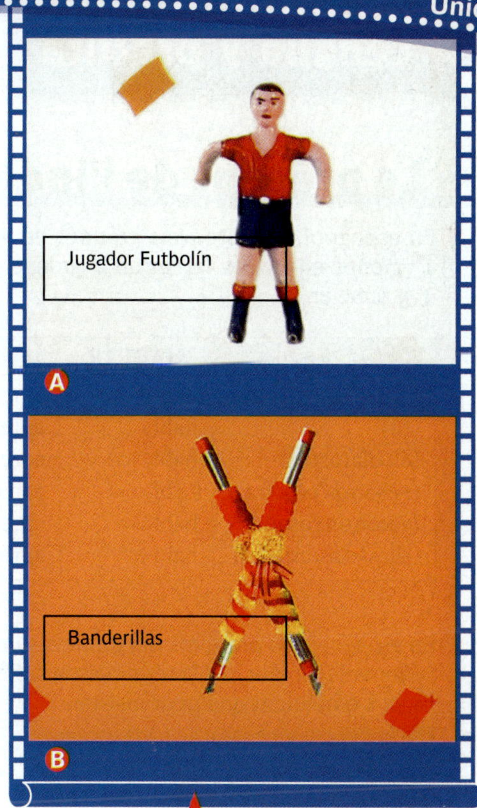

Fotogramas del vídeo

Fíjate bien

Observa los dos fotogramas A y B y explica a qué hacen referencia.

PALABRAS DE CINE

- **Una película** es un conjunto o serie de planos con una banda sonora.

PALABRAS PARA DECIRLO

- el abanico: *l'éventail*
- la amistad: *l'amité*
- conozco: *je connais*
- la fiesta
- el fútbol
- oigo: *j'entends*
- la playa
- el sol
- las tapas
- los toros: *la corrida*
- veo: *je vois*

1 Observa

a. Ve el vídeo y cita cosas típicas que ves en este anuncio.

b. El vídeo es ¿alegre, triste? Justifica tu respuesta.

2 Exprésate

c. Fíjate en las fotos del vídeo y di qué ves.

d. España es también... Apunta y completa los títulos del programa de televisión *España es...*

3 Imagina

e. Ahora, ¿qué puedes decir de España?

→ Autres exercices autocorrectifs CD-ROM

Le présent de l'indicatif des verbes réguliers → Précis 18.A

- En espagnol, il existe trois groupes de **verbes** : les verbes du 1er groupe en ***-ar***, les verbes du 2e groupe en ***-er*** et les verbes du 3e groupe en ***-ir***.

	HABLAR	APRENDER	VIVIR
(yo)	habl**o**	aprend**o**	viv**o**
(tú)	habl**as**	aprend**es**	viv**es**
(él/ella/usted)	habl**a**	aprend**e**	viv**e**
(nosotros/nosotras)	habl**amos**	aprend**emos**	viv**imos**
(vosotros/vosotras)	habl**áis**	aprend**éis**	viv**ís**
(ellos/ellas/ustedes)	habl**an**	aprend**en**	viv**en**

- En espagnol, **les pronoms personnels sujets** ne sont pas utilisés systématiquement, car la terminaison suffit à indiquer la personne. Ils ne s'emploient que pour insister :
›*Yo hablo español.* (**Moi, je** parle espagnol.)

Vosotros/vosotras s'emploie pour désigner plusieurs personnes que l'on tutoie, ***usted*** une personne que l'on vouvoie et ***ustedes*** plusieurs personnes que l'on vouvoie.
›***Vosotras*** *(chicas) aprendéis español.*
›***Usted*** *(señora) vive en Madrid.*
›***Ustedes*** *(Señora y Señor Ibáñez) escriben anuncios.*

Le verbe réfléchi *llamarse*

LLAMARSE
me llam**o**
te llam**as**
se llam**a**
nos llam**amos**
os llam**áis**
se llam**an**

Llamarse est un verbe réfléchi (ou pronominal). À l'infinitif, le pronom personnel réfléchi est soudé à la fin du verbe : ce phénomène s'appelle **l'enclise**. Mais quand le verbe est conjugué, le pronom se place devant.

1 Completa con los verbos "hablar", "vivir" o "aprender" en presente.

a. Yo … en Valencia y Marcos … en Alicante.
b. En el colegio (vosotros) … dos idiomas.
c. Mi amiga … castellano y también … catalán.
d. Miguel … en Buenos Aires y … el francés.

2 Completa con el verbo "llamarse" en presente.

a. ¿Cómo … (tú)? –(yo) … Marta.
b. ¿Cómo … (vosotros)? –(nosotros) … Andrés y Diego.
c. ¿Cómo … (ella)? –(ella) … Sandra.
d. ¿Cómo … (ellos)? –La chica … Ana y el chico … Javier.

Deux verbes irréguliers : *ser* et *tener* → Précis 25.A

Ser et *tener* au présent de l'indicatif

SER	TENER
soy	tengo
eres	tienes
es	tiene
somos	tenemos
sois	tenéis
son	tienen

Les emplois de *ser*

- ***Ser*** **+ nom ou pronom** sert à présenter quelqu'un.
› *Es María. Soy yo.*
- ***Ser*** **+ nationalité** sert à indiquer la nationalité.
› *Soy española. Somos franceses.*
- ***Ser*** **+ adjectif** sert à exprimer la nature du sujet, sa caractéristique essentielle, son aspect physique.
› *Rafael Nadal es guapo y fuerte.*
- ***Ser*** **+ de** indique l'origine, l'endroit d'où l'on vient.
› *Soy de Madrid.*

3 Completa con el verbo "ser" en presente.

a. ¿Y tú quién …?
b. Ellos … compañeros.
c. Nosotros … deportistas.
d. Yo … española.
e. La chica … guapa.
f. Vosotros … alumnos de cuarto curso.

4 Asocia las dos partes de las frases y complétalas con el verbo "tener" en presente.

1. Mi hermano y yo
2. Los alumnos de la clase
3. Vosotras
4. Mafalda

a. trece o catorce años.
b. el mismo apellido.
c. seis años.
d. muchos amigos.

Le genre et le nombre

→ Précis 5

Les articles

		masculin	feminin
Les articles définis	singulier	**el**	**la**
	pluriel	**los**	**las**
Les articles indéfinis	singulier	**un**	**una**
	pluriel	**Ø**	**Ø**

L'article indéfini pluriel « des » ne se traduit pas. ***Unos*** **(*unas*)** signifie « quelques ».

Le genre (masculin/féminin)

- **Mots terminés par la voyelle « o »: féminin en *-a*.**
  › *el chico famoso* → *la chica famosa*
- **Mots terminés par une consonne : on ajoute *-a*.**
  › *un padre trabajador* → *una madre trabajadora*
- **Les mots terminés par *-ista* et *-e* sont invariables.**
  › *un periodista* → *una periodista*
  › *un señor elegante* → *une señora elegante*

Le nombre (singulier/pluriel)

Pour former le pluriel :

- **Mots terminés par une voyelle, on ajoute *-s*.**
  › *el hermano* → *los hermanos*
- **Mots terminés par une consonne, on ajoute *-es*.**
  › *el español* → *los españoles*
- **Mots terminés par *-z*, le pluriel est en *-ces*.**
  › *la actriz* → *las actrices*

5 Transforma las frases en femenino.

a. El chico alemán habla con el muchacho francés. **b.** El profesor español tiene un amigo cubano. **c.** El actor inglés es muy famoso. **d.** El periodista habla con un señor conocido.

6 Transforma las frases en plural.

a. La vecina de María es italiana. **b.** No soy español. **c.** La actriz vive en Madrid y es feliz. **d.** Hablas con un cantante colombiano.

La phrase interrogative

→ Précis 3

- Une question commence toujours par le point d'interrogation à l'envers : « ¿ »
- Les mots interrogatifs portent toujours l'accent écrit dans les interrogations directes et indirectes.
  › *¿Cómo te llamas?*
  › *Di cómo te llamas.*

¿Qué? Que ? Quoi ? Quel(le) ?
¿Cómo? Comment ?
¿Dónde? Où ?
¿Por qué? Pourquoi ?
¿Quién? Qui ?
¿Cuánto, a? Combien ?
¿Cuál? Quel(le) ?
¿Cuándo? Quand ?

Attention aux pluriels : ***¿Quiénes? ¿Cuántos, as? ¿Cuáles?***

7 Escribe la pregunta que corresponde a cada respuesta.

a. Pablo habla español, inglés y francés. **b.** Las chicas viven en Sevilla. **c.** Tenemos catorce años. **d.** Somos de Colombia. **e.** Nos llamamos Adrián y Javier.

8 Completa las frases. Utiliza "quién", "cómo", "cuántos", "dónde", "cuál".

a. La muchacha dice … es. **b.** Las chicas explican … viven. **c.** El alumno anuncia … años tiene. **d.** El piloto precisa … es. **e.** La actriz declara … es su profesión.

TALLER DE LÉXICO

→ Autre exercice autocorrectif CD-ROM

¿Quién es quién?

a. Mira los dibujos y describe a cada uno de estos personajes.
b. Di cómo se llaman, su nacionalidad y dónde viven.

› *Se llama Rocío, es española y vive en Sevilla. Es morena y …*

muy INTERESANTE

¿Qué lenguas hablan los españoles?

CD classe 2

El español o castellano se habla en toda España. Además, en algunas regiones se habla también otra lengua: en Galicia se habla el gallego, en el País Vasco se habla el vascuence o euskera y en Cataluña, en parte de la Comunidad Valenciana y en Baleares, se habla el catalán.

Constitución española de 1978

Artículo 3

1. El castellano es la lengua española oficial del Estado.

2. Las demás[1] lenguas españolas son también oficiales en las respectivas Comunidades Autónomas[2].

1 *Les autres*
2 regiones

a

¡Hola! ¿Qué tal? Me llamo Amaia. Tengo catorce años y soy de Bilbao. Hablo castellano, euskera y francés. ¡Agur!

Bilbao

b

¡Bos días! Soy Xeromo. Vivo en La Coruña y practico el fútbol. Hablo castellano, gallego e inglés.

La Coruña

c

¡Bon día! Me llamo Arnau y soy de Gerona. Tengo dos hermanas. Hablo castellano y catalán. ¡Adéu!

Gerona

Lenguas de España

Toledo

¡Hola! Soy Inés. Vivo en Toledo y tengo quince años. Hablo castellano e inglés.

d

¿A ver si lo sabes?

1. ¿Es el castellano la lengua oficial en toda España?
2. Mira el mapa y cita comunidades donde se habla castellano.
3. Mira el mapa e indica dónde se habla euskera, gallego y catalán.

Página Web que puedes consultar
http://www.cervantes.es

Proyecto final

Realiza un póster sobre personalidades que hablan español.

→ Busca información y fotos en casa y en la biblioteca sobre:
- Personas famosas (escritores, deportistas, cantantes, actores…).
- Su ficha de identidad: nombres y apellidos, fecha de nacimiento, nacionalidad, lugar de residencia, profesión, lenguas habladas.
- El país donde viven: la capital o ciudad donde viven y sus monumentos.

→ Realiza el póster.

→ Presenta el póster a la clase.

1 Me llamo Nelly

CD classe

Objectif : Comprendre un dialogue dans lequel des personnes se présentent.
Outil : Lexique de l'identité.

Escucha la grabación y contesta.

1. Hablan:
   a. ¿una chica y un chico?
   b. ¿dos chicas?
   c. ¿dos chicos?
2. Di cómo se llaman las personas.
3. ¿Verdad o mentira?
   a. Nelly es un apellido.
   b. Heredia es un nombre.
   c. Heredia no dice su nombre.

2 Mafalda y sus amigos (1)

Objectif : Comprendre un texte court et simple de présentation.
Outils : *Ser* au présent de l'indicatif, lexique de l'identité et des nationalités.

Lee el cómic y di si estas frases sobre Mafalda y sus amigos son verdad o mentira.

a. Mafalda es española y tiene cinco años.
b. Su mejor amigo se llama Felipe.
c. Susanita no vive en Buenos Aires.
d. Los apellidos de Manolito son García Sánchez.
e. Miguelito es de origen francés.
f. La madre de Mafalda se llama Raquel.

Mafalda y sus amigos, **Quino (dibujante argentino)**

3 Mafalda y sus amigos (2)

Objectifs : Présenter quelqu'un. Répondre à des questions personnelles simples et en poser.
Outils : Lexique de l'identité, le genre et le nombre, les mots interrogatifs, le présent de l'indicatif.

Observa atentamente el cómic y contesta.

1. **a.** Presenta a Mafalda y a Manolito.
   b. Haz dos preguntas sobre Susanita y Felipe.
2. Por parejas, cada uno debe hacer tres preguntas a su compañero sobre Mafalda y sus amigos y responder.

4 Escribir una carta

Objectif : Écrire une lettre simple pour se présenter à un correspondant.
Outils : Les salutations, le présent de l'indicatif.

Tienes un nuevo amigo que habla español, escríbele un mensaje para presentarte.

1. Salúdale.
2. Preséntate con frases completas. Dale cinco informaciones sobre ti.
3. Pregúntale dos cosas.
4. Escribe una frase de despedida.

Resultado
Sé hacerlo
Tengo que repasar

Unidad 2

¿Dónde vives?

Fiesta de los patios cordobeses

Je vais apprendre à... A1

- Comprendre quelqu'un qui dit où vit sa famille.
- Comprendre quelqu'un qui propose un itinéraire.
- Comprendre la description du lieu où l'on habite.
- Comprendre un itinéraire simple.
- Indiquer un chemin à quelqu'un.
- Décrire ma famille, ma maison, une rue.
- Donner des indications simples pour trouver son chemin.
- Écrire un mail pour décrire où j'habite.

Je vais utiliser...

- *Estar*
- Le présent de l'indicatif de *ir*, *salir* et *venir*
- Les verbes à diphtongue
- Les adjectifs possessifs
- Les prépositions et les adverbes de lieu

Je vais découvrir...

- La famille royale espagnole et ses lieux de vie

Mon projet final

→ Imaginer sa maison de vacances idéale en Espagne.

Una familia que vive en toda España

CD élève

1 Prepárate

a. Sitúa las ciudades indicadas en el mapa. Valladolid está en el... Madrid...

b. Di en qué autonomía están estas ciudades.

2 Escucha

c. Di quién habla y de quiénes.

d. Cita seis miembros de la familia.

e. ¿Dónde vive la persona que habla?

→ *Cahier p. 11*

3 Exprésate

f. ¿Qué sabes de esta familia? (profesión, domicilio)

¿Lo sabías?

España tiene 17 **autonomías** o **comunidades autónomas**. Cada autonomía tiene su propio gobierno, su bandera y su capital.

PALABRAS PARA DECIRLO

- ser abogado, a/músico, a: *être avocat(e), musicien,-enne*
- trabajar en

Memoriza

→ Lengua p. 40

Les adjectifs possessifs (1)

- **Pour les trois personnes du singulier** (*yo/tú/él*)

singulier	pluriel
mi	mis
tu	tus
su	sus

› ***mi/tu/su*** *madre*
› ***mi/tu/su*** *padre*
› ***mis/tus/sus*** *primos*

Practica

Pon en plural.

a. mi abuelo
b. tu tío
c. su padre
d. su hermana

→ Exercices p. 40

De paseo por Madrid

CD élève

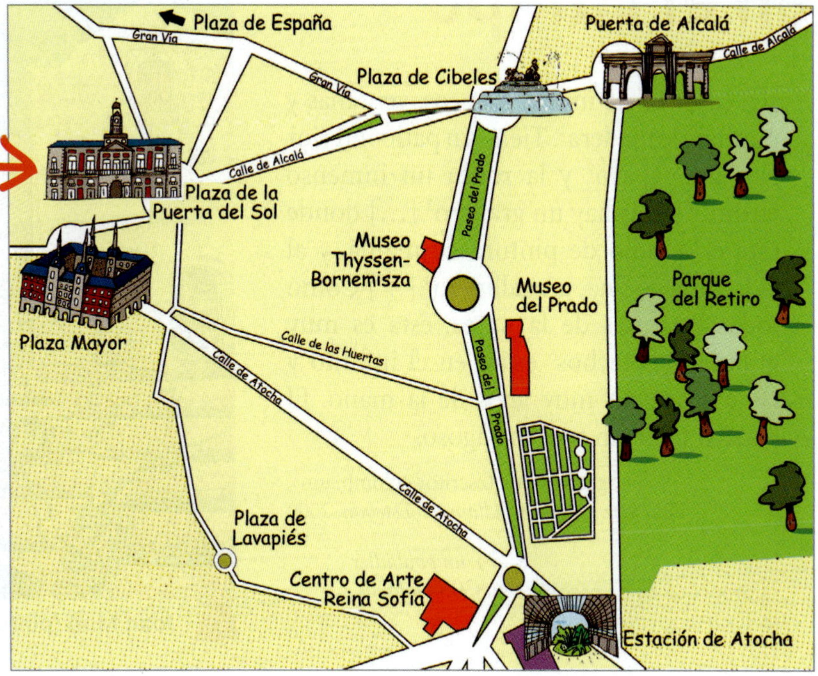

1 Prepárate

a. Di los museos y las plazas que ves en el plano.

2 Escucha

b. ¿Dónde empieza el paseo y dónde termina? En este paseo salimos de… y llegamos a…

c. Para ir a los museos, pasamos por…

→ *Cahier p. 12*

3 Exprésate

d. Indica el camino para llegar hasta el Museo del Prado desde la Puerta del Sol.

PALABRAS PARA DECIRLO

- la calle: *la rue*
- la estación: *la gare*
- llegar: *arriver*
- el museo
- la plaza

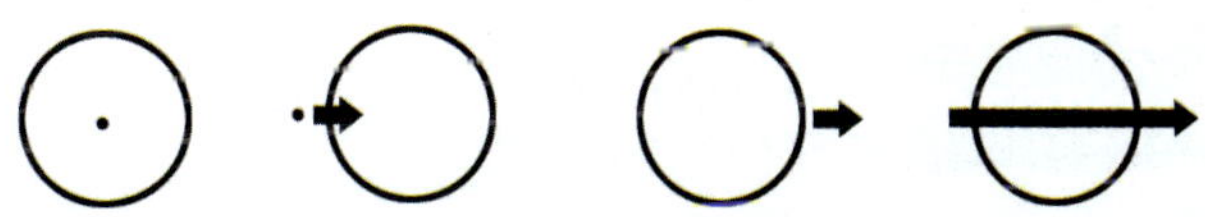

¿Cómo se pronuncia?

CD élève

"g"

▶ **« g » se prononce [g] ou [χ]**

› *galería, salgo, seguir, grande*

› *gente, girar*

▶ **Trabalenguas**

Don Germán y don Ignacio gastan guantes muy elegantes los jueves y los domingos.

→ *Autre exercice autocorrectif* CD-ROM

¡Y AHORA TÚ!

Hablo de mi familia

Di dónde viven los miembros de tu familia.

Indico un itinerario

Por parejas, a partir del plano de Madrid: el alumno A indica dónde está, por dónde pasa y dónde llega; el alumno B debe seguir el itinerario en el plano.

Una casa en el campo

¿La casa? Es de muros blancos, ventanas y puertas de madera[1]. Tiene un patio interior con un papayo[2] y la rodea un inmenso jardín. Detrás hay un granero[3] [...] donde está el estudio de pintura de mamá, y al lado de la cocina, un gallinero[4].[...] Como todas las casas de la niñez, ésta es muy grande. Los techos[5] están en el infinito y las cosas están muy lejos de la mano. El papayo tiene un tronco rugoso.

Santiago Gamboa (escritor colombiano), *Vida feliz de un joven llamado Esteban*, 2000

1. *en bois*
2. árbol que da las papayas
3. *il y a un grenier à grains*
4. *un poulailler*
5. *Les plafonds*

Joan Miró (pintor español), *La Granja Montroig*, 1922

1 Lee y comenta

a. Se nota que habla un niño porque...

b. Su casa está en el campo porque...

c. Dónde están: ¿el patio?, ¿el estudio de pintura?, ¿el gallinero?

→ *Cahier p. 13*

2 Imagina

d. Busca en el texto los elementos que también están en el cuadro.

e. Mira el cuadro y describe la granja de Miró. La granja es... Tiene... El gallinero está...

Memoriza

→ Lengua p. 40

1 Le présent de l'indicatif du verbe *estar*

ESTAR (être)
estoy
estás
está
estamos
estáis
están

2 *Estar* + préposition ou adverbe de lieu

Le verbe ***estar*** sert à situer dans l'espace.

› *Las cosas **están** muy lejos...*

Attention : ne confonds pas ***está*** (verbe *estar*) et ***ésta*** (celle-ci).

Practica

¿"Ser" o "estar"? Conjuga.

a. La casa (estar/ser) en el campo.

b. Los muros de la casa (estar/ser) blancos.

c. El jardín (estar/ser) delante de la casa.

→ Exercices p. 40

PALABRAS PARA DECIRLO

- el árbol: *l'arbre*
- el campo: *la campagne*
- la granja: *la ferme*
- el patio: *la cour*
- ser de: *être en (matière)*

¿Quieres jugar?

CD classe

En casa de Álvaro y de su hermana Clara. Llega una niña, Raquel.

–Tengo un tren eléctrico –le dice Álvaro–. Si quieres te lo enseño.

Salen al pasillo en fila india, él delante, Raquel en medio, su hermana detrás, en dirección de la habitación amplia y luminosa, con dos balcones a la calle, una puerta cerrada a cada lado y un montón[1] de juguetes por el suelo.

–¿Éste es tu cuarto?

–No. Es el cuarto de jugar[2]. Yo duermo ahí –y señala la puerta de la izquierda –, con mis hermanos. Las niñas duermen enfrente.

–¿Quieres ver mis muñecas? –propone Clara–. Tengo muchas.

Según Almudena Grandes (escritora española), *El corazón helado*, 2007

1. *un tas*
2. *la salle de jeux*

PALABRAS PARA DECIRLO

- el cuarto: *la pièce*
- enseñar algo a alguien: *montrer quelque chose à quelqu'un*
- una habitación: *une chambre*
- el juguete: *le jouet*
- la muñeca: *la poupée*

1 Lee y comenta

a. Di quiénes son los personajes.
b. Álvaro quiere...
c. En cambio, su hermana Clara quiere...

→ *Cahier p. 14*

2 Imagina

d. Mira el plano y describe la casa. Tiene...
e. En el cuarto de jugar...

Memoriza

→ Lengua p. 41

Le présent de l'indicatif des verbes à diphtongue (1)

- e → ie
- u → ue

QUERER (vouloir)	JUGAR (jouer)
quiero	juego
quieres	juegas
quiere	juega
queremos	jugamos
queréis	jugáis
quieren	juegan

Practica

Completa con el verbo "querer" o "jugar" en presente.

a. Las niñas … con las muñecas. **b.** (vosotros) No … dormir. **c.** (nosotros) … en el cuarto de jugar. **d.** (tú) … al balón. **e.** Raquel no … visitar la habitación.

→ Exercices p. 41

¡Y AHORA TÚ!

Describo mi casa ideal

Mi casa ideal está... Tiene...

No tengo tu dirección

CD classe 2

A: maia.m@yahoo.es

Querida Maia:
¿Estás ya instalada en Madrid? ¿Dónde vives? ¿Por qué no me escribes?
Patxi

A: patxi.p@yahoo.es

Querido Patxi:
Echo de menos Bilbao[1]. Y sin querer, busco nuestro museo y me acuerdo[2] mucho de ti. Sobre mí, te digo que... ¡odio[3] el lugar donde vivo! Es un barrio pijo[4], muy alejado del centro.
Un beso.
M.

A: maia.m@yahoo.es

Querida Maia:
Todos preguntan por ti[5], que cómo te encuentras[6], cuándo vuelves de excursión con nosotros. Te mandan también muchos besos y blablabla y quieren tu dirección.
Patxi

A: patxi.p@yahoo.es

Querido Patxi:
Mis padres no me dejan utilizar Internet mucho tiempo porque piensan que es una droga. Besos.
Maia

1. Bilbao me manque | *2. je me souviens* | *3. je déteste* | *4. (fam.) snob* | *5. Tout le monde demande de tes nouvelles* | *6. comment tu vas*

1 Lee y comenta

a. Ahora, Maia vive...
b. Patxi quiere saber...
c. Los amigos de Maia quieren...
d. Maia no puede comunicar mucho con Patxi porque...

→ *Cahier p. 14*

2 Imagina

e. ¿Qué foto representa la ciudad de origen de los chicos? Justifica citando el texto.
f. Los amigos quieren la dirección de Maia para...

PALABRAS PARA DECIRLO

- comunicar por Internet
- ¿cuándo?: *quand ?*
- mandar fotos: *envoyer des photos*
- tener noticias de: *avoir des nouvelles de*

Memoriza

→ Lengua p. 41

1 Le présent de l'indicatif des verbes à diphtongue (2)

- **o → ue**

VOLVER (rentrer, revenir)
vuelvo
vuelves
vuelve
volvemos
volvéis
vuelven

2 Les adjectifs possessifs (2)

- **Les trois personnes du pluriel** (*nosotros, as/vosotros, as/ellos, as*)

singulier	pluriel
nuestro , nuestra	nuestros, nuestras
vuestro, vuestra	vuestros, vuestras
su	sus

› ***nuestra** calle*
› ***sus** casas*

Practica

1. Transforma en plural.
a. Quiero saber cuándo vuelves. → Nosotros... **b.** Juego cuando vuelvo. → Vosotros... **c.** Él vuelve de excursión. → Ellos...

2. Completa con el adjetivo posesivo adecuado.
a. –¿Cómo se llama vuestro padre? – ... padre se llama Andrés. **b.** Mi hermano y yo vamos a casa de ... abuela.

→ Exercices p. 41

¿Adónde vamos?

CD classe

–Y ahora, ¿adónde vamos? –pregunta Martín.
–Vamos a ver el Guernica, ¿no? –contesta Mónica […]
–¿Dónde está el Guernica? –pregunta Martín.
–En el Centro de Arte Reina Sofía –contesta Mónica. Además está cerca del Retiro[1].
–Bueno, ¿cómo se va[2] al Reina Sofía?
–En metro.
–¿Dónde estamos? –pregunta Guillermo.
–Aquí –Martín señala un punto en el plano.
–Y aquí está la parada del metro "Arturo Soria".
–Podemos coger la línea marrón y cambiar en la línea 1.
–¿La línea 1?
–Sí, la azul.
–¡Ah!
–… hasta Atocha. El Reina Sofía está cerca.
–Vale, vamos, pues.

Elvira Sancho y Jordi Surís (escritores españoles),
Persecución en Madrid, ©Difusión, 2005

1. el parque del Retiro 2. *on va*

1 Lee y comenta

a. ¿Adónde van los personajes y qué quieren ver?
b. Están cerca de… Van hasta la parada…
c. ¿Por cuántas paradas van a pasar?

→ *Cahier p. 15*

2 Imagina

d. Fíjate en el plano: a partir de los elementos siguientes, adivina cómo se llama la parada y de qué color es su línea.
1. Está entre "Avenida de la Paz" y "Esperanza".
2. Está entre "Antón Martín" y "Menéndez Pelayo".
3. Es el nombre de un parque cerca de "Banco de España".
4. Es el Estadio del Real Madrid.

e. Imagina otros itinerarios posibles con menos paradas para los personajes.

PALABRAS PARA DECIRLO

- cambiar en: *changer à*
- coger: *prendre*
- la parada: *la station (de métro)*
- aquí: *ici*
- ahí: *là*
- allí: *là-bas*

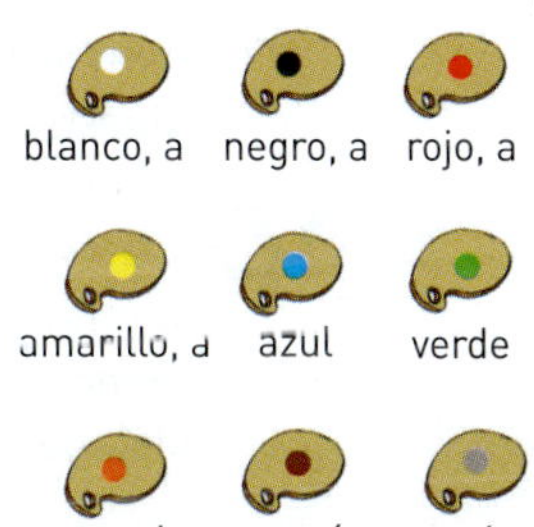

¿Lo sabías?

El Guernica, del pintor español **Pablo Picasso**, es uno de los cuadros más famosos de la Historia del arte. Está en el Centro de arte Reina Sofía en Madrid.

Memoriza

→ Lengua p. 41

1 Le présent de l'indicatif de *ir*

IR (aller)
voy
vas
va
vamos
vais
van

2 La contraction de l'article

- *de + el → del*
- *a + el → al*

Practica

1. Conjuga.
a. Ahora estamos en el Reina Sofía y después (ir) al Prado. **b.** Estoy en la parada Goya y (ir) a Atocha.

2. ¿"A la", "al", "de la", o "del"?
Estamos cerca … metro y vamos … parque.

→ Exercices p. 41

¡Y AHORA TÚ!

Indico el camino del estadio

Por parejas. El alumno A está en Atocha; quiere ir al estadio Bernabeu. El alumno B le explica cómo ir en metro.

Disfruta del espacio

1 Mira

a. Este documento es:
1. una foto **2.** un anuncio **3.** un dibujo

b. En esta publicidad veo a... Están...

2 Exprésate

c. ¿Dónde están los niños en el coche? ¿Delante o detrás?

d. Sitúa a la niña, al niño, al elefante.

e. ¿Qué hacen?

f. Muestra que el coche es grande.

3 Conversa

g. El niño del documento y un amigo hablan del coche de sus padres. Por parejas, imaginad el diálogo.

PALABRAS PARA DECIRLO

- el asiento: *le siège*
- el coche: *la voiture*
- estar sentado, a: *être assis(e)*
- hay sitio: *il y a de la place*

a la derecha

a la izquierda

en medio/entre

grande

pequeño(a)

Memoriza

→ Lengua p. 40

1 *Estar* + adjectif

Le verbe ***estar*** + adjectif exprime un état passager.
› *El coche **está** lleno.*

2 L'emploi de la préposition *a*

L'emploi de la préposition ***a*** est obligatoire devant un complément d'objet direct de personne ou d'animal.
› *En la foto veo **a** un niño.*

Practica

1. Completa las frases con el verbo adecuado.

a. La casa ... vacía. **b.** Los niños ... contentos. **c.** El pueblo ... lleno de gente. **d.** La calle ... animada.

2. Conjuga los verbos y añade la preposición "a" si es necesaria.

a. Yo (ver) ... mi padre. **b.** Tú (saludar) ... tu abuela. **c.** La madre (mirar) ... su hijo. **d.** Nosotros (escribir) ... nuestros primos.

→ Exercices p. 40

La calle

Fernando Botero (pintor colombiano), *La calle*, 1987

1 Mira

a. Di lo que representa el cuadro y precisa los colores.

b. ¿Cuáles son los personajes que suben? ¿Cuáles bajan?

2 Exprésate

c. Describe el pueblo.

d. Sitúa a los personajes. Abajo a la derecha está un hombre delante de... Arriba...

e. Imagina: La señora de amarillo va a..., el señor a caballo..., el cura viene de...

3 Conversa

f. El señor del paraguas y la señora de azul se encuentran y se preguntan adónde van. Por parejas, imaginad el diálogo.

¿Cómo se pronuncia?

CD élève

"ll"

▶ **Le son [ʎ] est proche de celui que l'on trouve dans le mot « famille ».**

› *la ca**ll**e, a**ll**í, Va**ll**adolid, Casti**ll**a*

▶ **Aprende el poema.**

Rutas

Por allí, por allá,
a Castilla se va.
Por allá, por allí,
a mi verde país.

Quiero ir por allí,
quiero ir por allá.
A la mar por allí;
a mi hogar, por allá.

Rafael Alberti

→ *Autre exercice autocorrectif* CD-ROM

PALABRAS PARA DECIRLO

- abajo/arriba: *en bas / en haut*
- la acera: *le trottoir*
- el caballo: *le cheval*
- el cura
- el gato: *le chat*
- la iglesia: *l'église*
- el pueblo: *le village*
- la puerta: *la porte*
- el señor/la señora

¡Y AHORA TÚ!

Dónde estoy sentado

Cuando viajas en coche, ¿dónde te sientas? ¿Y en clase?

Describir su casa en un mail

Mail Archivo Edición Ver Insertar Formato Herramientas Mensaje Ayuda

Enviar Discusión Adjuntar Pegar Fuentes Colores Guardar borrador

De: pedroortega@telefonica.es

A: kevindurand@yahoo.fr

Asunto: RE: ¿Dónde vives?

Hola:

En tu *e-mail* me dices que quieres saber dónde vivo.
Pues vivo en una urbanización[1].
Está lejos de la playa, pero hay una piscina.
Si quiere, también puede venir tu hermano porque mi casa es muy grande. Hay cuatro habitaciones y un jardín.
¿Cómo es tu casa? Tengo muchas ganas de[2] venir a Francia.
En tu país, ¿sales mucho con los amigos? Aquí, en España, yo salgo mucho.
¿Cuándo vienes?
Hasta pronto,

Pedro

P.D.: Mi madre pregunta si quieres dormir en mi habitación o en otra independiente.

Chalets adosados

1. *lotissement* 2. *J'ai très envie de*

1 Lee el modelo

a. Pedro escribe a...
b. ¿Cómo comienza su mensaje?
c. Fíjate en la descripción de Pedro. ¿Dónde vive? ¿Cómo es su casa?
d. ¿Cómo se despide?

2 Escribe un e-mail de respuesta

e. Saluda a Pedro.
f. Contesta a todas las preguntas respetando el orden del mail.
g. Despídete de Pedro.

Memoriza

→ Lengua p. 41

Le présent de l'indicatif de *salir* et *venir*

SALIR (sortir)	VENIR (venir)
salgo	vengo
sales	vienes
sale	viene
salimos	venimos
salís	venís
salen	vienen

Practica

Conjuga.

a. Si tú (venir) a casa vamos a la piscina. **b.** Vosotros (venir) con vuestros padres. **c.** Mis amigos (salir) todos los días. **d.** Yo (salir) de la cocina.

→ Exercices p. 41

PALABRAS PARA DECIRLO

- la ciudad: *la ville*
- compañero, a de intercambio: *correspondant(e)*
- un piso: *un appartement*

Aquí está tu habitación

→ Vídeo DVD
Cuéntame cómo pasó

Serie televisiva, *Cuéntame cómo pasó*, TVE

Fotogramas del vídeo

1 Observa

a. Fijándote en la foto, di cuántas personas hay en esta familia. ¿Quiénes son?

b. Mira el vídeo y di en qué tipo de vivienda están los dos jóvenes. ¿Un piso, un chalet, una casa?

c. Di quiénes son los personajes y qué hacen. (Fotogramas A y B)

d. Cita los cuartos que ves.

2 Exprésate

e. Di dónde está situado cada cuarto.

f. En el salón hay...

g. Describe la habitación. Es... Tiene...

h. ¿Qué deciden los personajes al final?

3 Imagina

i. Eres el joven. Cuenta a un(a) amigo(a) lo que ves desde el salón.

¿Lo sabías?

Cuéntame cómo pasó es una famosa serie española que cuenta la vida de una familia en los años 70 en España, últimos años del franquismo, a través de los ojos del hijo menor.

Fíjate bien

Escucha bien la secuencia y precisa lo qué es "sonido in" y "sonido off".

PALABRAS DE CINE

El sonido
Se llama **"sonido in"**: las voces, los ruidos, la música cuando se ve el origen en las imágenes. Se llama **"sonido off"**: las voces, los ruidos, la música cuando no se ve el origen en las imágenes.

PALABRAS PARA DECIRLO

- el alquiler: *le loyer*
- una cama: *un lit*
- una canción: *une chanson*
- un, a chico, a: *un garçon, une fille*
- compartir: *partager*
- cuadros: *des tableaux*
- dar a: *donner sur*
- quedarse: *rester*
- un sofá: *un canapé*
- los tejados: *les toits*
- la ventana: *la fenêtre*
- la vivienda: *le logement*

→ Autres exercices autocorrectifs CD-ROM

Le présent de l'indicatif de *estar*

→ Précis 25.B

ESTAR
est**oy**
est**ás**
est**á**
est**amos**
est**áis**
est**án**

Attention aux accents sur le verbe *estar*.

Quelques emplois de *estar*

- Pour **se situer** ou **situer** quelque chose ou quelqu'un, on emploie l'auxiliaire ***estar***.
  › *Es**toy** en el museo del Prado.*
  › *La parada de metro est**á** en la plaza.*

- On emploie ***estar*** + **adjectif** pour exprimer un **état passager, un sentiment passager.**
  › *El metro est**á** lleno.* (parce que des gens sont montés dedans)
  › *Los niños est**án** tristes.* (parce que quelque chose leur fait de la peine)

1 **Conjuga "estar" en la persona adecuada y asocia las dos partes de las frases.**

1. La granja (estar)
2. Nosotros (estar)
3. La calle (estar)
4. El comedor (estar)
5. Los habitantes (estar)

a. en el salón.
b. en la calle.
c. contentos.
d. llena de gente.
e. en el campo.

2 **Elige "ser" o "estar" debidamente conjugados.**

a. Los chicos (ser/estar) de Colombia.
b. Los chicos (ser/estar) en Colombia.
c. Mi casa (ser/estar) cerca del colegio.
d. Nosotros (ser/estar) morenos.
e. Eduardo (ser/estar) mexicano.

Les adjectifs possessifs

→ Précis 8.A

■ En espagnol, seuls les adjectifs possessifs de la 1re et de la 2e personne du pluriel ont un féminin et doivent comme les autres s'accorder au pluriel avec le nom qu'ils qualifient.
› ***nuestro** primo, **nuestra** prima*
***nuestros** primos, **nuestras** primas*
› ***vuestro** hijo, **vuestra** hija*
***vuestros** hijos, **vuestras** hijas*

■ En espagnol, on utilise la même forme pour dire:
- mon / ma › ***mi** padre/**mi** madre*
- ton / ta › ***tu** hermano/**tu** hermana*
- son / sa / leur › ***su** tío/**su** tía*
- ses / leurs › ***sus** abuelos*

singulier (une seule chose possédée)	pluriel (plusieurs choses possédées)
mi abuel**o**/abuel**a**	**mis** abuel**os**/abuel**as**
tu abuel**o**/abuel**a**	**tus** abuel**os**/abuel**as**
su abuel**o**/abuel**a**	**sus** abuel**os**/abuel**as**
nuestro abuel**o**/**nuestra** abuel**a**	**nuestros** abuel**os**/**nuestras** abuel**as**
vuestro abuel**o**/**vuestra** abuel**a**	**vuestros** abuel**os**/**vuestras** abuel**as**
su abuel**o**/abuel**a**	**sus** abuel**os**/abuel**as**

3 **Completa con el posesivo adecuado.**

a. Eres mi primo: … madre es la hermana de … madre.
b. Antonio va al colegio en metro porque … casa está lejos.
c. No vivimos con … padre porque … padres están divorciados.
d. Visitáis mucho a … abuelos porque viven cerca.

4 **Transforma según el modelo.**

› *El libro del chico.* → *su libro*

a. El jardín de María.
b. Las habitaciones de mis hermanos.
c. La familia de nosotros.
d. La casa de Juan y Elena.

Les verbes à diphtongue

- La dernière voyelle du radical de certains verbes diphtongue aux trois 1res personnes du singulier et à la 3e personne du pluriel.
- Le verbe ***jugar*** est une exception : il diphtongue comme ***poder*** mais la dernière voyelle du radical de son infinitif est un « u ».

QUERER (IE)	PODER (UE)	JUGAR
quiero	puedo	juego
quieres	puedes	juegas
quiere	puede	juega
queremos	podemos	jugamos
queréis	podéis	jugáis
quieren	pueden	juegan

5 Conjuga en presente.

a. Yo (querer) vivir en Madrid. **b.** Ellos (querer) ir al museo. **c.** El señor Valdés (poder) subir hasta la Puerta del Sol. **d.** Vosotros (poder) pasar por la Gran Vía.

6 Transforma las frases en singular.

a. Quieren visitar la ciudad. **b.** Pensáis ir a Colombia. **c.** Jugamos con los amigos. **d.** Cierran la puerta de la casa. **e.** Entendemos el itinerario.

Verbes irréguliers au présent de l'indicatif

- Le verbe ***ir*** peut être utilisé pour exprimer un déplacement. Dans ce cas, il est toujours suivi de la préposition ***a***.
  › *Voy **a** la estación.*

  Attention à l'absence d'accent sur ***vais*** !

IR	VENIR	SALIR
voy	vengo	salgo
vas	vienes	sales
va	viene	sale
vamos	venimos	salimos
vais	venís	salís
van	vienen	salen

7 ¿"Ir" o "venir"?

a. Yo … del campo. **b.** Tú … a la ciudad. **c.** Mis amigos … a la piscina. **d.** Mis abuelos … a casa.

8 Completa.

a. –¿Con quién sales? –… con mis primos. **b.** –¿De dónde …? –Venimos de la playa. **c.** –¿Con quién vas de vacaciones? –… de vacaciones con Esteban. **d.** –¿Adónde …? –Vamos al parque.

TALLER DE LÉXICO

→ *Autre exercice autocorrectif* CD-ROM

a. Algunas cosas no están en su lugar. ¿Dónde están en la habitación?

b. Di en qué cuarto de la casa están normalmente. Hay un intruso, ¿cuál es?

› *El paraguas está en la...*
Normalmente está en la...

muy INTERESANTE

¿Dónde vive la familia real?

España es una monarquía parlamentaria: tiene un rey, un presidente de gobierno y una constitución. La familia real no vive en el Palacio Real, vive en el Palacio de la Zarzuela, en Madrid. Durante las vacaciones, los miembros de la familia real están en el Palacio de Marivent en Palma de Mallorca o en Baqueira Beret en los Pirineos.

El Príncipe Felipe vive en Madrid en el Pabellón del Príncipe, cerca del Palacio de la Zarzuela, su hermana Elena vive también en Madrid y su hermana Cristina en Barcelona.

a El Palacio Real de Madrid

b Recepción en el Palacio de la Zarzuela

c La familia real española al completo, verano del 2007

Letizia (1972) / Felipe (1968)

Leonor (2005)

Sofía (2007)

d El Palacio de Marivent, Baleares

e Felipe en una regata de vela

¿A ver si lo sabes?

1. ¿Quiénes son los Reyes de España?
   - Juan Carlos y Sofía
   - Juan Carlos y Felipe
2. ¿Dónde viven los Reyes?
3. ¿Dónde viven sus hijos?
4. ¿Dónde pasa las vacaciones la familia real? Sitúa en el mapa p. II.

Página Web que puedes consultar
http://www.casareal.es

Proyecto final

Imagina una casa grande para tus vacaciones en España.

→ ¿En qué parte de España está tu casa de vacaciones?
→ Di en qué autonomía la sitúas.
→ Dibuja un plano y escribe el nombre de los cuartos de la casa en tu dibujo.
→ Explica dónde están los cuartos en la casa.
→ Imagina lo que hay fuera de la casa.

Actividades de evaluación

1 ¿Dónde está el museo?

CD classe

Objectif : Comprendre quelqu'un qui demande son chemin et les indications qu'on lui donne.
Outil : Lexique de l'orientation.

Escucha la grabación y contesta.

1. Al principio habla: ¿una señora? ¿un señor?
2. ¿Adónde quiere ir?
3. ¿Quién conoce el itinerario?
   a. un hombre **b.** una mujer **c.** un chico
4. ¿Cuál es el itinerario correcto?:
   a. Sigue todo recto y es la segunda calle a la derecha.
   b. Primero a la derecha y después la primera calle a la izquierda.
   c. Sigue todo recto y es la primera calle a la derecha.

2 Marta en Madrid

Objectif : Comprendre un texte descriptif simple.
Outil : Lexique des pièces de la maison.

Marta vive en el séptimo piso de una vieja casa del centro de Madrid con su padre, un importante diplomático alemán. La casa tiene muchos metros y no es difícil perderse en ella. La habitación de Marta, grande, como todas, tiene, además, una terraza.

Rosanna Acquaroni Muñoz, *El sueño de Otto*

1. Marta vive en: ¿una casa? ¿un piso?
2. La casa es: ¿pequeña o grande? Justifica tu respuesta con tres elementos del texto.
3. ¿Cómo es la habitación de Marta?

3 ¿Dónde están?

Objectif : Situer dans l'espace.
Outils : Prépositions et adverbes de lieu.

Observa atentamente el cómic y contesta.

1. Sitúa a los animales.
2. ¿De dónde viene? ¿Adónde va el hombre?

***Macanudo*, Liniers, 2006**

4 Indicar un itinerario

Objectif : Écrire un message pour indiquer un itinéraire.
Outils : Adverbes et prépositions de lieu.

Estás en casa de un amigo.

Has pegado una nota en la puerta de la habitación de tu hermano que explica por dónde debe pasar para venir a buscarte.

1. Escribe dónde estás.
2. Indica el camino a seguir desde tu casa.
3. Despídete.

Resultado
Sé hacerlo
Tengo que repasar

Unidad 3

¿Qué estás haciendo?

Chicas charlando

Je vais apprendre à... A1/A2

- Comprendre quelqu'un qui décrit simplement ses habitudes.
- Comprendre une émission de radio si la personne parle lentement.
- Comprendre une description simple des moments de la journée.
- Comprendre un emploi du temps.
- Dire ce que je fais à différents moments de la journée, de la semaine.
- Parler de ce que je suis en train de faire, de ce que j'ai fait.
- Demander et donner l'heure et la date.
- Parler de mon emploi du temps.
- Chatter en espagnol pour se raconter sa journée.

Je vais utiliser...

- Le gérondif
- Les verbes à affaiblissement (*vestirse*)
- Le passé composé
- L'obligation personnelle : *tener que* + infinitif
- La forme progressive : *estar* + gérondif
- *Soler* + infinitif

Je vais découvrir...

- Les rythmes de vie et les horaires en Espagne.

Mon projet final

→ Raconter la journée d'un élève de collège en Espagne.

Lo que hago

CD classe

1 Prepárate

a. Describe la foto y di a qué momento del día corresponde.

2 Escucha

b. El chico cuenta: ¿un fin de semana, un día de vacaciones, un día de la semana?

c. Apunta las horas que has oído.

d. Asocia ahora las horas con acciones. A las... suele...

→ *Cahier p. 18*

3 Exprésate

e. Haz por lo menos 5 frases para presentar el día de este chico.
A las ocho menos cuarto... y va...
Sale del instituto a las...

Entrenamiento de baloncesto

¿Lo sabías?

Los españoles no suelen dormir mucho por la noche. Se acuestan hacia las once y media o las doce y se levantan hacia las siete. Pero después de comer, cuando pueden, duermen un rato la siesta.

PALABRAS PARA DECIRLO

- acostarse (ue): *se coucher*
- descansar: *se reposer*
- estudiar: *travailler (les leçons)*
- el instituto: *le lycée*
- levantarse: *se lever*
- tener clase (ie): *avoir cours*
- ver la tele: *regarder la télé*

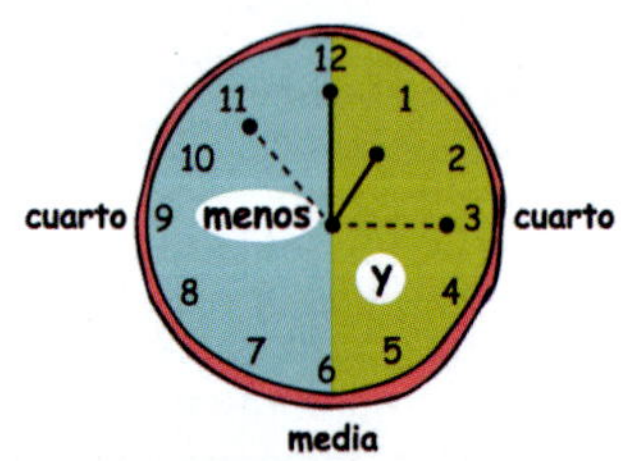

- › *Es la una* ***en punto***.
- › *Es la una* ***menos cinco***.
- › *Es la una* ***y cuarto***.

es la una y cuarto

son las cinco y media

son las doce

son las ocho menos veinte

Memoriza

→ *Précis 26.C*

1 Le verbe *hacer* au présent de l'indicatif

HACER (faire)
ha**go**
haces
hace
hacemos
hacéis
hacen

2 *Soler* + infinitif

En espagnol, on emploie le verbe ***soler*** conjugué + infinitif pour exprimer l'habitude.

- › ***Suelo*** *estudiar hasta las siete y media.*
- › ***Suelo*** *ver un rato la tele.*

Practica

1. Completa las frases con el verbo "hacer" conjugado como conviene.

a. ¿Qué … (ellas)? **b.** ¿Qué … esta mañana (tú)? **c.** ¿Qué … ahora (vosotros)?

2. Transforma según el modelo.

› *El chico duerme hasta las ocho.*
→ *El chico suele dormir hasta las ocho.*

a. Voy al colegio a las nueve. **b.** La familia descansa los domingos. **c.** Los alumnos tienen clase por la tarde. **d.** Vamos al entrenamiento.

¡Qué cantidad de tiempo!

1 Prepárate

a. Observa el calendario y di qué fecha indica.

2 Escucha

b. ¿De qué se trata?: **1.** Un programa de televisión. **2.** Un programa de radio.

c. Di quiénes hablan: **1.** ¿Una locutora y un chico? **2.** ¿Un locutor y una joven? **3.** ¿Una madre y su hija?

d. ¿Verdad o mentira? Justifica con palabras que has oído. Se trata de calcular:
1. La fecha de nacimiento de Matilde.
2. Cuánto tiempo ha vivido Matilde.

→ *Cahier p. 19*

3 Exprésate

e. Apunta y di todos los datos que oyes a propósito de Matilde.

PALABRAS PARA DECIRLO

un locutor: *un présentateur*

30 treinta	**90** noventa
40 cuarenta	**100** cien
50 cincuenta	**200** doscientos
60 sesenta	**500** quinientos
70 setenta	**700** setecientos
80 ochenta	**1000** mil

¿Cómo se pronuncia?

"h"

▸ **Le « h » est muet en espagnol, on ne le prononce pas.**
› *hoy, hay, ahora, horas, hasta, hago*

▸ **Trabalenguas**
Los hombres con hambre, hombre, abren sus hombros sin dejar de ser hombres con hambre.

¡Y AHORA TÚ!

Cuento mi jornada

Cuenta lo que haces en tres momentos del día (di a qué hora haces...).

Por la mañana, a las.../ por la tarde, a las.../ por la noche, a las...

Canción primaveral

CD classe

I.
Salen los niños alegres
de la escuela,
poniendo en el aire tibio[1]
del abril canciones tiernas[2].
¡Qué alegría tiene el hondo
silencio de la calleja[3]!
Un silencio hecho pedazos[4]
por risas de plata nueva[5].

II.
Voy camino de la tarde,
entre flores de la huerta[6],
dejando sobre el camino
el agua de mi tristeza.
[…]

Federico García Lorca, (poeta español),
Libro de poemas, 1919

1. *tiède*
2. *tendres*
3. *le profond silence de la ruelle*
4. *mis en morceaux*
5. *rires argentés*
6. *le verger*

Corriendo por la calleja, Arcos de la Frontera, Andalucía

1 Lee y comenta

a. Di quiénes son los protagonistas del poema y dónde están.
b. Precisa cuándo tiene lugar esta escena.
c. ¿Cómo transforman los niños el silencio de la calle?
d. En cambio, el poeta parece triste porque camina…

→ *Cahier p. 20*

2 Imagina

e. Di cómo se pasan el tiempo los niños cuando salen de la escuela.
f. Imagina también por qué están contentos.

PALABRAS PARA DECIRLO

- la alegría ≠ la pena
- dejarse llevar por: *s'abandonner à*
- la felicidad ≠ la tristeza
- llorar: *pleurer*
- la primavera: *le printemps*
- las risas ≠ las lágrimas
- romper: *casser*

Memoriza

→ Lengua p. 56

1 La formation du gérondif

- *llamar* → *llamando*
- *comer* → *comiendo*
- *vivir* → *viviendo*

2 Quelques gérondifs irréguliers

- *poder* → *pudiendo*
- *venir* → *viniendo*
- *dormir* → *durmiendo*
- *pedir* → *pidiendo*
- *sentir* → *sintiendo*
- *servir* → *sirviendo*
- *leer* → *leyendo*
- *ir* → *yendo*
- *reír* → *riendo*

Practica

Contesta a las preguntas utilizando el gerundio.

a. ¿Cómo salen los niños de la escuela? ¿Cantan? → Los niños salen de la escuela…
b. ¿Cómo caminan por las calles? ¿Ríen? → Los niños…
c. ¿Cómo vuelven a casa? ¿Juegan? → Los niños…
d. ¿Cómo pasan la noche? ¿Duermen? → Los niños…

→ Exercices p. 56

Día de descanso

CD classe

Los sábados por la tarde y los domingos son días estupendos[1]: papá y mamá están en casa. Los demás días de la semana se levantan muy temprano. Pero los domingos suelen quedarse en la cama hasta más de las nueve para descansar.
Los domingos por la mañana mi abuela se levanta más temprano que de costumbre. Se viste y se va a la pastelería a comprar croissants y ensaimadas. Prepara un café bien fuerte y pone la mesa para todos. Cuando mamá se levanta ella ya ha desayunado[2].
–Mamá, ¿por qué te levantas tan temprano? Trabajas demasiado –le dice, y hasta tiene tiempo de darle dos besos.
Yo sé que la abuela está esperando[3] el domingo para ver a mis padres desayunar juntos y sentados a la mesa; los otros días lo hacen en la cocina y en un vuelo[4].

Según Carmen Kurtz (escritora española), *Veva*, 1980

1. *formidables*
2. *elle a déjà pris son petit déjeuner*
3. *attend*
4. *en un rien de temps*

Desayuno dominical

PALABRAS PARA DECIRLO

temprano ≠ tarde

primero → luego → después → por fin

1 Lee y comenta

a. Mira la foto. ¿A quién representa? ¿Qué hacen?
b. La niña describe: **1.** la comida de un día normal **2.** la cena del sábado **3.** el desayuno de los domingos.
c. ¿Qué hace la abuela los domingos por la mañana?
d. Después de levantarse, la madre suele...

→ Cahier p. 21

2 Imagina

d. ¿Por qué son estupendos los domingos para la familia?
Los padres tienen tiempo para...
La niña puede...
La abuela tiene tiempo para...

Memoriza

→ Lengua p. 56

1 Le présent de l'indicatif des verbes à affaiblissement

e → i sauf à la 1re et à la 2e personne du pluriel.

VESTIRSE (s'habiller)
me visto
te vistes
se viste
nos vestimos
os vestís
se visten

Les verbes ***pedir, reír(se), servir*** et ***seguir*** se conjuguent sur le même modèle.

¿Lo sabías?

Las **ensaimadas** son bollos dulces típicos de Mallorca (Baleares).

Practica

Conjuga los verbos.

a. La abuela (servir) el desayuno. **b.** La niña (vestirse) rápidamente. **c.** Los padres (seguir) en la cama hasta las nueve. **d.** Tú (reír) los domingos.

→ Exercices p. 56

¡Y AHORA TÚ!

Mis domingos

¿Cómo pasas el tiempo los domingos por la mañana?

Primero me..., después..., luego me paso un rato...

De camino al colegio

Como todos los días que tiene colegio, Juan se ha levantado esta mañana a las ocho menos cuarto. Juan comprende que tiene que[1] vestirse rápido, desayunar bien, lavarse, hacer la cartera[2], no olvidarse nada[3] importante, no decir en el coche que tienen que volver a casa a por[4] el libro de matemáticas. […]

Juan se ha dado cuenta de que a las ocho y media de la mañana, cuando su padre lo lleva al colegio, hay algunas cosas que se repiten como un tiovivo[5]. El vecino saca a su perro a pasear y compra el periódico. El semáforo[6] de la plaza siempre se pone en rojo a las nueve menos cuarto. A las nueve menos doce el semáforo ya está en verde. Descubrimos todas estas cosas cuando miramos con atención por la ventanilla[7] del coche.

Luís García Montero (poeta español),
Lecciones de poesía para niños inquietos, 1999

1. *il doit*
2. *cartable*
3. *ne rien oublier*
4. *revenir à la maison pour chercher*
5. *un manège*
6. *le feu rouge*
7. *la fenêtre*

Chico detrás de la ventanilla

1 Lee y comenta

a. Después de mirar la foto y leer el texto, di dónde está Juan.

b. Busca el intruso. Esta mañana Juan: **1.** se ha vestido rápido. **2.** no ha desayunado. **3.** se ha lavado. **4.** ha hecho la cartera.

c. ¿Qué pasa siempre a las ocho menos cuarto? ¿A las ocho y media? ¿A las nueve menos doce?

→ *Cahier p. 21*

2 Imagina

d. Juan cuenta lo que ha visto: *"Esta mañana el vecino ha... y... El semáforo..."*

PALABRAS PARA DECIRLO

- cambiar: *changer*
- como de costumbre: *comme d'habitude*
- cruzar la calle: *traverser la rue*
- rápido = rápidamente

Memoriza

→ Lengua p. 57

1 Le participe passé

- **verbes en *-ar*** : radical + ***-ado***
  › *hablar* → *habl**ado***
- **verbes en *-er* et verbes en *-ir*** : radical + ***-ido***
  › *aprender* → *aprend**ido***
  › *vivir* → *viv**ido***

Le participe passé est invariable.

Attention aux participes passés irréguliers: *decir* → ***dicho***, *descubrir* → ***descubierto***, *hacer* → ***hecho***, *poner* → ***puesto***, *ver* → ***visto***

2 Le passé composé

auxiliaire ***haber*** au présent	+ participe passé
he **has** **ha** **hemos** **habéis** **han**	hablado comido vivido

Practica

Conjuga en pretérito perfecto.

a. Esta mañana (yo/dormir) hasta las once. **b.** (ella/levantarse) muy temprano hoy para hacer los deberes. **c.** (nosotros/ver) mucha gente durante la reunión. **d.** (vosotros/descubrir) esta tarde que no vais a tener clase de matemáticas. **e.** ¿Qué tal la evaluación? ¿(tú/sacar) buena nota?

→ Exercices p. 57

Horario Escolar

HORARIO de 3° de ESO[1]
Colegio Álvaro Cunqueiro de Vigo (Galicia)

	LUNES	MARTES	MIÉRCOLES	JUEVES	VIERNES
8.30 – 9.25	Tecnología	Educación plástica	Educación física	TUTORÍA[3]	Ciencias sociales[4]
9.25 – 10.20	Lengua castellana	Ciencias de la naturaleza	Ciencias sociales	Tecnología	Ciencias de la naturaleza
10.20 – 11.15	Educación para la ciudadanía[2]	Educación física	Lengua castellana	Matemáticas	Inglés
	RECREO				
11.40 – 12.35	Ciencias sociales	Física y química	Francés Lengua gallega	Inglés	Francés Lengua gallega
12.35 – 13.30	Inglés	Matemáticas	Educación plástica	Ciencias de la naturaleza	Matemáticas
13.30 – 14.25	Matemáticas	Lengua castellana	Física y química	Lengua castellana	Música

1. Educación Secundaria Obligatoria *(enseignement secondaire – collège), ici la 3ᵉ*
2. Educación para la ciudadanía y los derechos humanos: *éducation civique*
3. *soutien*
4. Historia y geografía

1 Lee y comenta

a. Fíjate en el horario. ¿Qué asignaturas tienen los alumnos de esta clase?
b. ¿Qué días tienen clase los alumnos de este colegio? ¿A qué hora tienen que ir al colegio por la mañana?
c. Di qué días y a qué horas tienen clase de matemáticas.
d. Precisa cuánto tiempo dura el recreo.
e. ¿A qué hora acaban las clases?
f. ¿Qué asignaturas tienen que estudiar los alumnos de esta clase que tú no tienes?

→ *Cahier p. 22*

2 Imagina

g. Explica por qué los alumnos de este colegio tienen clase de lengua gallega o de francés.

PALABRAS PARA DECIRLO

- la asignatura: *la matière*
- emp<u>e</u>zar (ie) ≠ acabar: *commencer ≠ finir*
- la hora de clase: *l'heure de cours*
- la primera, la segunda, la tercera: *la 1ʳᵉ, la 2ᵉ, la 3ᵉ*
- tener clase de: *avoir cours de*
- el, la último, a: *le dernier, la dernière*

¿Lo sabías?

En España las clases suelen empezar a las ocho y media y terminan a las dos y media o las tres para ir a comer a casa. No suele haber clase por la tarde.

Memoriza

→ Lengua p. 57

***Tener que* + infinitif**

Tener que + infinitif indique une obligation personnelle : ***tengo que*** = je dois.

› ***Tengo que*** *hacer los deberes.* (Je dois faire mes devoirs.)
› ***Tienen que*** *ir a clase a las ocho y media.* (Ils doivent aller en cours à huit heures et demie.)

Practica

Transforma las frases según el modelo.

› *Los alumnos aprenden sus lecciones.* → *Los alumnos tienen que aprender sus lecciones.*

a. Estudiáis matemáticas.
b. Aprendes inglés.
c. Vamos al colegio a las ocho.
d. Me levanto a las siete.

→ Exercices p. 57

¡Y AHORA TÚ!

Mi horario escolar

1. **Di qué libros tienes que poner en la cartera los martes.**
2. **¿Qué días y a qué horas tienes clase de español?**
3. **Sois dos alumnos de esta clase. Uno ha olvidado su horario y le pregunta al otro qué clases tienen ese día. El compañero tiene que responder.**

El día de Arancha

07.30 Despertador, ducha y desayuno

08.20 Llegada al colegio

15.00 Vuelta a casa y comida con la familia

16.25 Deberes

18.00 Merienda y baloncesto

21.00 Tele, cena y a las 11 a la cama

1 Mira

a. Observa las fotos. ¿Qué nos presentan?

2 Exprésate

b. Di lo que hace Arancha en cada momento del día y a qué hora.

c. Cuenta lo que está haciendo Arancha en cada foto.

d. ¿Qué hace Arancha después de comer?

3 Conversa

e. Arancha se encuentra con una amiga y se cuentan su día ideal. Por parejas, imaginad el diálogo.

¿Cómo se pronuncia?

CD élève

"ch"

▸ « ch » se prononce [tʃe]

› *fecha, mucho, chocolate, noche, charlar, chica*

▸ Aprende el poema

El chucho de Chicho.

Chicho tiene un largo
chucho que se ducha alguna noche,
y como no chilla mucho,
suele llevarlo en el coche.

→ *Autre exercice autocorrectif* CD-ROM

PALABRAS PARA DECIRLO

antes ≠ después: *avant ≠ après*

desayunar: *prendre le petit-déjeuner*

comer: *déjeuner*

merendar (ie): *goûter*

cenar: *dîner*

¿Qué están haciendo?

Candelas Hernández (pintora española), *En el café cantante*, 2006

1 Mira

a. Fíjate en el cuadro. ¿Dónde se sitúa la escena?

b. ¿A quién representa?

2 Exprésate

c. ¿Qué está haciendo la chica del centro? ¿Y los guitarristas?

d. Describe lo que está haciendo el camarero.

e. Di qué hace el grupo de amigos del fondo a la izquierda. Están…

3 Conversa

f. Por parejas, pregunta a tu compañero lo que están haciendo los diferentes personajes del cuadro.

PALABRAS PARA DECIRLO

- aplaudir
- bailar: *danser*
- la bebida: *la boisson*
- el camarero: *le serveur*
- cantar
- los clientes: *les clients*
- divertirse (ie): *s'amuser*
- el restaurante
- servir (i) las mesas: *faire le service*
- tocar la guitarra

Memoriza

→ Lengua p. 56

1 *Estar* + gérondif = être en train de…

› *La gente está escuch**ando**.*

› *Arancha está com**iendo** con su familia.*

Practica

Completa con el gerundio.

a. Estoy (leer) … un libro. **b.** Estamos (ver) … la televisión. **c.** Están (desayunar) … café con leche. **d.** Estás (ir) … de compras.

→ Exercices p. 56

¡Y AHORA TÚ!

Cuento lo que está haciendo

Estás en casa cuando suena el teléfono. Es para tu madre, pero ella no se puede poner. Explica lo que está haciendo en ese momento.

Cómo me divierto

Y tú, ¿cómo te diviertes cuando sales?

Chateando

<Guillermo> ¿Hay alguien?

<Andrés> Hola, Guillermo, ¿has terminado el colegio?

<Guillermo> Mejor que eso[1], no tengo que hacer los deberes porque mañana no hay clase.

<Andrés> ¡Jo, qué suerte! Yo tengo muchos[2] y mañana empiezo a las ocho.

<Pedro> ¿Puedo entrar?

<Guillermo> Pedro, tío[3], ¿qué hora es en Montevideo?

<Andrés> Hola, Pedro.

<Pedro> Aquí ahora son las doce de la mañana. Hoy es fiesta y estoy en casa. Mi madre no está, trabaja mucho. Mi padre está haciendo la comida. ¿Qué contáis?

<Guillermo> Ya ves, lo de siempre[4].

<Andrés> El colegio, los deberes, los videojuegos nuevos...

Windows Live

Mandar

1. *mieux que ça*
2. =muchos deberes
3. *(fam.) mon pote*
4. *comme d'habitude*

1 Lee el modelo.

a. ¿Quiénes están conectados?

b. Fíjate cómo se saludan.

c. Di de qué están hablando.

2 Entra en el chat y continúa la conversación.

d. Cuenta lo que has hecho hoy.

e. Interroga a los chicos sobre lo que han hecho en el colegio.

Memoriza

→ Précis 28.B

Mucho adverbe ou adjectif

- ***Mucho*** **est invariable quand c'est un adverbe.**
  › *Trabaja mucho.*
- ***Mucho*** **s'accorde quand c'est un adjectif.**
  › *Tengo much**os** deberes.*
  › *Tengo much**as** cosas por hacer.*

Practica

Completa las frases con "mucho" adjetivo o "mucho" adverbio.

a. Andrés tiene … amigos.

b. Pedro quiere … a sus amigos.

c. Se cuentan … cosas por msn.

d. Guillermo tiene … suerte.

PALABRAS PARA DECIRLO

- alguien: *quelqu'un*
- estar conectado
- tener suerte: *avoir de la chance*

Comiendo en familia

→ Vídeo DVD
Historias del Kronen

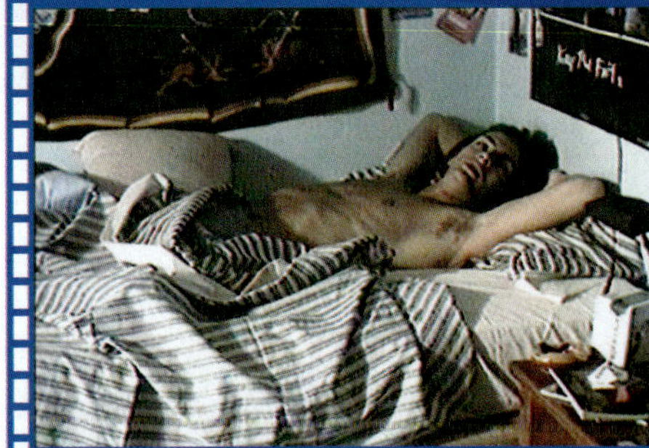

A En el dormitorio

B En la mesa

Fotogramas del vídeo

1 Observa

a. Al principio, ¿dónde está el joven y qué está haciendo?

b. ¿Qué hora es?

c. ¿Qué le dice su madre? ¿Qué tiene que hacer el joven?

d. Después todos están en... y están...

2 Exprésate

e. Fíjate en la escena de la comida.
El ambiente te parece: **1.** tranquilo, **2.** tenso, **3.** agradable.

f. Di lo que oyes y lo que están haciendo los personajes. Están...

g. ¿Dónde está el joven al final? ¿Qué está haciendo?

3 Imagina

h. Por la tarde, el joven está con su grupo de amigos y les cuenta lo que ha pasado hoy en casa.
Primero mi madre ha venido..., luego hemos..., después...

Fíjate bien

Identifica en este vídeo las diferentes secuencias. Puedes ayudarte con los fotogramas **A** y **B** para empezar.

PALABRAS DE CINE

Una secuencia forma una unidad narrativa que se compone de diferentes planos y corresponde a un espacio y un tiempo específico.

PALABRAS PARA DECIRLO

- el comedor: *la salle à manger*
- despertarse (ie): *se réveiller*
- el dormitorio: *la chambre*
- hablar por teléfono: *téléphoner*
- levantarse: *se lever*
- las noticias/el telediario: *les informations, le journal télévisé*
- ponerse: *répondre (au téléphone)*
- sonar (ue): *sonner*
- ver la televisión

→ Autres exercices autocorrectifs CD-ROM

Le présent de l'indicatif des verbes à affaiblissement

Le *e* du radical se transforme en *i*, sauf à la 1re et 2e personnes du pluriel.

VESTIRSE	SERVIR	PEDIR	REPETIR	SEGUIR
me visto	sirvo	pido	repito	sigo
te vistes	sirves	pides	repites	sigues
se viste	sirve	pide	repite	sigue
nos vestimos	servimos	pedimos	repetimos	seguimos
os vestís	servís	pedís	repetís	seguís
se visten	sirven	piden	repiten	siguen

1 Conjuga con los verbos entre paréntesis.

a. El camarero ... (servir) las bebidas.
b. Yo ... (vestirse) rápidamente.
c. Nosotros ... (pedir) la cuenta.
d. Ellos ... (reírse) cuando ven una película.
e. Tú ... (seguir) esperando a Alba.
f. Vosotros ... (vestirse) para ir al colegio.

2 Conjuga los verbos entre paréntesis en presente.

a. Tú le ... (pedir) el bolígrafo.
b. El profesor ... (repetir) la explicación.
c. Nosotros ... (seguir) el mismo camino.
d. Los chicos ... (reír) en el circo.
e. Yo ... (pedir) un favor a mi amigo.
f. Los alumnos ... (vestirse) para hacer deporte.

Le gérondif → Précis 23

La formation du gérondif

› *cantar* → *cantando*
› *comer* → *comiendo*
› *vivir* → *viviendo*

Quelques gérondifs irréguliers

› *poder* → *pudiendo*
› *pedir* → *pidiendo*
› *leer* → *leyendo*
› *venir* → *viniendo*
› *sentir* → *sintiendo*
› *ir* → *yendo*
› *dormir* → *durmiendo*
› *servir* → *sirviendo*
› *reír* → *riendo*

L'emploi du gérondif

- Le gérondif est l'équivalent du participe présent français :
  › *cantando* → en chantant › *aprendiendo* → en apprenant

Mais, en espagnol, on ne met pas « en » devant la forme verbale.

- Le gérondif permet de répondre à la question ***¿Cómo?***
  › *¿**Cómo** te pasas el tiempo?* → *Me paso el tiempo trabaj**ando**.*
  › *¿**Cómo** te diviertes?* → *Me divierto bail**ando**.*

La forme progressive

***Estar* + gérondif** permet de décrire une action qui est en train de se dérouler.
› *El niño está comiendo paella.* › *La abuela está sirviendo el café.*

3 Transforma las frases utilizando "estar + gerundio".

a. La chica canta en el café.
b. Vamos al cine.
c. Sales del colegio.
d. Leo un libro muy interesante.
e. Ustedes comen en el restaurante.
f. Me visto rápidamente.

4 Contesta utilizando el gerundio.

a. ¿Cómo se pasa el tiempo la muchacha? Baila en el café.
La muchacha se pasa el tiempo...
b. ¿Cómo se pasa el domingo Adrián? Juega a los videojuegos.
Adrián se pasa el domingo...
c. ¿Cómo se divierten los guitarristas? Tocan la guitarra.
Los guitarristas...
d. ¿Cómo se pasan la vida los alumnos? Estudian mucho.
Los alumnos...

Le passé composé

→ Précis 18.C, 22

La formation du participe passé

Verbes en *-ar*	Verbes en *-er* et *-ir*
Radical de l'infinitif + *-ado*	Radical de l'infinitif + *-ido*
hablar → *hablado*	*aprender* → *aprendido* *vivir* → *vivido*

Quelques participes passés irréguliers:

- *abrir* → ***abierto***
- *decir* → ***dicho***
- *descubrir* → ***descubierto***
- *escribir* → ***escrito***
- *hacer* → ***hecho***
- *poner* → ***puesto***
- *ver* → ***visto***
- *volver* → ***vuelto***

Attention : le participe passé en espagnol est toujours invariable.

- ***La** he aprendido.* (Je l'ai apprise. [ma leçon])
- ***Los** ha hecho.* (Il les a faits. [ses devoirs])

La construction du passé composé

Le passé composé est, contrairement au français, construit uniquement avec l'auxiliaire ***haber*** au présent **+ participe passé.**

HABLAR	APRENDER	VIVIR
he habl**ado**	**he** aprend**ido**	**he** viv**ido**
has habl**ado**	**has** aprend**ido**	**has** viv**ido**
ha habl**ado**	**ha** aprend**ido**	**ha** viv**ido**
hemos habl**ado**	**hemos** aprend**ido**	**hemos** viv**ido**
habéis habl**ado**	**habéis** aprend**ido**	**habéis** viv**ido**
han habl**ado**	**han** aprend**ido**	**han** viv**ido**

Attention : l'auxiliaire ***haber*** et le participe passé ne doivent jamais être séparés.

- *He dormido mucho.* (J'ai beaucoup dormi.)
- *He comido bien.* (J'ai bien mangé.)

5 Conjuga en pretérito perfecto.

a. El niño (vestirse) solo. **b.** Vosotros (trabajar) mucho. **c.** Ellas (comen) en el restaurante. **d.** Hoy (ser) un día especial.

6 Conjuga en pretérito perfecto.

a. ¿Qué te (decir) el profesor? **b.** Nosotras (ponerse) nerviosas. **c.** El director (escribir) una carta. **d.** Hoy vosotros no (hacer) nada.

L'obligation personnelle

→ Précis 32

Tener que* + infinitif** permet d'exprimer une obligation qui s'applique à une personne en particulier. C'est pourquoi on l'appelle l'obligation personnelle. On peut donc conjuguer ***tener à toutes les personnes.

- ***Tengo que** ir a casa a las cinco.* (Je dois aller à la maison à cinq heures.)
- ***Tenemos que** estudiar las lecciones.* (Nous devons apprendre nos leçons.)

7 Transforma como en el modelo.

Estudio mucho. → *Tengo que estudiar mucho.*

a. Empiezo a las ocho. **b.** Comemos a las tres. **c.** Vais al colegio. **d.** Salen temprano.

8 Completa las frases utilizando "tener que".

a. Yo … sacar buenas notas. **b.** Vosotros … ir a clase. **c.** Ellos … tocar la guitarra. **d.** Tú … vestirte rápidamente.

TALLER DE LÉXICO

→ *Autre exercice autocorrectif* CD-ROM

¿Qué pasa?

Mira los dibujos y contesta.

a. ¿Qué hora es?
b. ¿Qué tienen que hacer?
c. ¿Qué están haciendo?

A

B

C

D

E

MUY INTERESANTE

¡Vaya horarios!

«Cuando Europa duerme, España cena y ve la televisión. Cuando más allá[1] de los Pirineos los trabajadores concluyen su jornada laboral[2] y regresan a casa, muchos españoles terminan la comida de trabajo[3] y vuelven a la oficina."

El País, 19 de diciembre de 2005

1. *de l'autre côté*
2. *terminent leur journée de travail*
3. *le déjeuner lorsqu'on travaille*

Charlando entre dos clases

a

Horarios escolares

Los alumnos españoles suelen empezar las clases a las ocho y media y tienen un recreo a las once y cuarto. Comen, en general, a eso de las dos o las tres.
En muchos colegios suelen terminar a las dos y media y volver a casa. Si tienen clase por la tarde, salen del colegio entre las cuatro y media y las cinco y media.

b

Horarios laborales

En las oficinas el día puede ser intensivo: de 8.00 a 15.00; o dividido en dos partes: de 9.00 a 14.00 y de 16.00 a 19.00. Ya que la gente come bastante tarde, suele salir a tomar algo por la mañana.

El bocadillo de las 11.00

Horario del Corte Inglés

c

Horarios comerciales

El horario de los comercios se divide así normalmente: de 10.00 a 14.00 y de 17.00 a 20.00.
Los grandes centros comerciales suelen abrir todo el día.

Comiendo en familia

d

Horarios de comidas

En España se suele desayunar a eso de las siete. La comida, durante la semana, tiene lugar entre las dos y las tres de la tarde. Se suele cenar entre las nueve y las once de la noche.
A mediodía, los domingos o días de fiesta existe la costumbre de ir a un bar con los amigos o la familia para tomar una bebida y unas tapas.

¿A ver si lo sabes?

1. ¿A qué hora suelen despertarse los españoles?
2. Los españoles desayunan a las... comen a las... y cenan a las...
3. ¿Se puede ir al centro comercial después del colegio?
4. Cita dos diferencias entre los horarios españoles y los franceses.

Proyecto final

Cuenta un día de la vida de un(a) alumno(a) español(a).

- Di dónde vive y a qué colegio va.
- Determina seis momentos de un día de este(a) alumno(a). Indica la hora y lo que está haciendo.
- Busca seis fotos para ilustrar cada momento.
- Presenta tu realización a la clase.

Página Web que puedes consultar
http://www.horariosenespana.com

Actividades de evaluación

1 De lunes a viernes

CD classe

Objectif : Comprendre quelqu'un qui parle simplement de ses habitudes.
Outils : L'heure, les activités quotidiennes, le vocabulaire de l'école.

Escucha la grabación y contesta.

1. Busca los intrusos.
El chico comenta: **a.** su horario diario. **b.** lo que hace por la tarde. **c.** lo que pasa en el colegio. **d.** lo que hace los fines de semana.
2. Di a qué hora:
a. se levanta. **b.** sale de casa para ir al colegio. **c.** empiezan las clases. **d.** es el recreo. **e.** terminan las clases.
3. ¿Verdad o mentira?
a. Las clases empiezan a las 9.30. **b.** Tiene un recreo de media hora. **c.** Tiene clase hasta las seis.

2 Lo que tienes que hacer (1)

Objectif : Comprendre une description simple de ce que l'on doit faire.
Outils : Les activités quotidiennes, le vocabulaire des repas.

Lee el cómic.

1. Elige la proposición correcta:
a. la niña está merendando **b.** desayunando **c.** cenando
2. ¿Verdad o mentira? Justifica con elementos del cómic.
a. Están jugando a las adivinanzas. **b.** Están haciendo los deberes. **c.** Están yendo al colegio.
3. Para la niña, ¿qué tienen que hacer los niños antes de ir al colegio?
a. Lavarse los dientes. **b.** Leer los chistes del diario.
c. Preparar la mochila.

Macanudo, **Liniers, 2007**

1. *le sac à dos* 2. *les histoires drôles* 3. *bien sûr*

3 Lo que tienes que hacer (2)

Objectif : Dire ce que je fais à différents moments de la journée.
Outils : La forme progressive, l'obligation personnelle, l'expression de l'habitude.

1. Describe lo que está haciendo la niña en la primera viñeta del cómic y luego en la última.
2. Di tres cosas que tienes que hacer tú antes de ir al colegio.
3. Di ahora tres actividades que sueles hacer cuando vuelves a casa por la tarde.

4 ¿Qué has hecho hoy?

Objectif : Écrire sa journée dans son blog ou son journal intime.
Outils : L'heure, le passé composé.

Hoy ha sido un día excepcional o, al contrario, normal. Cuéntalo en tu blog o tu diario en cuatro etapas.

1. Indica las horas en letras.
2. Comenta lo que has hecho en casa.
3. Comenta también tu vida en el colegio.
4. Di cómo has terminado el día y a qué hora.

Resultado
Sé hacerlo
Tengo que repasar

Unidad 4

Me gusta mucho

Nos gusta el fútbol

Je vais apprendre à… A1/A2

- Reconnaître les parties du corps.
- Comprendre le portrait, la façon de s'habiller de quelqu'un.
- Comprendre les goûts de quelqu'un.
- Reconnaître les vêtements.
- Dire, de façon simple, ce que j'aime et ce que je n'aime pas.
- Répondre à des questions personnelles sur mes goûts.
- Établir des comparaisons.
- Poser des questions simples, répondre et échanger sur les goûts.
- Écrire une liste de ce que j'aime.

Je vais utiliser…

- La forme de politesse *usted*
- Le verbe *gustar* + pronoms personnels compléments
- Les verbes en *-ecer*, *-ocer*
- Les verbes du type *preferir, dormir*
- L'imparfait de l'indicatif
- Les comparatifs : *más que…, menos que…, tan/tanto… como*

Je vais découvrir…

- Les influences espagnoles sur la mode.

Mon projet final

→ Composer une tenue idéale pour un ami.

El cuerpo

CD élève

1 Prepárate

a. Observa la foto. ¿Lo reconoces? Juega al... ¿En qué equipo juega?

2 Escucha

b. Busca el intruso. El chico habla de: ¿los deportes, las partes del cuerpo o del horario?

c. ¿Qué deportes cita el muchacho?

d. El deporte que se practica con los pies, la cabeza y el pecho es...

→ *Cahier p. 25*

3 Exprésate

e. Di con qué partes del cuerpo se practica el voleibol.

¿Lo sabías?

En España, Argentina y Uruguay el deporte nacional es el **fútbol**. En cambio en Cuba, Venezuela y Puerto Rico es el **béisbol**.

¿Cómo se pronuncia?

CD élève

"d"

▸ **« d » en fin de mot se prononce comme « d » en français, mais à peine appuyé. Il peut aussi se prononcer comme le son [θ], ou ne pas se prononcer du tout.**

› *usted, Madrid, la ciudad, la felicidad, la verdad*

▸ **Repite.**

Dígame usted si es verdad que va a ir a la ciudad de Madrid.

PALABRAS PARA DECIRLO

practicar un deporte

el fútbol

el baloncesto

el voleibol

el balonmano

¿Qué es usted, hombre o mujer?

CD élève

1 Prepárate

a. Describe a las dos personas que ves en el dibujo.

2 Escucha

b. ¿Cómo es el extraterrestre?

c. Cuando está en el pueblo, el extraterrestre habla primero con: ¿un hombre y una mujer?, ¿un chico y una chica?

d. Indica cómo viste la mujer.

e. Di qué lleva el hombre.

f. ¿Cómo están vestidos el chico y la chica?

→ *Cahier p. 26*

3 Exprésate

g. ¿Por qué el marciano no entiende nada cuando habla con el chico y la chica?

PALABRAS PARA DECIRLO

- conocer: *connaître*
- distinguir: *faire la différence*
- llevar: *porter*
- poner: *mettre*
- la ropa: *les vêtements*
- vestir (i): *porter (un vêtement)*

los aretes, los pendientes

la barba y el bigote

la falda

el jersey

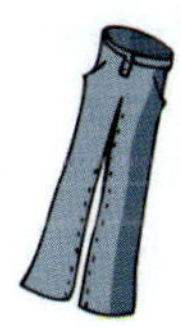
los pantalones

Memoriza

→ *Précis 16*

La forme de politesse *usted*

- Pour t'adresser à une personne âgée ou que tu ne connais pas :
  → ***usted* + 3ª persona del singular**
  › *¿Quién es **usted**?*
- Pour t'adresser à plusieurs personnes âgées ou que tu ne connais pas :
  → ***ustedes* + 3ª persona del plural**
  › *¿Quiénes son **ustedes**?*

Practica

Transforma estas preguntas utilizando "usted".

a. ¿Cuántos años tenéis?

b. ¿De dónde eres?

c. ¿Cómo te llamas?

¡Y AHORA TÚ!

¿Quién es?

En clase se elige a un alumno mientras que otro sale del aula. Luego vuelve y hace preguntas a la clase para adivinar quién ha sido designado. La clase sólo puede contestar sí o no.

Alumno: *¿Tiene el pelo largo?* **Clase:** *Sí/No.*
Alumno: *¿Lleva pantalones negros?*
Clase: *Sí/No...*

A Elena y María les gusta...

Elena y María son dos chicas trabajadoras, risueñas[1], muy guapas. A Elena le gusta la cocina y a María, los niños. A Elena le gustan los hombres morenos y a María, los rubios. A Elena le gustan los bailes en la plaza y a María, los paseos por la vega[2]. A Elena le gustan los perros y a María, los gatos. A Elena le gusta el cordero asado[3] y a María, la tortilla francesa. A Elena le gusta el café y a María, no. A Elena le gusta leer el periódico[4] y a María, no: a María le gusta leer novelas.

Camilo José Cela (escritor español),
Viaje a la Alcarria, 1948

1. *souriantes*
2. *(ici) la campagne*
3. *l'agneau grillé*
4. *le journal*

Le gustan los perros

Le gustan los gatos

1 Lee y comenta

a. Observa las fotos y di lo que están haciendo las chicas.

b. Cita lo que le gusta a Elena.

c. En cambio, ¿cuáles son las cosas que le gustan a María?

d. A María no le gusta... sino...

→ *Cahier p. 27*

2 Imagina

e. Eres un amigo de Elena y María. Tienes que presentar sus gustos oponiéndolos.
A Elena le gusta... mientras que a María...

f. Imagina un diálogo entre Elena y María. Cada una dice lo que le gusta.

PALABRAS PARA DECIRLO

- el baile: *la danse, le bal*
- descansar: *se reposer*
- mientras que: *tandis que, alors que*
- no... sino: *ne... pas... mais...*
- pasear: *se promener*
- también ≠ tampoco: *aussi ≠ non plus*

Memoriza

→ Lengua p. 72

Le verbe *gustar*

GUSTAR (plaire)		
(a mí)	me	gustan (los perros)
(a ti)	te	gusta (leer)
(a él/ella)	le	gustan (los niños)
(a nosotros, as)	nos	gusta (bailar)
(a vosotros, as)	os	gustan (las novelas)
(a ellos/ellas)	les	gusta (el café)

Practica

Completa utilizando el verbo "gustar".

a. No me ... leer novelas.

b. Nos ... los gatos, pero en cambio no nos ... los perros.

c. ¿No te ... la cocina francesa?

d. Les ... ir a los bailes en verano.

e. Le ... tomar café, pero no le ... con leche.

→ Exercices p. 72

No les gusta la lluvia tanto como a mí

Doña Blanca mira por la ventana. El otoño está llegando ya y Toledo se prepara para el frío. Pronto va a llover y el día está gris.
En la calle un hombre con sombrero parece estar esperando a alguien. Pasea rápido [...]. A veces, se para[1] y mira hacia las ventanas del piso. Después, empieza a andar otra vez. "No lo conozco, ¿quién puede ser?", piensa doña Blanca. El hombre no es viejo, no es joven. Es muy moreno y bastante[2] bajo.
Por fin empieza a llover. A la abuela le gusta mucho la lluvia del otoño.
Doña Blanca ve cómo el hombre del sombrero corre hasta un portal.
"Bueno, dice ella, no a todo el mundo le gusta la lluvia tanto como a mí".

Elena Moreno (escritora española), *El misterio de la llave*, 1992

1. *il s'arrête* 2. *assez*

Hombre corriendo bajo la lluvia

1 Lee y comenta

a. Fíjate en la foto. ¿Qué tiempo hace?
b. En el texto hace mal tiempo porque parece que...
c. Describe a los personajes.
d. ¿Verdad o mentira? Justifica tu respuesta.
1. El hombre parece impaciente. **2.** Doña Blanca conoce al hombre del sombrero. **3.** Al hombre le gusta tanto la lluvia como a Doña Blanca.

→ *Cahier p. 28*

2 Imagina

e. Doña Blanca se pregunta si conoce al hombre que ve en la calle. Imagina el monólogo.
Me parece que...

PALABRAS PARA DECIRLO

- esperar: *attendre*
- un, a joven ≠ un, a anciano, a
- el sombrero: *le chapeau*
- las estaciones: *les saisons*

el invierno
Hace frío, nieva.

la primavera
Hace buen tiempo.

el verano
Hace calor, brilla el sol.

el otoño
Hace mal tiempo, llueve y sopla el viento.

Memoriza

→ Lengua p. 72-73

1 *Parecer* et *conocer* au présent

PARECER (sembler, paraître)	CONOCER (connaître)
pare**zco**	cono**zco**
pareces	conoces
parece	conoce
parecemos	conocemos
parecéis	conocéis
parecen	conocen

2 Le comparatif d'égalité (=) *tanto... como*

› *Me gusta **tanto** el verano **como** el invierno.*
Tanto devient ***tan*** devant un adjectif ou un adverbe.
› *La primavera es **tan** agradable **como** el otoño.*

Practica

1. Conjuga los verbos en presente.
a. No te (conocer/yo), pero te (parecer/tú) mucho a tu hermano. **b.** (Parecer/él) muy preocupado, no se queda quieto. **c.** No (conocer/nosotros) Toledo, pero (parecer) una ciudad bonita.

2. Utiliza "tanto/tan... como".
a. Nos gusta ... el café ... el té. **b.** Hace ... frío en Toledo ... en Segovia. **c.** Conozco ... a Elena ... a María. **d.** Pareces ... joven ... mi hermano.

→ Exercices p. 72-73

¡Y AHORA TÚ!

Lo que me gusta

1. Por parejas, busca con tu compañero(a) los gustos que tenéis en común para presentarlos a la clase.
A Clara le gusta tanto el chocolate como a mí...

2. ¿Cuál es tu estación preferida? Explica por qué.

¿Eres «*fashion*»?

Elige la respuesta que más te conviene:

1 De tiendas siempre te paras en los escaparates[1] de:
● • Comida.
■ • Ropa y deportivas.
▲ • Juegos.

2 Cuando vas a cortarte el pelo:
▲ • Pido consejo a mi peluquero[2].
■ • Llevo una foto del corte de pelo[3] que quiero.
● • Elijo el corte de siempre.

3 A la hora de dormir te pones:
▲ • Ropa cómoda.
■ • Tengo un pijama de invierno y otro de verano.
● • Cojo la primera camiseta que encuentro en el cajón[4].

4 ¿Qué no puede faltar[5] en tu maleta[6]?
● • Mi juego favorito.
■ • Ropa de fiesta y mi perfume.
▲ • Camisetas de colores.

5 Cuando compras unas deportivas prefieres:
▲ • Las que me sirven para el cole y también para salir con mis amigos.
■ • Me gasto todo mi dinero[7] en las mejores.
● • Las más apropiadas para el deporte que practico.

Comprueba tu resultado:

▸ Mayoría de □: Adoras la moda y te gusta llevar ropa que llama la atención.
▸ Mayoría de △: Eres discreto y te gusta vestir bien.
▸ Mayoría de ○: Eres práctico y sencillo[8]. Eliges la ropa por comodidad.

1. *vitrines*
2. *coiffeur*
3. *coupe de cheveux*
4. *le tiroir*
5. *manquer*
6. *ta valise*
7. *je dépense tout mon argent*
8. *simple*

1 Lee y comenta

a. ¿De qué tipo de documento se trata?
b. Está destinado a: ¿los niños pequeños?, ¿las ancianas?, ¿los adolescentes?
c. Para ir a la moda los jóvenes tienen que llevar…
d. Para vestir discreto es preferible elegir…
e. En cambio, para vestir cómodo es mejor ponerse…

⟶ *Cahier p. 28*

2 Imagina

f. Imagina que hay un resultado más:
Mayoría de ◆: No te interesa la moda. Te vistes como te da la gana.
¿Qué frases puedes añadir en el test para obtener este resultado?

PALABRAS PARA DECIRLO

- cómodo, a: *confortable, à l'aise*
- ir a la (última) moda: *être à la mode*
- ir de tiendas: *faire les magasins*
- llamar la atención: *attirer l'attention*
- práctico, a
- una tienda: *un magasin*

Memoriza

⟶ Lengua p. 72

1 Le verbe *poner(se)* au présent de l'indicatif

PONERSE (mettre)
(me) pongo
(te) pones
(se) pone
(nos) ponemos
(os) ponéis
(se) ponen

2 *Preferir* et *dormir* au présent de l'indicatif

PREFERIR (préférer)	DORMIR (dormir)
prefiero	duermo
prefieres	duermes
prefiere	duerme
preferimos	dormimos
preferís	dormís
prefieren	duermen

Practica

Completa las frases utilizando los verbos entre paréntesis.

a. (Ponerse/yo) una camiseta a flores mientras que (llevar/tú) una camisa blanca. **b.** (Preferir/nosotras) deportivas cómodas, en cambio (ponerse/vosotras) zapatos elegantes. **c.** Los chicos (ponerse) pijamas para dormir mientras que las chicas (dormir) en camisón.

⟶ Exercices p. 72

¡Qué ropa llevaba!

Los días soleados de septiembre, el club servía de pasarela[1] para exhibir todavía los trapos[2] del verano. Allí lucía[3] Silvia su camisa blanca de conquistador hispano, llena de encajes[4] y volantes.
–Pareces una pastora[5], hija.
–Pues tú te has puesto el cinturón de *puenting*[6].
Recuerdo que el orgullo de Patri eran unas deportivas de diseño galáctico, y que Natalia llevaba bisutería ostentosa[7] y unos pantalones pitillo[8]. Irene, en cambio, con unas bermudas amarillas y una camiseta azul oscuro, parecía una niña sencilla e inocente.

José Ramón Ayllón (escritor español), *Diario de Paula*, 2003

1. *podium*
2. *les fringues (fam.)*
3. *portait*
4. *dentelles*
5. *une bergère*
6. *saut à l'élastique*
7. *voyante*
8. *slim*

Chicas con collares y cinturón

1 Lee y comenta

a. Después de leer el texto, di dónde y cuándo tiene lugar la escena.

b. Los personajes son: ¿un grupo de señores?, ¿jovencitas?, ¿una reunión de profesores?

c. Cuenta los recuerdos narrados en el texto.
Los días soleados de septiembre Silvia vestía… Patri… Natalia… En cambio, Irene…

→ *Cahier p. 29*

2 Imagina

d. Imagina cómo se vestían estas chicas el invierno pasado.

PALABRAS PARA DECIRLO

- ancho, a ≠ estrecho, a: *large ≠ étroit(e)*
- el desfile
- la moda
- rec<u>o</u>rdar (ue) algo: *se souvenir de quelque chose*
- sencillo, a: *simple*

la camisa — la camiseta — el cinturón — las deportivas

Memoriza

→ Lengua p. 73

L'imparfait de l'indicatif

- Verbes 1er groupe → radical + ***-aba***
- Verbes 2e et 3e groupes → radical + ***-ía***

LLEVAR (porter)	PARECER (sembler)	SERVIR (servir)
llev**aba**	parec**ía**	serv**ía**
llev**abas**	parec**ías**	serv**ías**
llev**aba**	parec**ía**	serv**ía**
llev**ábamos**	parec**íamos**	serv**íamos**
llev**abais**	parec**íais**	serv**íais**
llev**aban**	parec**ían**	serv**ían**

- Trois verbes sont irréguliers à l'imparfait.

ser (être): era, eras, era, éramos, erais, eran
ir (aller): iba, ibas, iba, íbamos, ibais, iban
ver (voir): veía, veías, veía, veíamos, veíais, veían

Practica

Formula las frases en imperfecto.

a. Las chicas son amigas y hablan de su ropa. **b.** Me pongo un gran cinturón. **c.** Irene lleva unas bermudas. **d.** Nosotros vestimos ropa cómoda. **e.** Vosotros vais al club.

→ Exercices p. 73

¡Y AHORA TÚ!

¿Te gusta la moda?

1. ¿Según tú, qué tienen que ponerse los jóvenes para ir a la última moda? ¿Qué tipo de ropa prefieres?

2. Puedes hacer el test de la página 66.

¡Mi gorra es más barata que la tuya!

1 Mira

a. Mira las fotos y haz dos listas: una con la ropa de chica y otra con la ropa de chico.

b. Puedes añadir otras prendas de vestir que conoces en tus listas.

c. Di cuál es la ropa de diario, la de fiesta y la de deporte.

2 Exprésate

d. Tienes 150 €: di qué ropa te compras y cuánto cuesta cada cosa.

3 Conversa

e. Por parejas, tenéis que comparar los precios de lo que habéis elegido cada uno.
Mi... cuesta... Es más barato(a) que tu...

Memoriza

→ Lengua p. 73

Les comparatifs (2)

- **Le comparatif de supériorité (+) :** ***más... que***
  › *Esta falda es **más** bonita **que** la otra.*
- **Le comparatif d'infériorité (–) :** ***menos... que***
  › *Estos vaqueros son **menos** caros **que** esos pantalones.*
- **Les comparatifs irréguliers sont :**
  mayor (plus grand) ≠ ***menor*** (plus petit)
  mejor (mieux) ≠ ***peor*** (pire).

Practica

Completa con el comparativo que corresponde (+: superioridad, -: inferioridad).

a. Me gustan (+)... los vaqueros ... los pantalones de lino.

b. Antes iba (+)... al cine ... ahora porque no existían los DVD.

c. Cuando era niño, escuchaba (–)... música ... hoy.

d. Las zapatillas de cuero son (+)... caras ... las de tela.

e. Estás (+)... enganchado a los videojuegos ... a tus estudios.

→ Exercices p. 73

PALABRAS PARA DECIRLO

- 49,90 € = cuarenta y nueve euros con noventa
- caro, a ≠ barato, a = *cher, -ère ≠ bon marché*
- una prenda de vestir: *un vêtement*
- ropa de diario ≠ ropa de fiesta
- ropa de deporte

22 veintidós
23 veintitrés
26 veintiséis
31 treinta y uno
32 treinta y dos

Me gusta más...

1. *tu es de ceux qui...*
2. *tu es au courant*
3. *(fam.) tu es accro*
4. *tirage au sort*

1 Mira

a. Fíjate en este documento. ¿Qué es?

b. ¿Qué te llama más la atención?

2 Exprésate

c. La chica de la foto está... Parece gustarle mucho... porque...

d. Fíjate ahora en los textos. ¿Qué puede hacer con este reproductor MP4?

3 Conversa

e. Por parejas y basándoos en el anuncio, imaginad un diálogo explicando las ventajas e inconvenientes de un MP4 comparado con un ordenador. Preparad antes una lista de ventajas e inconvenientes. El MP4 es más cómodo que el ordenador porque...

PALABRAS PARA DECIRLO

- con los ojos cerrados: *les yeux fermés*
- encenderse (le): *s'allumer, se mettre en marche*
- escuchar música
- leer libros
- tardar en: *mettre du temps à*
- ver vídeos

¿Cómo se pronuncia?

CD élève

La erre: "r"

▶ « r » se prononce [r] en faisant vibrer la langue sur le palais.
› *vaqueros, deportivas, diario, ordenador*

▶ "rr" ou « r » en début de mot se prononce [rr] (vibration plus forte).
› *ropa, gorra, rebajas, reproductor, cerrados*

Trabalenguas

El perro de Ramón no tiene rabo porque Ramón Rodríguez se lo ha cortado.

→ *Autre exercice autocorrectif* CD-ROM

¡Y AHORA TÚ!

Mi ropa

Describe la ropa que llevabas ayer y la que llevas hoy.

Mi respuesta

¿Qué respuesta eliges en la publicidad? Justifícala utilizando los comparativos.

Hacer une lista de mis gustos

Me gustan los aviones, me gustas tú.
Me gusta viajar, me gustas tú.
Me gusta la mañana, me gustas tú.
Me gusta el viento, me gustas tú.
Me gusta soñar[1], me gustas tú.
Me gusta la mar[2], me gustas tú.

Me gusta la cena, me gustas tú.
Me gusta la vecina, me gustas tú.
Me gusta su cocina, me gustas tú.
Me gusta camelar[3], me gustas tú.
Me gusta la guitarra, me gustas tú.
Me gusta el reggae, me gustas tú.

Me gustas tú
Manu Chao

1. *rêver*
2. = el mar
3. *frimer, baratiner (fam.)*

1 Lee el modelo

a. ¿De qué tipo de documento se trata?
b. ¿Qué le gusta a Manu Chao? Le gusta..., el... y la... También le gustan los...
c. Y ¿quién le gusta?

2 Escribe una lista de cosas que te gustan

d. Anota primero tres cosas que prefieres.
e. Elige después tres acciones que te encantan.
f. Apunta dos de tus gustos en plural.
g. Añade dos cosas que odias, que no te gustan.
h. Para acabar puedes citar también el nombre de una persona que te gusta.

Memoriza

→ Lengua p. 72

La construction du verbe *gustar*

- Le verbe ***gustar*** se construit comme le verbe « plaire » en français. Il est presque toujours conjugué à la 3e personne du singulier ou du pluriel.
  › ***Me gusta*** *el viento.*
  › ***Me gustan*** *los aviones.*
- Il s'accorde avec le sujet réel.
  › *Me gusta la* ***mañana****. (la mañana =* sujet réel*)*
  › *Me gust****as tú****. (tú =* sujet réel*)*
  › *Me gusta* ***viajar****. (viajar =* sujet réel*)*
- Les verbes ***encantar, interesar*** et ***fastidiar*** se construisent comme ***gustar***.

PALABRAS PARA DECIRLO

- encantar: *adorer*
- fastidiar: *ennuyer*
- interesar
- odiar: *détester*

Practica

Transforma como en el modelo.
› *A él/la música* → *A él* ***le gusta*** *la música.*
a. A nosotros/la comida
b. A ellos/la moda
c. A ti/los videojuegos
d. A vosotros/las novelas
e. A mí/las películas

→ Exercices p. 72

De compras en los grandes almacenes

→ Vídeo DVD
Crimen ferpecto

A Unos grandes almacenes

B Escuchando al dependiente

Fotogramas del vídeo

Fíjate bien

Observa el fotograma B y descríbelo.

PALABRAS DE CINE

El montaje es un proceso que permite escoger las secuencias para crear el hilo narrativo. En dicho proceso se sincroniza la imagen y el sonido.

PALABRAS PARA DECIRLO

- un abrigo de piel: *un manteau de fourrure*
- convencer: *convaincre*
- un, a dependiente, a: *un vendeur, -euse*
- devolver (ue): *rendre*
- gracioso, a : *drôle*
- los grandes almacenes: *les grands magasins*
- hablar en voz baja: *chuchoter*
- seducir: *séduire*

1 Observa

a. Fíjate en la foto e imagina qué tipo de película es *Crimen ferpecto*.

b. ¿Dónde transcurre la escena? (fotograma A)

c. Presenta a los protagonistas y di cómo van vestidos.

2 Exprésate

d. Explica lo esencial de esta escena de venta.

e. ¿De qué manera convence el dependiente a la clienta?

f. ¿Le gusta el abrigo a la clienta?

g. ¿Te parece frecuente este tipo de situación?

3 Imagina

h. Al día siguiente la clienta vuelve con el abrigo para devolverlo. Imagina lo que dice y lo que le contesta el dependiente.

→ Autres exercices autocorrectifs CD-ROM

Le verbe *gustar*

→ *Précis 31*

a + pronom	pronoms compléments indirects	GUSTAR + sujet réel au singulier	GUSTAR + sujet réel au pluriel
(a mí)	**me**	gusta (el fútbol)	gustan (las faldas)
(a ti)	**te**	gusta (la música)	gustan (los vaqueros)
(a él, a ella, a usted)	**le**	gusta (el deporte)	gustan (las botas)
(a nosotros, as)	**nos**	gusta (la moda)	gustan (las zapatillas)
(a vosotros, as)	**os**	gusta (la tele)	gustan (las gafas de sol)
(a ellos, a ellas, a ustedes)	**les**	gusta (el cine)	gustan (los pantalones)

- Le verbe ***gustar*** se construit comme le verbe « plaire » en français. Il est presque toujours conjugué à la 3e personne du singulier ou du pluriel. Il s'accorde avec le sujet réel.
  › *Me gusta **el fútbol**.* › *Me gust**an las flores**.*
- Si le sujet réel désigne une action (un verbe), le verbe ***gustar*** reste au singulier.
  › *Me gusta **dibujar**.*
- La préposition ***a*** est obligatoire devant le nom de la personne ou le pronom personnel.
  › ***A Francisco** le gusta el fútbol.* › ***A él** le gusta el fútbol.*
- Certains verbes exprimant une sensation ou un sentiment se construisent comme le verbe ***gustar*** : ***encantar*** (adorer), ***fastidiar*** (ennuyer), ***interesar***, ***dar ganas de***, ***apetecer*** (avoir envie de), ***dar miedo*** (faire peur), ***doler*** (avoir mal).
  › *Me encantan las faldas.*
  › *Me interesa el cine.*
  › *Me fastidia vestirme de fiesta.*

1 Transforma como en el modelo utilizando "gustar".

› *A él/la comida → A él le gusta la comida.*

a. A nosotros/la ropa **b.** A ellos/la lectura **c.** A ti/las películas **d.** A vosotros/jugar al ordenador **e.** A mí/los videojuegos

2 Completa con el verbo "gustar" y el pronombre adecuado.

a. A Elena … leer el periódico. **b.** A nosotros … la música. **c.** A ti … jugar al tenis. **d.** A vosotros … hablar español. **e.** A ellos … el cine.

Le présent de l'indicatif de certains verbes irréguliers

Les verbes en *-ecer*, *-ocer*, *-ucir*

Les verbes en ***-ecer, -ocer, -ucir*** sont irréguliers à la 1re personne du présent de l'indicatif : **c → zc**.

Il existe de nombreux verbes de ce type : ***crecer, aparecer, reconocer, producir, reducir***…

PARECER	CONOCER	CONDUCIR
pare**zco**	cono**zco**	condu**zco**
pareces	conoces	conduces
parece	conoce	conduce
parecemos	conocemos	conducimos
parecéis	conocéis	conducís
parecen	conocen	conducen

Les verbes du type *preferir* et *dormir*

Dans les verbes du type ***preferir*** ou ***dormir***, e → ie et o → ue au présent de l'indicatif sauf à la 1re et 2e personnes du pluriel.

PREFERIR	DORMIR
pref**ie**ro	d**ue**rmo
pref**ie**res	d**ue**rmes
pref**ie**re	d**ue**rme
preferimos	dormimos
preferís	dormís
pref**ie**ren	d**ue**rmen

→ *Tableau des conjugaisons p. 162, 163*

3 Conjuga los verbos entre paréntesis.

a. Yo no (conocer) a ese chico. Y tú ¿lo (conocer)? **b.** Yo me (parecer) mucho a mi padre. Y tú ¿a quién te (parecer)? **c.** Yo (conducir) un coche muy rápido. Y tú ¿todavía no (conducir)?

4 Conjuga los verbos entre paréntesis.

a. Yo (preferir) una camisa de rayas mientras que tú (preferir) una camisa a cuadros. **b.** Nosotros (dormir) a las once, en cambio vosotros (dormir) a las doce. **c.** Ana (preferir) la ropa cara mientras que sus amigas la (preferir) barata.

L'imparfait de l'indicatif

→ Précis 18.D

LLEVAR	PARECER	SERVIR
llevaba	parecía	servía
llevabas	parecías	servías
llevaba	parecía	servía
llevábamos	parecíamos	servíamos
llevabais	parecíais	servíais
llevaban	parecían	servían

- Formation de l'imparfait pour les verbes du 1er groupe → radical + ***-aba***.
- Formation de l'imparfait pour les verbes des 2e et 3e groupes → radical + ***-ía***.
- Seuls trois verbes sont irréguliers à l'imparfait de l'indicatif.

ser: era, eras, era, éramos, erais, eran
ir: iba, ibas, iba, íbamos, ibais, iban
ver: veía, veías, veía, veíamos, veíais, veían

5 Escribe los verbos en imperfecto según el modelo.

› *cantar (yo) → cantaba*

a. comer (él) **b.** salir (usted) **c.** desfilar (nosotras) **d.** ver (vosotros) **e.** ir (tú)

6 Transforma las frases en imperfecto.

a. Alicia y Estrella son amigas, salen mucho juntas. **b.** Mi hermano es aficionado al fútbol, pero yo prefiero la natación. **c.** Esteban no va a los toros, no le gustan las corridas. **d.** Nosotros no vamos al cine, preferimos la televisión. **e.** Ustedes ven las películas en casa, pero van a los conciertos.

Les comparatifs

→ Précis 11

- Le comparatif de supériorité (+) : ***más... que***
  › *Esta camiseta es **más** bonita **que** la mía.*
- Le comparatif d'infériorité (–) : ***menos... que***
  › *Esos pantalones son **menos** caros **que** las deportivas.*
- Le comparatif d'égalité (=) : ***tanto... como***
  › *Me gustan **tanto** los pantalones **como** los vestidos.*

Attention : ***tanto*** devient ***tan*** devant un adjectif ou un adverbe.
› *Los vaqueros son **tan** caros **como** los zapatos.*

Les comparatifs irréguliers

bueno → ***mejor*** (mieux) *malo* → ***peor*** (pire)
grande → ***mayor*** (plus grand) *pequeño* → ***menor*** (plus petit)

› *Estos zapatos son **buenos,** pero esas zapatillas son **mejores**.*
› *En otoño el tiempo es **malo,** pero en invierno es **peor**.*
› *El abrigo me está **pequeño,** necesito una talla **mayor**.*
› *Esta falda me está **grande,** necesito una talla **menor**.*

7 Completa con el comparativo que corresponde.

a. Me gustan (+)... los videojuegos ... la lectura. **b.** Antes iba (–)... al parque ... ahora. **c.** Cuando era niño, jugaba (–) ... al fútbol ... hoy. **d.** A ustedes les gusta (+)... ir a la montaña ... ir a la playa. **e.** Tienes (+)... ropa ... tu hermana.

8 Completa las frases con "tanto/tan... como".

a. La chica es ... alta ... su hermana **b.** María es ... simpática ... Marta. **c.** Me gusta ... el café ... el chocolate. **d.** Tengo ... frío ... tú.

9 Completa las frases con "mejor", "mayor", "menor", "peor".

a. Esta camisa te va (+) ... que la otra. **b.** La falda verde es de una talla (–) ... que la azul. **c.** Esta marca de deportivas es (–) ... que ésa. **d.** Mi hermana es (+) ... que yo.

TALLER DE LÉXICO

→ Autre exercice autocorrectif CD-ROM

Preparando la maleta

Eva no ha decidido adónde va de vacaciones todavía y ha sacado toda su ropa.

a. Mira el dibujo y ayúdala a hacer la maleta para la playa o para la montaña.
b. Puedes añadir más ropa y accesorios.

muy INTERESANTE

Lo español de siempre y la moda de hoy

La manera de vestir española, sobre todo de Andalucía con el flamenco y los toros, ha inspirado a los grandes nombres de la moda a lo largo del siglo xx. Toreras, manoletinas (bailarinas), abanicos, peinetas, mantillas, encajes, volantes y telas de lunares se encuentran también hoy en las tendencias actuales.

La moda y la industria textil españolas contribuyen a difundir "lo español" por el mundo. El grupo textil con mayor proyección internacional es Inditex (Zara, Massimo Dutti, etc.). Marcas españolas como Camper o Mango también se ven en muchos países del mundo.

Abanico del siglo XIX con dibujo de la plaza Mayor de Madrid

a El abanico es práctico para el calor por eso se usa todavía en toda España.

Peineta tradicional

Vestido típico con volantes

b La mantilla es una parte del traje tradicional andaluz que se usa todavía en las grandes ocasiones.

Andaluzas con peineta y mantilla

c Manolete fue un famoso matador de toros español (1917-1947) que dio su nombre a los zapatos que llevaban los toreros: las manoletinas.

d Una tienda ZARA en Nueva York, Estados Unidos.

Modelo del modisto Francis Montesinos, primavera-verano 2008

Creación de las modistas Ángeles Espinar y Mari Carmen Cruz

e Parte de la alta costura española de hoy se caracteriza por la influencia del folklore y sus raíces.

f Mango ha elegido a una estrella internacional como embajadora de la marca a través de todos los países del mundo.

¿A ver si lo sabes?

1. Cita por lo menos dos elementos del traje de torero que han inspirado la moda.
2. Describe el traje tradicional de la mujer andaluza.
3. ¿Verdad o mentira? Mango, Zara y Camper son marcas que sólo existen en España.

Páginas Web que puedes consultar
http://www.corteingles.es (moda > jóvenes)
http://www.zara.es

Proyecto final

Elige la ropa que le gusta a tu mejor amigo(a).

- Define primero sus gustos vestimentarios.
- Puedes elegir ropa en la página web de una tienda española, por ejemplo El Corte Inglés.
- Indica para qué estación son la ropa y los complementos que has elegido.
- Para cada prenda, precisa el color y el precio.

Actividades de evaluación

1 La maleta

CD classe

Objectif : Reconnaître les différents vêtements dont on parle.
Outils : Vocabulaire des vêtements, des saisons.

Escucha la grabación y contesta.

1. El hombre está hablando de lo que: **a.** suele vestir **b.** le gusta comprar en las tiendas **c.** lleva de viaje.
2. ¿Verdadero o falso? Justifícalo con palabras de la grabación. **a.** No le preocupa mucho preparar la maleta. **b.** Se organiza según el tiempo.
3. Busca el intruso.
   a. Empieza la maleta con: ¿pantalones, camisas, camisetas, jersey?
   b. Suele llevar un par de zapatos distintos: ¿zapatos de vestir, playeras, zapatillas deportivas?
   c. Suele llevar también: ¿bañadores, un abrigo, calcetines?

2 Lily y Lucy

Objectif : Comprendre le portrait de quelqu'un en termes simples.
Outils : Les comparatifs, l'imparfait.

La mayor se llamaba Lily y era algo más bajita que Lucy. Lily tenía catorce o quince años a lo más y Lucy trece o catorce. El adjetivo llamativo[1] parecía inventado para ellas, pero Lucy no lo era tanto como su hermana, no sólo porque sus cabellos eran menos rubios y más cortos y porque se vestía con más sobriedad que Lily sino porque era más callada[2].

Mario Vargas Llosa, *Travesuras de la niña mala*, 2006

1. que llama la atención
2. discreta, silenciosa

Lee el texto y contesta.

1. El texto trata de: ¿unas ancianas, dos hermanas, unos jóvenes?
2. ¿Verdadero o falso? Justifica con el texto.
   a. La menor de las dos no era Lily sino Lucy. **b.** Lily era menos alta que Lucy. **c.** Llamaban la atención tanto la una como la otra. **d.** Lucy hablaba más que Lily.

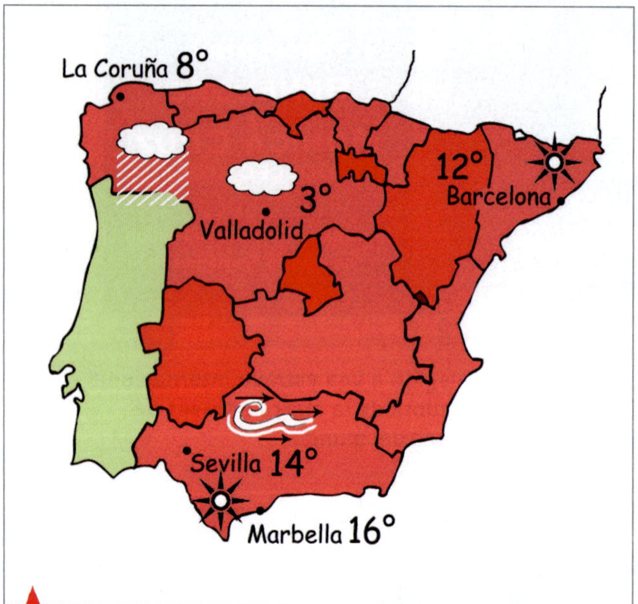

El tiempo para el 19 de noviembre

3 Parte meteorológico

Objectif : Présenter la météo.
Outils : Le vocabulaire du temps, la numération, les comparatifs.

1. Hoy es el 19 de noviembre. Presenta el tiempo en España basándote en todos los datos que tienes.
2. Compara las previsiones en La Coruña, Valladolid, Barcelona, Sevilla y Marbella. Haz tres frases con los tres comparativos.

4 El tiempo de ayer

Objectif : Rédiger un bulletin d'information météorologique.
Outils : Le vocabulaire du temps, l'imparfait, les comparatifs.

1. Hoy es el 20 de noviembre, observa las previsiones del día 19 y escribe qué tiempo hacía en España ese día.
2. Escribe tres frases para comparar el tiempo que hacía en las cinco ciudades indicadas en el mapa. Utiliza los tres comparativos.

Resultado
Sé hacerlo
Tengo que repasar

Unidad 5

¡Que lo pases bien!

Cumplir quince años en México

Je vais apprendre à... A1/A2

- Comprendre une interview sur les relations parents-enfants.
- Comprendre une chanson d'anniversaire.
- Comprendre un texte court exprimant la volonté, la finalité, le souhait.
- Comprendre un texte exprimant l'interdiction.
- Exprimer l'hypothèse.
- Demander de l'aide à quelqu'un, le conseiller.
- Écrire une carte d'invitation à un anniversaire.

Je vais utiliser...

- Le subjonctif présent
- Les emplois du subjonctif
- La phrase exclamative

Je vais découvrir...

- Les événements et les fêtes familiales en Espagne et en Amérique Latine

Mon projet final

→ Choisir un cadeau et écrire une carte d'anniversaire.

Llevarse bien con los padres

CD élève

Un chico que se lleva bien con sus padres

1 Prepárate

a. Describe la foto: ¿te parecen felices?

b. Entre padres e hijos, ¿cuáles pueden ser los temas conflictivos?

2 Escucha

c. El chico se lleva bastante bien con sus padres. Justifica la frase.

d. En el tema de los estudios sus padres son... pero... a la vez.

→ *Cahier p. 32*

3 Exprésate

e. ¿En qué aspectos los padres del chico son permisivos o estrictos?

PALABRAS PARA DECIRLO

- llevarse bien con alguien: *bien s'entendre avec quelqu'un*
- sacar buenas notas: *avoir de bonnes notes*
- suspender un examen: *rater un examen*
- temprano ≠ tarde
- volver (ue) a casa: *rentrer à la maison*

Memoriza

→ Lengua p. 88

Le subjonctif présent des verbes réguliers

	indicatif	subjonctif
Verbes en AR	a	→ e
Verbes en ER / IR	e	→ a

HABLAR	COMER	VIVIR
hable	coma	viva
hables	comas	vivas
hable	coma	viva
hablemos	comamos	vivamos
habléis	comáis	viváis
hablen	coman	vivan

Practica

Completa las frases.

a. En casa mi madre insiste en que (comer/yo) fruta.

b. Tus padres te piden que no (discutir/tú).

c. En el colegio los profesores nos dicen que (estudiar/nosotros).

d. En casa mis padres no quieren que (hablar/mis hermanos) mal.

→ Exercices p. 88

Una fiesta de cumpleaños

CD élève

1 Prepárate

a. En la foto están celebrando...

b. La madre está... porque...
La niña... Su familia...
Las chicas vestidas de azul...

2 Escucha

c. Precisa el tipo de documento que oyes y apunta las palabras que reconoces.

d. Busca el intruso.
El ambiente es: **1.** festivo **2.** melancólico **3.** alegre.

e. Completa con el verbo que falta: "Y que los ... feliz, muy feliz, deseamos todos".

→ *Cahier p. 33*

3 Exprésate

f. En grupo, escuchad de nuevo la grabación para memorizar el estribillo y cantadlo.

Celebrando un cumpleaños en México

¿Lo sabías?

La palabra "**cumpleaños**" sólo se usa para las personas. Se dice: "Es el cumpleaños del tío César", pero "es el **aniversario** del descubrimiento de América".

PALABRAS PARA DECIRLO

- la canción: *la chanson*
- cumplir ocho años: *fêter ses huit ans*
- el estribillo: *le refrain*
- felicitar: *souhaiter bon anniversaire*
- la tarta de cumpleaños: *le gâteau d'anniversaire*
- tocar la guitarra/el violín: *jouer de la guitare / du violon*

¿Cómo se pronuncia?

CD élève

"c" et "z"

▶ **Le « c » devant « e » et « i » se prononce comme le "z" [θ].**

› *felicidad, canción, ciudad, hacer, grabación*

› *feliz, tiza, lápiz, zorro, zapatos*

▶ **Escucha y repite.**

a. *felicitar* **b.** *cumplir trece años* **c.** *¡Cumpleaños feliz!*

→ *Autre exercice autocorrectif* CD-ROM

¡Y AHORA TÚ!

¡Cumpleaños feliz!

En clase, apuntad la fecha de nacimiento de todos los alumnos y realizad un calendario para celebrarlos.

Quiero que me prometas

CD classe

Durante la guerra Carol está en casa de su abuelo porque su padre está en el frente[1].

–¿Va a terminar pronto la guerra abuelo?

–Seguro que sí.

–Y ¿quién ganará?

–No lo sé, hija... No lo sabe nadie.

–Abuelo, quiero pedirte un favor.

–Si está en mi mano[2].

–Claro que sí. Y quiero que me lo *juras*.

–Me lo "jures".

–Me lo jures.

–No puedo prometerte nada sin saber de lo que se trata[3], no sería[4] justo.

–Está bien pero luego me lo *jures*.

–Ahora es: me lo "juras".

–Me lo juras... No cuentes a mi padre que mamá ha muerto[5]. Él está allí solo.

El Viaje de Carol, película de Imanol Uribe (director español), 2002

1. *le front*
2. Si puedo
3. *ce dont il s'agit*
4. *cela ne serait pas*
5. *est morte*

Carol y su abuelo

1 Lee y comenta

a. ¿Qué sabes del padre de Carol? ¿Y de su madre?
b. Hablando de la guerra Carol quiere que su abuelo le diga... le...
c. También Carol quiere que su abuelo... porque no quiere que...

→ *Cahier p. 34*

2 Imagina

d. ¿Por qué no quiere Carol que el abuelo le cuente el secreto a su padre?
e. ¿Va a aceptar el abuelo lo que le pide Carol o no?

PALABRAS PARA DECIRLO

- estar lejos: *être loin*
- ponerse triste
- ser feliz

estar contento, a   estar triste

Memoriza

→ Lengua p. 88

1 *Querer que* (ie) + subjonctif (vouloir que)

› ***Quiero que*** *me lo jures (jurar).*

2 Le subjonctif présent de *poner(se)* (verbe irrégulier)

indicatif	subjonctif
(me) pongo →	(me) ponga (te) pongas (se) ponga (nos) pongamos (os) pongáis (se) pongan

Practica

Completa las frases.

a. Los padres quieren que sus hijos (ser) felices.
b. El abuelo quiere que su nieta (estar) contenta.
c. No quiero que (ponerte/tú) triste.
d. La niña quiere que su padre (ponerse) contento.

→ Exercices p. 88

¿Lo sabías?

De 1936 a 1939 hubo una **Guerra Civil** en España. Se enfrentaban franquistas y republicanos.

Consejos para que se lleven bien padres e hijos

CONSULTORIO de ayuda familiar

CONSEJOS PARA QUE SUS HIJOS AYUDEN EN CASA

? Consulta

Valoración ★★★★ / 4 votos

- Portada
- Preguntas Frecuentes
- Psicología
- Foros
- Contáctenos

Respuesta del experto

Page 1

Consulta:

Aunque se lo pida, mi hijo no hace nada en casa y ya no sé qué hacer para que me eche una mano.

Respuesta:

Para que tu hijo te ayude en casa tienes que ser firme con él y escribirle la lista de las tareas domésticas[1] que le corresponden. Al principio, para que no se desanime[2], la lista tiene que ser corta y con labores[3] sencillas, por ejemplo: recoger la mesa y guardar la ropa en el armario.

1. *tâches ménagères* 2. *ne se décourage pas* 3. *travaux*

1 Lee y comenta

a. ¿Cuál es el problema de la madre?

b. ¿Qué opinas de las soluciones propuestas? A mí la idea me parece buena porque… No me parece buena porque…

→ Cahier p. 35

2 Imagina

c. Hablando de tareas domésticas, ¿qué soluciones propones?

d. Para que los hijos… los padres tienen que…

PALABRAS PARA DECIRLO

- ayudar: *aider*
- echar una mano = ayudar
- guardar algo: *ranger quelque chose*
- ordenar: *ranger*

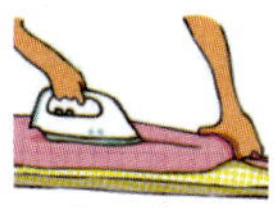
planchar

fregar los platos

barrer

poner la mesa
≠ quitar/recoger la mesa

Memoriza

→ Lengua p. 89

1 *Para que* + subjonctif = finalité

› ***Para que*** *tu hijo* ***ayude*** *en casa, tienes que ser firme con él.*

2 *Aunque* + subjonctif = même si + indicatif

› ***Aunque*** *se lo* ***pida***… (Même si je le lui demande…)

Practica

1. Conjuga los verbos.

a. Miguel friega los platos para que sus padres (dejarle) salir. **b.** Marta ayuda a su madre para que (estar) contenta. **c.** Los padres suelen insistir para que los hijos (ayudar) en casa. **d.** Los hijos suelen insistir para que sus madres les (planchar) la ropa.

2. Transforma según el modelo.

› *Se lo pido, pero no lo hace.* → *Aunque se lo pida, no lo hace.*

a. Su habitación está desordenada, pero no la ordena. **b.** Sus cosas están por todas partes, pero no las guarda.

→ Exercices p. 89

¡Y AHORA TÚ!

Mis tareas domésticas

1. **Haz una lista de las tareas que tus padres quieren que hagas siempre en casa.**
Mis padres quieren que…

2. **¿Qué tienes que hacer en tu casa para que tu familia esté muy contenta contigo?**

¡No me digas!

CD classe

Cuando terminan de comer, Elisa sirve el café y Alfredo enciende un cigarro puro[1].
María Julia se dirige a su familia.
–Tengo que deciros[2] algo.
Todos la miran y Elisa, que estaba recogiendo la mesa, se sienta con una expresión de alarma en la cara.
–¡Ay, Dios! ¿Qué pasa?
–Nada malo, mamá, no te preocupes. Es que a la vista de cómo se han puesto las cosas, me voy a casar.
–¿Qué dices? ¿Así, de pronto?
–No sabes lo que dices. Te lo prohíbo.
–Papá, por favor, tú no puedes prohibirme nada. […]
–No contéis conmigo[3].
–No digas bobadas[4], Alfredo. ¿Cómo no vas a ir a la boda de tu hija?

Violeta Díaz-Corralejo (escritora española), *Un vecino poco habitual*, 2001

1. *un cigare*
2. *vous dire*
3. *Ne comptez pas sur moi*
4. *d'idioties*

Padres al borde de un ataque de nervios

1 Lee y comenta

a. La madre se llama... El padre... y la hija...
b. Como en el teatro, busca quién dice cada réplica.
c. Apunta lo que indica que la madre está muy preocupada.
d. Al final, ¿cómo reacciona el padre? ¿Y la madre? Apunta las frases y coméntalas.

→ *Cahier p. 35*

2 Imagina

e. Mira la foto y describe la expresión de cada personaje.
f. A tu parecer, ¿por qué reacciona así el padre de María Julia?

PALABRAS PARA DECIRLO

- la boda: *le mariage*
- casarse: *se marier*
- prohibir: *interdire*

estar enfadado, a

estar nervioso, a

estar preocupado, a

estar sorprendido, a

Memoriza

→ Lengua p. 88-89

1 L'interdiction

Interdire c'est donner un ordre négatif avec ***no*** **+ subjonctif.**
› *¡No digas bobadas!*

2 Le subjonctif présent de *decir* (verbe irrégulier)

indicatif	subjonctif
digo ⟶	diga digas diga digamos digáis digan

Practica

1. Transforma las frases según el modelo.
› *Prohibido fumar.* → *¡No fumes!*
a. Prohibido pasar. **b.** Prohibido cruzar.

2. Transforma según el modelo.
› *Su padre no quiere que salga de casa.*
→ *"¡No salgas!"*
a. Sus padres no quieren que se case. **b.** El médico no quiere que fume. **c.** Su madre le prohíbe que mienta.

→ Exercices p. 88-89

A Dios le pido

CD élève

Que mis ojos se despierten con la luz de tu mirada, yo
A Dios le pido[1].
Que mi madre no se muera y que mi padre me recuerde[2],
A Dios le pido
Que te quedes[3] a mi lado y que más nunca te me vayas[4], mi vida
A Dios le pido
que mi alma no descanse cuando de amarte se trate[5], mi cielo
A Dios le pido […]

Que si me muero sea de amor
y si me enamoro sea de vos[6]
y que de tu voz sea este corazón
todos los días a Dios le pido
a Dios le pido. (bis)

Juanes (cantante colombiano)

1. *je demande à Dieu*
2. *se souvienne de moi*
3. *que tu restes*
4. = que nunca más te vayas: *que tu ne partes plus jamais*
5. *que mon âme soit sans repos quand il s'agit de t'aimer*
6. muchos latinoamericanos dicen "vos" en vez de "ti" y "tú"

Juanes en concierto

1 Lee y comenta

a. Relaciona las frases y justifica las afirmaciones.

1. El cantante desea que su madre no se muera ya que…
2. Quiere que su amada se despierte junto a él ya que…
3. Teme que su amada lo abandone ya que…

a. es la mujer de su vida.
b. está muy enamorado de ella.
c. quiere mucho a su madre.

b. ¿Cómo sabes que el cantante está enamorado?

→ *Cahier p. 36*

2 Imagina

c. Los "fans" suelen pedir a los artistas que…

PALABRAS PARA DECIRLO

- cantar una canción más
- firmar un autógrafo
- sacar una foto: *prendre une photo*
- querer (ie) a alguien: *aimer quelqu'un*

Memoriza

→ Lengua p. 88

1 *Pedir que* + subjonctif = demander de + infinitif

› *A Dios le **pido que** te **quedes** (quedarse) a mi lado.*

2 Le subjonctif présent de *ir* et *venir* (verbes irréguliers)

IR	VENIR
vaya	venga
vayas	vengas
vaya	venga
vayamos	vengamos
vayáis	vengáis
vayan	vengan

Practica

Conjuga los verbos.

a. A ellos les pedimos que (ir) a comprar las entradas para el concierto de Juanes. **b.** A ti te pido que (venir) conmigo al concierto. **c.** A Juanes le pedimos que (firmar) su foto. **d.** A vosotros os piden que (asistir) a la llegada del cantante.

→ Exercices p. 88

¡Y AHORA TÚ!

Todo lo que le pido.

Siguiendo el modelo de la canción de Juanes, escribe tu propia canción pensando en alguien a quien quieres mucho.

A la chica (al chico) que quiero, le pido que…

El regalo ideal

1 Mira

a. Fíjate en las tarjetas y di lo que representan.

b. Verdadero o falso. Justifica tu respuesta citando elementos del anuncio.
1. No existe el regalo perfecto.
2. Tal vez sean prácticas para hacer un regalo.
3. Quizás te equivoques con ellas.
4. Es fácil encontrarlas.

2 Exprésate

c. ¿Qué promueve este anuncio?

d. Imagina tres ocasiones en las que se puedan usar. Tal vez... Quizás... Puede que...

e. Enumera las ventajas de este producto.

3 Conversa

f. Por parejas. Estáis en el Corte Inglés, el cliente no sabe qué regalo comprar; el dependiente le propone una tarjeta regalo, pero el cliente tiene dudas. Imaginad el diálogo.

Memoriza

→ Lengua p. 88-89

1 *Tal vez, quizás, puede que* + subjonctif = hypothèse

› ***Quizás sea*** *útil para el cumpleaños de Ana.*
› ***Tal vez se usen*** *para Navidad.*
› ***Puede que*** *no* ***sepa*** *qué comprar.*

2 *Aconsejar que* + subjonctif = conseiller de + infinitif

› *Le* ***aconsejo que*** *compre una tarjeta de regalo.*

Practica

Conjuga el verbo entre paréntesis.

a. Puede que no (ser) una buena idea para su cumpleaños. **b.** Prefiero este regalo, pero quizás a ellos no les (gustar). **c.** ¿Tal vez (venir/vosotros) a la boda de Pedro? **d.** Quizás (pasarlo bien/tú), no se sabe.

→ Exercices p. 88-89

PALABRAS PARA DECIRLO

- un anuncio = una publicidad
- un dependiente: *un vendeur*
- una fiesta
- el nacimiento: *la naissance*
- no estar seguro, a de que + subj.
- un regalo: *un cadeau*
- una tarjeta: *une carte*
- quisiera...: *j'aimerais...*

¡Vaya regalo para el padre!

Maitena (dibujante argentina), *Mujeres alteradas 5*, 2003

1 Mira

a. Di dónde y con quién está el joven.

b. Fíjate en la fecha y la hora. ¿Para qué llama el chico a su padre?

c. Justifica el título del documento.

2 Exprésate

d. Imagina lo que dice el chico. Le dice que... Le pide que...

3 Conversa

e. Por parejas, imaginad un diálogo en el que el hijo le pide ayuda a su padre.

PALABRAS PARA DECIRLO

- la comisaría: *le commissariat*
- enfadarse: *se mettre en colère*
- ha tenido un accidente
- el policía
- regañar: *gronder*
- romper: *casser*
- lo siento: *je suis désolé(e)*
- ¡vaya regalo!: *drôle de cadeau !*
- venir (ie) a buscarle: *venir le chercher*

¿Lo sabías?

En España **el día del padre** se celebra el 19 de marzo, festividad de San José. El **día de la madre** es el primer domingo de mayo y es un día muy importante.

¿Cómo se pronuncia?

CD élève

- **"s" se pronnce comme « ss » en français.**
  › *comisaría, sentir, buscar, casa, pasar, tarjetas*
- **Trabalenguas.**
  Si Suzi no sazona su salsa con sal, le sale sosa; le sale sosa su salsa a Suzi si la sazona sin sal.

¡Y AHORA TÚ!

Mi fiesta

1. **Celebras tu cumpleaños. Los invitados están a punto de llegar, pero estás preocupado(a), tienes dudas.**
   Quizás los invitados...
   Tal vez el pastel...
   Puede que...
2. **Para ti, ¿existe el regalo ideal?**

Escribir una tarjeta de invitación

Hola:

Hoy comienzas una nueva vida... ¡Qué alegría!
Quizás seas más responsable...
Es posible que la ropa ya no te guste...
Y el mal humor sea más frecuente...
Tómalo con calma...

¡FELIZ CUMPLE[1], PABLO!!!

¡Que cumplas muchos más[2]!!!
Recibe 14 enormes tirones de orejas...
Espero que te acuerdes de mí.

Te quiero un montón[3].

Un beso Elena

1. cumpleaños
2. *(ici) beaucoup d'autres*
3. *(ici) mucho*

1 Lee el modelo

a. Di a quién le escribe Elena.
b. ¿Cómo le saluda Elena al principio?
c. La chica felicita a su amigo por...
d. Fíjate cómo se despide Elena al final.

2 Escribe una tarjeta de invitación a una fiesta de cumpleaños

e. ¿A quién diriges la tarjeta? Emplea una expresión para empezar.
f. Escribe el motivo del mensaje: Te escribo para...
g. Haz hipótesis sobre la fiesta: Es posible que venga... Tal vez haya... Puede que reciba...
h. Elige una expresión para despedirte.

¿Lo sabías?

En España se suelen acompañar las felicitaciones con el gesto de **tirar de las orejas** tantas veces como (*autant de fois que*) los años cumplidos.

Memoriza

→ Précis 4

La phrase exclamative

N'oublie pas les points d'exclamation au début et à la fin de la phrase et l'accent sur le ***qué***.
› *¡Muchas felicidades!*
› *¡Qué alegría!*

Practica

Transforma según el modelo.
› *alegría* → *¡Qué alegría!*
a. bonito
b. gusto
c. sorpresa
d. bien
e. suerte

PALABRAS PARA DECIRLO

- muchos besos y abrazos: *grosses bises*
- nos vemos = hasta pronto: *à bientôt*
- Querido Carlos, Querida María...
- también quiero decirte...

El cumpleaños de Ana

→ Vídeo DVD
Las mujeres de verdad tienen curvas

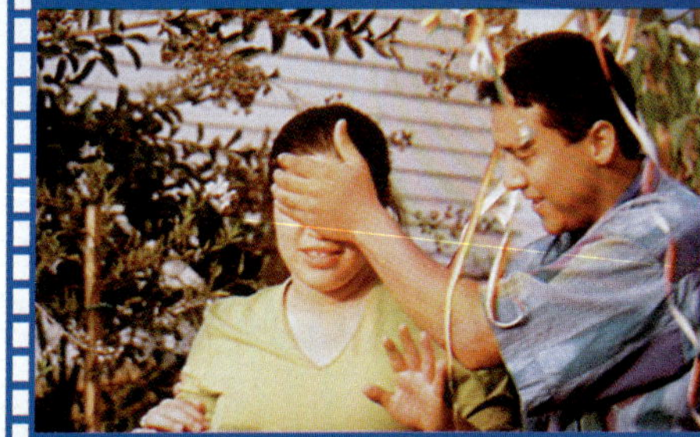

Ⓐ Preparando la sorpresa

Ⓑ La fiesta de cumpleaños

Fotogramas del vídeo

1 Observa

a. ¿Cómo se llama la protagonista de esta secuencia y dónde está?

b. Apunta cuatro detalles que indican que se trata de una fiesta de cumpleaños.

2 Exprésate

c. Di por qué el primo la acompaña tapándole los ojos.
El primo no quiere que... Entonces le tapa los ojos para que no...

d. Asocia cada personaje con su reacción.

1. Los primos	**a.** se levanta para darle un beso.
2. Su tía	**b.** aplaude y sonríe.
3. Su abuelo	**c.** parecen muy contentos y orgullosos.
4. Sus padres	**d.** la besa, la abraza y le muestra el pastel de cumpleaños.
5. Su hermana	**e.** le cantan una canción con la guitarra.

3 Imagina

e. ¿Te ha preparado ya tu familia una fiesta sorpresa? Cuéntala.

Fíjate bien

Mira los fotogramas Ⓐ y Ⓑ y di cuál es un plano general y cuál es un plano medio corto. Justifica tu respuesta.
En el fotograma Ⓐ se ven...
Busca otros ejemplos en la secuencia.

PALABRAS DE CINE

Un plano es un conjunto de imágenes que constituyen una misma toma (*prise*). Los hay de diferentes tipos:

- **plano general:** se ven los personajes y los objetos de una manera global.
- **plano medio corto:** muestra la figura humana cortada por la cintura o a la altura del pecho.

PALABRAS PARA DECIRLO

- abrazar: *serrer dans les bras*
- los adornos: *les décorations*
- besar: *embrasser*
- cantar
- desear: *souhaiter*
- enseñar los regalos: *montrer les cadeaux*
- ¡menuda sorpresa!: *quelle surprise !*
- tapar los ojos: *cacher les yeux*

→ Autres exercices autocorrectifs CD-ROM

Le présent du subjonctif

→ Précis 20

Formation

		Présent de l'indicatif	Présent du subjonctif
Verbes du 1er groupe	HABLAR	a ⟶ e	
Verbes du 2e et 3e groupes	COMER VIVIR	e ⟶ a	

• **Les verbes réguliers**

HABLAR	COMER	VIVIR
hable	coma	viva
hables	comas	vivas
hable	coma	viva
hablemos	comamos	vivamos
habléis	comáis	viváis
hablen	coman	vivan

• **Les verbes à diphtongue**

Au présent du subjonctif, la diphtongue (e → ie et o → ue) porte sur les mêmes personnes qu'au présent de l'indicatif.

QUERER (ie)	CONTAR (ue)
quiera	cuente
quieras	cuentes
quiera	cuente
queramos	contemos
queráis	contéis
quieran	cuenten

• **Les verbes à affaiblissement**

Au présent du subjonctif, l'affaiblissement (e → i) se produit à toutes les personnes.

PEDIR	
indicatif	subjonctif
pido ⟶	pida
	pidas
	pida
	pidamos
	pidáis
	pidan

• **Les verbes irréguliers**

Le subjonctif présent de la plupart des verbes irréguliers se forme à partir de la 1re personne du singulier du présent de l'indicatif.

TENER	
indicatif	subjonctif
tengo ⟶	tenga
	tengas
	tenga
	tengamos
	tengáis
	tengan

decir: diga… **hacer:** haga… **salir:** salga…
conocer: conozca… **parecer:** parezca…

• **Autres verbes irréguliers**

dar: dé… **ir:** vaya… **saber:** sepa…
estar: esté… **ser:** sea… **haber (hay):** haya…

Les emplois du présent du subjonctif

Le subjonctif s'emploie davantage en espagnol qu'en français.
On emploie le subjonctif après les verbes exprimant la volonté, le souhait, la demande, le conseil.

• ***Querer que/desear que* + subjonctif**
› *Quiero que pongas la mesa.* (Je veux que tu mettes la table.)

• ***Pedir que* + subjonctif**
› *Te pido que comas.* (Je te demande de manger.)

• ***Decir que* + subjonctif**
› *Le dice que venga.* (Il lui dit de venir.)

• ***Aconsejar que* + subjonctif**
› *Te aconsejo que duermas.* (Je te conseille de dormir.)

1 Imita el modelo.

› *Mi madre quiere que esté en casa pronto.*

a. Ellos quieren que su hijo (estudiar). **b.** El chico no quiere que su familia (ser exigente). **c.** Mis amigos quieren que (nosotros salir). **d.** La novia quiere que (vivir juntos).

2 Completa.

a. Tu madre te pide que (poner) la mesa. **b.** Tu hermano desea que (venir) con él. **c.** Tu padre te dice que (ser) prudente. **d.** Sus primos desean que (vosotros/llamar) por teléfono.

3 Asocia las dos partes de las frases y complétalas conjugando el verbo en presente de subjuntivo.

1. La abuela quiere que
2. El tío quiere que
3. Los hijos quieren que
4. Los padres quieren que

a. los padres les (comprar un móvil).
b. sus hijos les (decir dónde están).
c. sus sobrinos le (escribir).
d. sus nietos la (llamar por teléfono).

4 Es el cumpleaños de un amigo, ¿qué le deseas?

› *Te deseo que…*

a. Cumplir muchos años más. **b.** Tener muchos regalos. **c.** Ser feliz. **d.** Recibir muchas felicitaciones.

Autres emplois du présent du subjonctif

- ***Quizás…, tal vez…, es posible que…, puede que…* + subjonctif**
  On emploie le subjonctif pour exprimer l'**hypothèse**.
  › ***Quizás*** *le riña porque ha roto el coche.*
  (Peut-être qu'il le gronde parce qu'il a cassé la voiture.)
  › ***Tal vez*** *le deje dormir en casa de su amigo.*
  (Peut-être qu'il le laissera dormir chez un ami.)
  › ***Es posible que*** *vengan muchos amigos a su fiesta.*
  (Il est possible que beaucoup d'amis viennent à sa fête.)
  › ***Puede que*** *reciba muchos regalos.*
  (Il recevra peut-être beaucoup de cadeaux.)

- ***Para que* + subjonctif**
  On emploie le subjonctif pour exprimer la **finalité**, le **but**.
  › *Le llama **para que** venga a buscarlo.*

- ***No* + subjonctif, *prohibir que* + subjonctif, *impedir que* + subjonctif**
  On emploie le subjonctif pour exprimer l'**interdiction**.
  › *¡No digas bobadas!* (Ne dis pas de bêtises !)
  › *Te prohíbo que fumes.* (Je t'interdis de fumer.)
  › *El padre le impide que se case.* (Son père lui interdit de se marier.)

5 Transforma las frases según el modelo.

› *Tiene un accidente.* → *Quizás tenga un accidente.*

a. Van a la fiesta de esta noche.
b. Compramos un regalo.
c. Empiezan a las ocho.
d. Llamo a tu amiga.

6 Formula hipótesis utilizando "tal vez", "puede que", "quizás", "es posible que".

› *Es pronto para enamorarte.* → *Tal vez sea pronto para enamorarte.*

a. Comemos verduras cada día.
b. Pongo la mesa.
c. Doy las gracias a mi abuela.
d. Llama por teléfono a Francia.

7 ¿Para qué lo hacen? Completa las frases empleando "para que + subjuntivo".

› *El chico llama a su padre para que venga.*

a. La invita … (él/venir a su fiesta).
b. El vendedor insiste … (tú/comprar) la tarjeta.
c. En casa pongo la mesa … (mi madre/estar contenta).
d. Elena escribe a Pablo … (él/contestar).

8 Transforma las frases según el modelo.

› *Su madre no quiere que vuelva tarde a casa. Madre: – "¡No vuelvas tarde!"*

a. Su profesor le prohíbe que hable en clase. Profesor: – …
b. Su entrenador le impide que salga por las noches. Entrenador: – …
c. Su padre no quiere que escuche la radio. Padre: – …
d. Su novia le prohíbe que diga mentiras. Novia: – …

TALLER DE LÉXICO

→ *Autre exercice autocorrectif* CD-ROM

a. Describe las emociones del hombre.
b. Haz hipótesis sobre lo que puede pasar dentro de la casa.
un ladrón – la venganza – cerrado(a) ≠ abierto(a) – romper – roto(a) – desordenado(a) ≠ ordenado(a)

muy INTERESANTE

Costumbres y fiestas familiares en España y Latinoamérica

Cada rincón del mundo hispanoamericano tiene sus costumbres y sus fiestas típicas. Muchas veces son los niños los "reyes" de esas fiestas, pero no necesariamente. Seguro que en tu país también hay fiestas para festejar a los niños y otras solamente para compartir un momento feliz.

Una niña en el día de su comunión rodeada de sus amigos

a

La primera comunión

En España los padres preparan la primera comunión de sus hijos con mucha antelación. Suele haber muchos invitados. Las niñas van vestidas como novias y los niños llevan traje de chaqueta o uniformes. Reciben numerosos regalos en esta ocasión.

Escaparate con los trajes típicos para la primera comunión

Festejando a la madre con alegría

b

El Día de la Madre

Los españoles tienen mucho respeto por la madre. El Día de la Madre no es sólo una fiesta comercial. Se suele invitar a toda la familia a comer en casa o en un restaurante.

Un joven intentando romper la piñata

c

La Piñata

En México, la Piñata constituye un elemento central de los cumpleaños y otros momentos festivos. La Piñata es un recipiente artesanal hecho de barro y papel en el que se esconden caramelos. El niño que juega no ve nada y tiene que seguir las indicaciones de sus amigos para romper la piñata con un bastón; así pueden caer los caramelos.

Quinceañera mexicana abriendo el baile con los mariachis tocando música

d

Quinceañera

La Quinceañera es una tradición muy importante en México, pero también existe en otros países como Cuba, por ejemplo. La fiesta se celebra en honor de las chicas que cumplen quince años. Se convierten en "reinas" de un día y se visten como princesas.

Quinceañera cubana con vestido de fiesta

¿A ver si lo sabes?

1. Durante la primera comunión los niños van vestidos como en:
   a. una boda **b.** un cumpleaños **c.** Navidad
2. ¿Verdad o mentira?
   a. El Día de la Madre es una fiesta familiar muy importante en España. **b.** La fiesta de la Quinceañera sólo existe en Cuba.
3. ¿Qué es una piñata?
   a. una piña gigantesca **b.** un juguete en forma de piña **c.** un objeto lleno de caramelos

Páginas Web que puedes consultar

http://www.quinceaneratips.com/invitaciones.htm
http://www.euroresidentes.com/diversion/frases/cumpleanos.htm

Proyecto final

Elige un regalo y redacta una tarjeta de cumpleaños.

- Toda la clase acaba de recibir una invitación de Marta para participar en su fiesta de Quinceañera.
- Cada uno de vosotros va a hacer una propuesta de regalo.
  Tal vez/quizás/puede que... porque...
- Cada uno reacciona a la propuesta.
  Para mí... Me parece... No me parece...
- Al final tenéis que decidir cuál es el regalo más adecuado.
  Para que pueda... Para que... le regalamos...
- Habéis comprado una tarjeta grande para felicitarla. Cada uno le escribe un mensaje.

Actividades de evaluación

1 Que no tengo cinco años...

CD classe

Objectif : Comprendre un message simple où sont exprimés des souhaits.
Outil : Vocabulaire de la famille et des sentiments.

Escucha la grabación y contesta.

1. Los locutores son:
   a. una mujer y su marido **b.** un chico y su hermana **c.** una madre y su hijo **d.** una joven y su novio
2. Apunta por lo menos dos elementos que muestran que el chico no está contento.
3. La señora desea que él tenga:
   a. una novia/un navío/un amigo **b.** un coche/un casco/un porsche **c.** un traje nuevo/un trabajo/un piso

2 ¿Qué quiere tu padre que seas?

Objectif : Repérer des souhaits et des hypothèses dans un dialogue et savoir qui les formule.
Outil : *Quiere que* + subjonctif.

Óscar y su abuelo están hablando del futuro.

–¿Qué quiere tu padre que seas?
–Arquitecto.
–¿Y tú, quieres ser arquitecto?
Movió la cabeza negando con fuerza.
–¿Qué quieres ser? [...]
–Todavía no lo sé, tal vez astronauta. [...]
–¿Lo ves?
–¿Qué?
–Está claro, ¿no?: tú no quieres ser lo que tu padre quiere que seas. [...]

Jordi Sierra y Fabra, *Tiempo de escarcha*, 2006

Lee el texto y contesta.

1. ¿Cuál es el tema de la conversación?
2. El problema es que el padre de Óscar quiere que...
3. En el futuro puede que Óscar...

3 Felipe se enamora

Objectif : Décrire les émotions d'une personne.
Outils : *estar* + adjectif, le vocabulaire des sentiments.

Observa atentamente a Felipe en el cómic y completa describiendo sus emociones. Utiliza: *triste, emocionado, decepcionado, intimidado, contento, preocupado.*

Al principio... pero al acercarse un poco... Cuando está al lado de la chica... Al final...

***Mafalda*, Quino (dibujante argentino), 1987**

4 Mi amiga cumple 15 años

Objectif : Écrire un message pour souhaiter un anniversaire.
Outils : Les formules pour exprimer des félicitations, l'expression du souhait avec le présent du subjonctif.

Es el cumpleaños de una amiga. Mándale un mensaje para felicitarla.

1. Salúdala primero.
2. Emplea una frase exclamativa de felicitación.
3. Formula un deseo.
4. Escribe una frase para despedirte.

Resultado
Sé hacerlo
Tengo que repasar

Unidad 6

¡A comer, a salir, a disfrutar!

Preparando paella para 1500 invitados

Je vais apprendre à... A1/A2

- Comprendre des instructions simples concernant l'alimentation.
- Comprendre des expressions simples sur les achats et les commerçants.
- Comprendre des conseils et des consignes de vie quotidienne.
- Comprendre une invitation à une sortie, un menu au restaurant.
- Passer commande dans un restaurant.
- Acheter des fruits et des légumes.
- Proposer, accepter, refuser une sortie.
- Donner une recette en termes simples.

Je vais utiliser...

- L'impératif et l'enclise
- Les diminutifs
- *Por* et *para*
- Les indéfinis *alguien*, *nadie*, *alguno*, *ninguno*...
- L'obligation impersonnelle
- Les démonstratifs
- Les quantitatifs *poco*, *mucho*, *bastante*, *demasiado*

Je vais découvrir...

- Les traditions culinaires des différentes régions d'Espagne et de quelques pays d'Amérique latine.

Mon projet final

→ Imaginer un menu typiquement espagnol pour la cantine du collège.

¡Despierta, desayuna!

CD élève

1 Prepárate

a. Fíjate en el lema. ¿Qué promueve? ¿Quién hace la campaña?

b. Observa el cartel y di de qué se compone el desayuno ideal.

2 Escucha

c. Di lo que oyes: ¿una guitarra rockera, música clásica, un despertador, una alarma, gritos, risas, una voz femenina, la voz de un chico?

d. Di a quién se dirige el anuncio.

e. Cita tres consejos que has oído.

→ *Cahier p. 39*

3 Exprésate

f. Explica ahora con tus propias palabras en qué consiste esta campaña.
Aconsejan que los…

PALABRAS PARA DECIRLO

- adelgazar: *mincir*
- comer pan: *manger du pain*
- engordar: *grossir*
- el lema = el eslogan
- la prevención
- sano y equilibrado

Memoriza

→ **Lengua p. 104**

L'impératif

	HABLAR	COMER	VIVIR
	2e personne du singulier au présent ⊖ "s"		
2e personne du singulier	habl**a**	com**e**	viv**e**
	infinitif ⊖ "r" ⊕ "d"		
2e personne du pluriel	habla**d**	come**d**	vivi**d**

Verbes irréguliers à la 2e personne du singulier :

hacer → **haz** poner → **pon** salir → **sal** tener → **ten**
venir → **ven** ser → **sé** decir → **di** ir → **ve**

Comme en français, l'enclise est obligatoire à l'impératif.

› *¡Cóme**te** el mundo!*

Practica

Conjuga los verbos entre paréntesis para dar órdenes.

a. (Despertar/tú), es la hora de desayunar.

b. (Venir/tú) a comer.

c. (Comerse/tú) los cereales.

d. (Hacerse/tú) un zumo de naranja cada día.

→ Exercices p. 104

En las tiendas

CD élève

1 Prepárate

a. Asocia cada foto de tienda con productos que venden.

2 Escucha

b. En una ciudad ¿dónde se pueden comprar alimentos?

c. Cita dos alimentos que se pueden comprar en la carnicería, en la pescadería, en la panadería y en la pastelería.

→ *Cahier p. 40*

3 Exprésate

d. Selecciona los alimentos que quieres y pídele a tu compañero(a) que los compre en la tienda adecuada. Ve a la... y cómprame...

¿Lo sabías?

En España no se hace cola en las tiendas o en el mercado. La gente suele preguntar **"¿quién es la última?"** para saber detrás de quien le toca.

PALABRAS PARA DECIRLO

la carne

el marisco

el queso

los pasteles

el pescado

la tarta

¿Cómo se pronuncia?

CD élève

La diphtongue "ue" et "ie"

▶ **Lorsqu'on prononce une diphtongue, il faut veiller à bien prononcer les deux voyelles.**

› *pueblo, hueso, puedo, promueve, huevo*

› *tienda, tiene, tierra, despierta, dientes*

▶ **Trabalenguas**

Cuando cuentes cuentos, cuenta cuántos cuentos cuentas. Porque si no cuentas cuántos cuentos cuentas, no vas a saber cuántos cuentos cuentas.

→ *Autre exercice autocorrectif* CD-ROM

¡Y AHORA TÚ!

Describo mi desayuno

Y tú ¿qué desayunas?

Las tiendas de al lado

¿Existen tiendas de alimentación al lado del cole? ¿Y de tu casa? ¿Cuáles? ¿Qué alimentos venden?

¡Ten cuidado!

CD classe 2

Está amaneciendo cuando llegan por fin al autobús, que ronronea y echa humo[1] en una esquina de la plaza. Alrededor hay un barullo[2] considerable. Maletones[3], esquís, y un montón[4] de padres y madres revoloteando como gallinas alborotadas[5].

–¡Acuérdate de ponerte el aparato[6] para dormir!

–¡Que le digan al cocinero que eres alérgico a los cacahuetes!

–¡En cuanto llegues me llamas por el móvil!

–¡En el bolsillo de dentro tienes unas galletitas, por si te entra hambre, tesoro!

Rosa abraza a Bolívar y trata de cerrarle la cremallera[7] del anorak hasta el cuello.

–¡Abrígate bien, Bolito, que tú no estás acostumbrado al frío. [...]

Bolívar da un cabezazo[8] impaciente, se deja apenas besar por su madre y sube corriendo al autobús.

Paloma Bordons (escritora española), *Pollos, pepinos y pitufos*, 2007

1. *crache de la fumée*
2. *un remue-ménage*
3. Maletas grandes
4. muchos
5. *qui s'agitent comme dans un poulailler*
6. *l'appareil dentaire*
7. *la fermeture éclair*
8. un golpe con la cabeza

Saliendo de excursión

1 Lee y comenta

a. ¿Cuándo tiene lugar la escena? ¿Por la mañana, por la tarde o por la noche? Justifica con el texto.

b. Los personajes son: ¿alumnos con su profesor, padres e hijos, esquiadores?

c. Están a punto de salir para: ¿la sierra, el mar, el campo?

d. Cita tres órdenes que le dan los padres a su hijo. Acuérdate de... Di...

→ *Cahier p. 41*

2 Imagina

e. Inventa otros consejos que pueden dar los padres.

f. Imagina otro diminutivo para Bolívar.

¿Lo sabías?

En la vida cotidiana se usan mucho **los diminutivos** afectivos, por ejemplo para llamar a alguien. Existen varios en "-ito, -ita", como Lolita para llamar a Lola y Juanito a Juan.

Memoriza

→ *Précis 13*

Les diminutifs

- **Mot au singulier terminé par *-a* ou *-o* ou consonne autre que *-n* ou *-r***
  → diminutif en *-ito, -ita*
  › *galleta* → *galletita* = *galleta pequeña*
- **Mot au singulier terminé par *-e*, *-n* ou *-r***
  → diminutif en *-cito, -cita*
  › *amor* → *amorcito*

Practica

1. ¿A qué sustantivos corresponden los diminutivos siguientes?

a. padrecito **b.** hijito
c. cabecita **d.** besito

2. Construye los diminutivos de las palabras siguientes.

a. rosa **b.** madre
c. bolsa **d.** gallina

PALABRAS PARA DECIRLO

- abrigarse: *se couvrir*
- amanecer: *se lever (le jour)*
- estar acostumbrado, a a: *être habitué(e) à*
- el hambre: *la faim*
- irse de vacaciones

la sierra

el mar

el campo

¿Quedamos?

CD classe

A: lucia@yahoo.es

¡Hola Lucía !

Olvídate del teatro y vente conmigo al cine. Mañana quedamos para ver la última película de Tim Burton. Dime que sí, que vienes...

Llámame por teléfono o mándame un mensaje.

Natalia

A: nataliamp@yahoo.es

¿Qué tal Natalia?

Lo siento mucho, pero te escribo para decirte que no puedo ir contigo. Es por mis padres. Tengo que ir con ellos.

Gracias por la invitación. Nos vemos el lunes. Besitos.

Lucía

Jóvenes delante de un cine

La Mala Rodríguez en concierto

A: borja.gonz@yahoo.es

¡Hola Borja!

No te lo vas a creer... ¡¡¡Puedo obtener dos entradas para el concierto de la Mala Rodríguez esta noche!!! Las venden por 35 euros. ¿Te compro una, vale? Contéstame rápido.

Javi

A: javi@yahoo.es

¡Hola Javi!

Claro que vamos juntos, me encanta el rap y para mí la Mala es la mejor.

Llámame al móvil. Hasta luego.

Borja

PALABRAS PARA DECIRLO

- una cita: *un rendez-vous*
- conmigo, contigo: *avec moi, avec toi*
- una entrada: *un billet, une place*
- una película: *un film*
- lo siento: *je suis désolé(e)*
- quedar con alguien: *donner rendez-vous à quelqu'un*

1 Lee y comenta

a. ¿Para qué le manda un mensaje Natalia a Lucía?

b. Lucía le responde: ¿por teléfono?, ¿por mail?

c. Lucía no puede salir con su amiga porque...

d. ¿Le gusta a Borja la propuesta de Javi? Justifica tu respuesta.

→ *Cahier p. 42*

2 Imagina

e. Lucía acepta la invitación de Natalia. Imagina su respuesta.

f. Borja está enfermo y no puede ir al concierto. Imagina lo que le responde a Javi.

Memoriza

→ *Précis 29.E, F*

Por et para

- ***Por*** s'emploie pour indiquer la cause, le moyen et le prix.
  › *Han anulado el concierto* ***por*** *la lluvia.* (*la lluvia* est la cause de l'annulation)
  › *Llámame* ***por*** *teléfono.* (*el teléfono* est le moyen de communication)
  › *Venden las entradas* ***por*** *treinta y cinco euros.* (*35 euros* est le prix des billets)
- ***Para*** s'emploie pour indiquer le but ou le point de vue de quelqu'un.
  › *Te llamo* ***para*** *invitarte.* (*invitarte* est le but de l'appel)
  › ***Para*** *mí es la mejor.* (D'après moi...)

Practica

Completa las frases con "por" o "para".

a. No es tan importante ... mí.

b. He comprado entradas ... ir al cine.

c. Ha venido al espectáculo ... amor al teatro.

d. No es fácil ... ella, vive muy lejos del cine.

¡Y AHORA TÚ!

Consejos que me dan

Apunta en imperativo dos o tres consejos que te dan en casa, en el colegio o en clase.

Quedo con un amigo

Por parejas, inventad una invitación para salir y una respuesta. El alumno A invita y el alumno B contesta. Luego, cambiad los papeles.

¿Algo más?

CD classe

–Bueno, ¿qué va a tomar? Tenemos tortilla de patatas, queso muy rico[1]…, ¿o prefiere unas patatas bravas[2]?
–¿Unas patatas bravas a las once de la mañana y a los cincuenta años? ¡Paco, por favor! Me parece que tú me quieres matar[3].
–Bueno, pues un café solo y unos churros, ¿verdad[4]?
–Verdad– sonríe Carmen. [...]
Ya llegan el café y los churros.
–Aquí está su desayuno. ¿Algo más?– pregunta Paco.
–Nada más Paco, muchas gracias. [...]
En ese momento llega al bar un chico alto, rubio, con gafas de sol y se sienta en la mesa de enfrente.
–Bueno, Doña Carmen, me voy. Voy a ver qué quiere ese señor. Hasta luego– dice Paco antes de ir a la otra mesa.
–Buenos días, ¿qué va a tomar?
–Quiero un pincho[5] de tortilla y un chocolate muy caliente, por favor– pide el chico.
Éste[6] ha hablado muy claro pero un poco despacio[7]; parece extranjero. Paco no comprende cómo alguien puede tomarse ese desayuno. ¡Un pincho de tortilla con chocolate!... Hasta ahora, no le ha pedido nadie una cosa así.

Rosana Acquaroni Muñoz (escritora española),
El sueño de Otto, 1994

1. muy bueno
2. *des pommes de terre servies avec une sauce piquante*
3. *tuer*
4. *n'est-ce pas?*
5. *un morceau*
6. *Celui-ci*
7. lentamente

Tomando tapas en la barra

1 Lee y comenta

a. Indica quiénes son los personajes.
b. ¿Qué va a tomar la mujer? ¿Y el chico con gafas?
c. ¿Qué le sorprende a Paco?

→ *Cahier p. 42*

2 Imagina

d. Paco entra en la cocina y anuncia los pedidos al cocinero: "Prepara...
e. Paco le cuenta a Doña Carmen lo que ha pedido el otro cliente. El chico quiere...
f. Observa la foto e imagina lo que están pidiendo.

¿Lo sabías?

El café de media mañana permite al trabajador tomarse algo entre el desayuno temprano de la mañana y la comida de las dos o las tres de la tarde.

Memoriza

→ Lengua p. 104-105

1 Les indéfinis

alguien (quelqu'un) ≠ ***nadie*** (personne)
algo (quelque chose) ≠ ***nada*** (rien)

2 La phrase négative avec *nadie* et *nada*

Deux constructions possibles :
nadie/nada + verbe (sans ***no***) ou ***no*** + verbe + ***nadie/nada***
› *Nadie* *contesta.* ou *No* *contesta* ***nadie***.
› *Nada* *quiero.* ou *No* *quiero* ***nada***.

Practica

Completa con el indefinido que conviene.

a. Le pasa ... Está muy triste. **b.** ¿Puedes oír ...? ... está hablando, pero no se oye... **c.** No me gusta ... en este menú. Y a ti, ¿te apetece ...? **d.** ¡No digas ...! No lo sabe ... todavía.

→ Exercices p. 105

PALABRAS PARA DECIRLO

- algo de comer: *quelque chose à manger*
- el azúcar ≠ la sal
- un, a camarero, a: *un serveur, une serveuse*
- una cerveza: *une bière*
- un pedido: *une commande*
- raro, a: *bizarre*

La dieta mediterránea

Los beneficios de la dieta mediterránea en la salud son muy conocidos.

La dieta mediterránea se puede resumir en los siguientes consejos:

1. Hay que utilizar el aceite de oliva para freír[1] y condimentar[2].

2. Hay que consumir muchos alimentos vegetales: frutas, verduras, legumbres[3] y frutos secos.

3. Hay que comer pan y cereales (pasta, arroz) a diario.

4. Hay que consumir alimentos frescos y de temporada[4].

5. Es necesario consumir diariamente leche, yogur y quesos.

6. Algunas veces al mes se puede consumir carne roja.

7. Hay que comer mucho pescado, pollo y huevos tres o cuatro veces a la semana.

8. De postre no hay que tomar dulces y pasteles sino fruta fresca.

9. Es necesario beber agua. El vino se puede tomar con moderación en las comidas.

10. Hay que realizar actividad física todos los días (tan importante como comer adecuadamente[5]).

1. *frire*
2. *assaisonner*
3. *légumes secs*
4. *de saison*
5. *correctement*

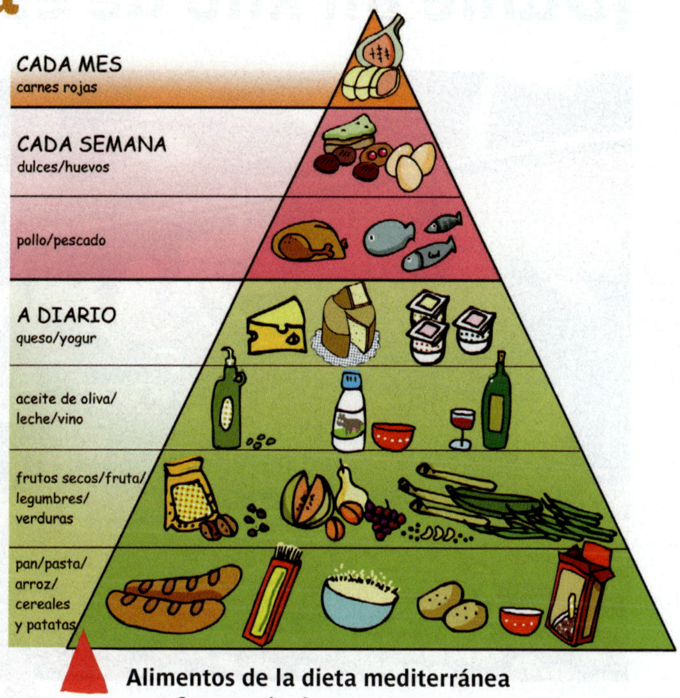

Alimentos de la dieta mediterránea y su frecuencia de consumo

1 Lee y comenta

a. Los alimentos de base de la dieta mediterránea son...

b. Para conservar la salud hay que comer a diario...

c. Una vez por semana hay que comer...

d. ¿Qué alimentos no hay que comer a menudo?

→ *Cahier p. 43*

2 Imagina

g. ¿Qué otros alimentos conoces que se pueden incluir en la dieta mediterránea?

PALABRAS PARA DECIRLO

- a diario = todos los días
- el agua: *l'eau*
- a menudo: *souvent*
- a veces: *parfois*
- cada: *chaque*
- el postre: *le dessert*
- una vez a la semana: *une fois par semaine*

¿Lo sabías?

El **aceite de oliva** es el más utilizado en la cocina española. Además, España es el segundo país del mundo consumidor de pescado por habitante después de Japón.

Memoriza

→ Lengua p. 104

L'obligation impersonnelle

- ***hay que* + infinitif**
  › ***Hay que** comer fruta y verduras a diario.* (Il faut manger des fruits et des légumes tous les jours.)
- ***es necesario* + infinitif**
  › ***Es necesario** beber agua.* (Il faut boire de l'eau.)

Practica

Construye frases utilizando "hay que".

› *Hacer mucho ejercicio.* → *Hay que hacer mucho ejercicio.*

a. Comer comida sana.

b. Elegir de postre fruta fresca.

c. Consumir productos lácteos.

d. Comer muchas verduras.

→ Exercices p. 104

¡Y AHORA TÚ!

Hablo de mi dieta

1. ¿Qué prefieres comer?

2. Di si lo que te gusta forma parte de la dieta mediterránea.

¡Dame un kilo de estas naranjas!

Mercado de la Boquería, Barcelona (Cataluña)

1 Mira

a. La foto representa... Puedo ver...

2 Exprésate

b. Mira la foto y elige lo que necesitas para preparar una entrada. Indica los alimentos y precisa la cantidad que quieres.

c. ¿Qué fruta quieres comprar de postre?

3 Conversa

d. Por parejas, imaginad el diálogo entre un vendedor y un cliente. Por favor, dame estos... y ponme aquellos...

¿Lo sabías?

En España, en las tiendas y en el mercado, clientes y vendedores se suelen **tutear**. No te sorprendas si un vendedor te dice : "¿Qué te pongo?"

PALABRAS PARA DECIRLO

- alcachofa: *artichaut*
- ¿Alguna cosa más? = ¿Algo más?: *Vous désirez autre chose ?*
- cebolla: *oignon*
- ¿Cuánto cuesta(n)...?
- un kilo/medio kilo de...
- necesito...: *j'ai besoin de...*
- un puesto: *un étal*

Memoriza

→ Lengua p. 105

Les démonstratifs

- **Les adjectifs démonstratifs**

Adverbes de lieu	**aquí** (*ici*)	**ahí** (*là*)	**allí** (*là-bas*)
Adjectifs démonstratifs (ce, cette, ces)	este, esta (*ce, cette*) estos, estas (*ces*)	ese, esa (*ce, cette*) esos, esas (*ces*)	aquel, aquella (*ce, cette*) aquellos, aquellas (*ces*)

› *este limón:* ce citron (-ci)
› *esos plátanos:* ces bananes (-là)
› *aquellas judías:* ces haricots (là-bas)

- **Les pronoms démonstratifs**

Les pronoms démonstratifs se distinguent des adjectifs par un accent écrit. Les pronoms neutres ***esto***, ***eso*** et ***aquello*** sont invariables et ne portent pas d'accent écrit.

Practica

Completa con el demostrativo adecuado.

a. ... tomates de aquí están muy verdes. No me gustan así, los prefiero maduros. **b.** Hace años comíamos mejor. ¿Te acuerdas de ... frutas en verano? **c.** Ayer cenamos por 50 euros. ¿... no te parece caro? **d.** ... vendedores de ahí son muy amables.

→ Exercices p. 105

¿Qué os pongo?

1 Mira

a. ¿En qué notas que las personas de la foto están en el restaurante?

b. Mira el menú y di de qué se compone cada bocadillo o plato.

2 Exprésate

c. Intenta componer una comida equilibrada a partir de este menú.

3 Conversa

d. Con dos compañeros, preparad una conversación para representarla en clase usando el vocabulario de este menú. Dos alumnos son los clientes y el tercero el camarero.

Menú

Bocadillos fríos: 4€
- *de jamón serrano*
- *de chorizo*
- *de queso*

Bocadillos calientes: 5€
- *hamburguesa*
- *perrito caliente*
- *tortilla de patatas*

Platos del día: 7€
- *pizza cuatro estaciones*
- *muslo de pollo con patatas fritas*
- *espaguetis a la boloñesa*

Bebidas: 2€
- *zumo de naranja*
- *agua mineral*
- *agua con gas*
- *copa de vino*

Entradas: 8€
- *ensalada mixta*
- *ensalada de atún*
- *gazpacho*
- *melón con jamón*

Tapas: 4€
- *tortilla de patatas*
- *calamares fritos*
- *pulpo a la gallega*
- *gambas al ajillo*

Postres: 4€
- *queso*
- *flan de huevo*
- *fruta del tiempo*
- *helado*

Leyendo el menú

PALABRAS PARA DECIRLO

- las aceitunas: *les olives*
- el menú: *la carte, le menu*
- el pan: *le pain*
- poner: *servir*
- la salchicha: *la saucisse*
- la tortilla: *l'omelette espagnole*
- traer: *apporter*
- ¿Y de beber?: *Et comme boisson?*

¡Y AHORA TÚ!

Hago la lista de la compra

Escribe la lista de la compra (producto y cantidad) para preparar una comida con tus amigos.

Describo mi menú favorito

Describe tu menú favorito cuando sales a comer fuera.

¿Cómo se pronuncia?

CD élève 24

"v" et "b"

▶ **« v » et « b » se prononcent de la même façon.**

› *uva, por favor, vaso, vino*

› *berenjena, calabacín, beber*

▶ **Trabalenguas**

Ese bobo nunca beber vino debe ; vida boba y breve vivirá si bebe.

¡Prepara el postre!

Receta de las rosquillas

Ingredientes

* 2 huevos
* 200 gramos de azúcar
* 4 cucharas de aceite o 50 gramos de mantequilla
* 600 gramos de harina
* 1 cucharadita de levadura[1]
* la ralladura[2] de un limón
* aceite para freír
* azúcar glas

Modo de hacerlo

Disolver la levadura en la leche.
Separar las claras[3] de las yemas[4].
Batir las yemas con el azúcar y la ralladura de limón, añadir el aceite y la leche con la levadura. Mezclarlo bien.
Añadir las claras a punto de nieve[5].
Mezclar y añadir la harina, amasando[6] hasta que la masa no se pegue[7] demasiado a las manos.
Formar rosquillas y freírlas en bastante aceite caliente.

Presentación

Servirlas con mucho azúcar glas.

1. *levure*
2. *le zeste*
3. *les blancs*
4. *les jaunes*
5. *les blancs montés en neige*
6. *en pétrissant*
7. *la pâte ne colle pas*

1 Lee el modelo

a. ¿De qué se trata? ¿Cuáles son las distintas partes del texto?
b. Escribe la lista de los ingredientes que necesitas (sin mencionar la cantidad).
c. Explica la receta a tu compañero indicándole cómo hacerla.
Para hacer… disuelve…

2 Escribe la receta de un postre fácil de realizar

d. Anota primero los ingredientes que necesitas.
e. Indica después las cantidades.
f. Apunta las distintas etapas para hacerlo.
g. Acaba diciendo cómo se presenta.

PALABRAS PARA DECIRLO

- la cuchara: *la cuillère*
- la mantequilla: *le beurre*
- mezclar: *mélanger*
- bastante: *assez*
- demasiado: *trop*
- mucho: *beaucoup*
- poco: *peu*

Memoriza

→ Lengua p. 105

Les indicateurs de quantité

- S'ils sont **adjectifs, *poco*, *mucho*, *bastante*, *demasiado*** s'accordent avec le nom qu'ils déterminent
  › *poc**a** leche, much**os** dulces, bastant**es** rosquillas, demasiad**as** grasas*
- S'ils sont **adverbes**, ils restent invariables.
  › *Coméis **poco**.*
  › *Me gusta **mucho** la tortilla.*
  › *Una receta **bastante** buena.*
  › *Está **demasiado** caliente.*

Practica

Escribe estas frases con el adjetivo o el adverbio que corresponde.

a. ¡Has echado (demasiado) sal!
b. Hay que comer (mucho) verduras y (poco) grasas.
c. Tengo (poco) ganas de comerlo.
d. Hay (bastante) fibras en tu alimentación.
e. Esta receta es (mucho) más difícil.

→ Exercices p. 105

¿Me pone dos kilos más?

→ Vídeo DVD
Volver

A De compras

B Comida para 30

Fotogramas del vídeo

Fíjate bien

Mira los fotogramas A y B y di cuál es el gran plano general y cuál es el primer plano. Justifica tu respuesta.

1 Observa

a. ¿Dónde está la protagonista y qué está haciendo? Primero está ... y..., luego está en la... y..., por último está en el... y...

2 Exprésate

b. Di qué alimentos quiere comprar.

c. ¿Qué les pide a sus amigas para que la ayuden?
- A Regina le pide que le dé: **1.** carne **2.** pescado **3.** huevos
- A Inés le pide si tiene: **1.** pan y queso **2.** verdura y fruta **3.** morcillas, chorizos y dulces.

d. Apunta expresiones que muestran que Raimunda no tiene mucho dinero.

e. ¿Qué le repite Inés a Raimunda para tranquilizarla?

f. Cita el menú que ha preparado Raimunda para sus clientes: De primero..., de segundo ..., de postre ...

3 Imagina

g. Quieres invitar a muchos amigos a comer en casa. Cuenta los preparativos y el menú que piensas componer.

PALABRAS DE CINE

- El **primer plano** muestra la cara entera o una parte de la figura humana o también una cosa de cerca.
- El **gran plano general** permite mostrar una multitud.

PALABRAS PARA DECIRLO

- el chorizo
- un dulce: *un gâteau*
- mañana: *demain*
- mantecados = dulces típicos de Castilla-la Mancha
- el mercado: *le marché*
- la morcilla: *le boudin*
- pagar: *payer*
- prestar dinero: *prêter de l'argent*
- el restaurante: *le restaurant*
- tranquilizar a alguien: *rassurer quelqu'un*

→ Autres exercices autocorrectifs CD-ROM

L'impératif et l'enclise

→ Précis 21, 24

	HABLAR	COMER	VIVIR
(2e personne du singulier)	habla	come	vive
(2e personne du pluriel)	hablad	comed	vivid

Construction de l'impératif quand on tutoie

- **au singulier :** verbe à la 2e personne du singulier du présent de l'indicatif sans le **« s »**.
  cantas → *canta* (chante) *comes* → *come* (mange)
  escribes → *escribe* (écris)
- **au pluriel :** verbe à l'infinitif avec le **« r »** remplacé par le **« d »**.
  cantar → *cantad* (chantez) *comer* → *comed* (mangez)
  escribir → *escribid* (écrivez)
- **Quelques formes irrégulières** à la 2e personne du singulier seulement :
  decir → di **ir** → ve **salir** → sal **tener** → ten
  hacer → haz **poner** → pon **ser** → sé **venir** → ven

L'enclise

À l'impératif, comme à l'infinitif et au gérondif, le pronom complément ou réfléchi est placé derrière le verbe et est soudé à celui-ci. On appelle ceci **l'enclise**.

› *Tienes que comer**lo**.*

Comme on rajoute des syllabes, il faut souvent ajouter un accent écrit.

› *¡Abrígate! ¡Acuérdate!*

L'ordre et la défense

L'impératif s'emploie pour donner **un ordre**. On emploie la deuxième personne du singulier et du pluriel lorsque l'on tutoie quelqu'un.
Souviens-toi qu'en espagnol, pour **interdire**, on emploie ***no*** + subjonctif.

› *No comas.*

1 Transforma las frases utilizando el imperativo.

a. Comes fruta. **b.** Compráis la carne. **c.** Haces la compra. **d.** Pedís el turno. **e.** Vas al mercado.

2 Imita el modelo. › *Lo haces.* → *¡Hazlo!*

a. Lo explicas. → … **b.** Lo estudiáis. → … **c.** Lo dices. → … **d.** Lo aprendéis. → … **e.** Lo pones. → …

L'obligation impersonnelle

→ Précis 32

Pour exprimer une obligation générale qui ne s'adresse pas à une personne en particulier on utilise :

- ***Hay que*** **+ infinitif**

› *Hay que comer pan a diario.* Il faut manger du pain tous les jours.

- ***Es necesario*** **+ infinitif**

› *Es necesario beber agua.* Il faut boire de l'eau.

3 Transforma las frases para expresar la obligación impersonal.

› *Beber litro y medio de agua a diario.* → *Hay que beber litro y medio de agua a diario.*

a. Comer despacio. **b.** Tomar fruta de postre. **c.** Ir al mercado. **d.** Hacer los deberes todos los días. **e.** Hacer mucho ejercicio.

4 ¿"Tener que" o "hay que"? Completa las frases utilizando la obligación que conviene.

a. Hacer mis ejercicios. **b.** Abrigarse en invierno. **c.** Comer en el colegio. **d.** Levantarse pronto para ir al colegio. **e.** Aprender mis lecciones. **f.** Comer equilibrado.

Les indéfinis

→ Précis 7

Les indéfinis qui désignent une personne ou une chose

- ***Algo***: quelque chose › *Quiero algo de pescado.*
- ***Alguien***: quelqu'un › *Alguien viene.*
- ***Alguno, alguna, algunos, algunas***: quelque / quelques › *Algunos niños comen mal.*

Ces indéfinis s'accordent en genre et nombre avec le nom qu'ils déterminent.

Devant un nom masculin singulier ***alguno*** devient ***algún*** (apocope) › *algún niño*

- ***Ninguno, (ningún), ninguna:*** aucun / aucune › *ningún hombre, ninguna mujer*
- ***Nada:*** rien › *No pasa nada.*
- ***Nadie:*** personne. › *No viene nadie.*

Il y a deux constructions pour ***nada***, ***nadie***, et ***ninguno***, selon qu'ils sont placés avant ou après le verbe :

No + verbe + ***nada*** ou ***nada*** + verbe
No + verbe + ***nadie*** ou ***nadie*** + verbe
No + verbe + ***ninguno, a*** ou ***ninguno, a*** + verbe
› *No viene nadie.* ou › *Nadie viene.*

Les indéfinis qui désignent une quantité

- ***Poco, poca, pocos, pocas:*** peu (de) › *poca carne, pocos dulces*
- ***Mucho, mucha, muchos, muchas:*** beaucoup (de)
  › *mucho pan, muchas calorías*
- ***Bastante, bastantes:*** assez (de)
  › *bastante aceite, bastantes grasas*
- ***Demasiado, demasiada, demasiados, demasiadas:*** trop (de)
  › *demasiadas patatas*

Poco, mucho, bastante et ***demasiado*** s'accordent avec le nom qu'ils déterminent, mais pas avec les adjectifs.
› *bastante difícil.*

- S'ils sont **adverbes**, ils restent **invariables**.
  › *Me gusta mucho el pan.*

5 Completa con los indefinidos.

a. En la mesa hay (mucho) naranjas y (poco) plátanos. **b.** Las peras son (bastante) baratas, pero la piña es (demasiado) cara. **c.** Ponme (alguno) manzanas, pero (ninguno) verde.

6 Transforma las frases con la otra construcción negativa de "ninguno", "nada" y "nadie".

a. No me quiere nadie. **b.** No he comido nada. **c.** No ha venido ningún chico. **d.** No me falta ninguna cosa. **e.** No te gusta nada.

9 Les démonstratifs → Précis 9

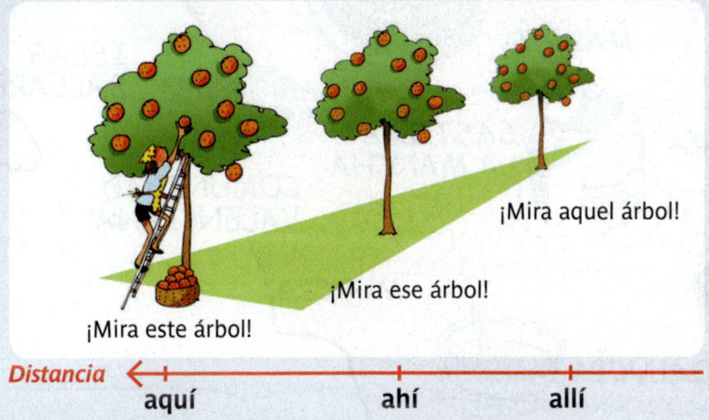

- **Les adjectifs démonstratifs** s'emploient suivis d'un nom avec lequel ils s'accordent en genre et en nombre. Ils correspondent à un éloignement temporel ou spatial.

Adverbes de lieu, de temps associés	aquí (*ici*) ahora (*maintenant*)	ahí (*là*) antes (*avant*)	allí (*là-bas*), hace mucho tiempo (*il y a longtemps*)
Adjectifs démonstratifs (ce, cette, ces)	este, esta (*ce, cette*) estos, estas (*ces*)	ese, esa (*ce, cette*) esos, esas (*ces*)	aquel, aquella (*ce, cette*) aquellos, aquellas (*ces*)

- **Les pronoms démonstratifs** se distinguent des adjectifs par un accent écrit (sur la syllabe tonique).
  Les pronoms neutres, ***esto***, ***eso*** et ***aquello*** sont invariables et ne portent pas d'accent écrit.
  › *Quiero **este** melón.* → *Quiero **éste**.* Je veux celui-ci. › *Quiero **ese** melón.* → *Quiero **ése**.* Je veux celui-là.

7 Completa con "este" o "esta" y pon la frase en plural.

a. … frutería **b.** … compañero. **c.** … deportista. **d.** … panadería. **d.** … vendedor.

8 Completa las frases con el demostrativo que corresponde.

a. Me gustan … naranjas de ahí. **b.** Prefiero … uvas de allí. **c.** Ponme … plátanos de aquí. **d.** Dame un kilo de … manzanas de allí. **e.** Quiero … tomates de ahí.

TALLER DE LÉXICO

→ Autre exercice autocorrectif CD-ROM

Quiero muchos tomates

a. Describe las cantidades de frutas y verduras que te ha puesto la vendedora.
b. Estas cantidades no te convienen. Precisa las que quieres. Puedes emplear "**poco**", "**mucho**", "**demasiado**", "**bastante**".
› *Son pocas naranjas. Quiero...*

muy INTERESANTE

Gastronomía de España y de América Latina

En España, la comida principal del día es el almuerzo. En casa o en el restaurante, se compone de un primer plato (generalmente de verdura o pasta), de un segundo (carne o pescado con guarnición) y del postre (fruta o dulces). La cocina española es muy rica y variada. Cada región tiene su plato típico, así en Valencia es famosa la paella, en Asturias, la fabada, en Madrid el cocido, en Castilla el asado de cordero, en Galicia el marisco y en Andalucía el gazpacho.

¡Hola! ¿Quieres probar la paella? Arroz con pollo, verdura y marisco: mejillones, almejas y calamares, hervido en una gran sartén o paellera y condimentado con azafrán. ¿Las mejores? Sin duda, las de mi tierra valenciana. ¡Qué rica!

Menú

Primer plato

Ensalada mixta * Gazpacho * Menestra de verdura

Segundo plato

Paella * Ternera en salsa * Pescado a la plancha

Postre

Manzana asada * Tarta de la casa * Fruta * Flan

Pan, vino o agua mineral y café

¡Que aproveche!

En Latinoamérica, cada país tiene sus especialidades. Muchos platos típicos se componen de productos originarios de estos países, por ejemplo: el aguacate, el maíz y el tomate en México.

¿Qué tal? ¿Te gusta comer picante? Pues en México nos gusta mucho. Por eso, en nuestra cocina el *chile* siempre está presente en la carne y las verduras para acompañar nuestras famosas tortillas de maíz.

¿Cómo estáis? Este es el famoso churrasco argentino, asado de carne de vaca a la brasa, el plato preferido de los gauchos. Se prepara en la barbacoa. ¡Crujiente y sabroso! ¿Te apetece?

En los países andinos – Chile, Perú, Bolivia – *las empanadas* son el bocado preferido : masa de pan rellena de carne o pescado con tomate y cocida al horno.

¿A ver si lo sabes?

1. ¿De cuántos platos se compone un menú español?
2. Cita tres platos típicos españoles y la comunidad de donde son.
3. ¿Qué son las tortillas?
4. ¿Qué condimento se utiliza mucho en la cocina mexicana?
5. ¿Verdadero o falso? El plato típico de Argentina es:
   a. el pescado **b.** la carne asada
6. ¿Cuáles son los ingredientes del plato típico andino?

Páginas Web que puedes consultar
http://www.recetas-cocina.com.es
http://www.euroresidentes.com/Recetas/Recetas_hispanas.htm

Proyecto final

Es la semana hispana en el colegio. Por grupos, preparad el menú del comedor escolar.

→ Podéis elegir platos de la cocina española y latinoamericana.
→ Escoged un menú para cada día de la semana.
→ Intentad equilibrar el menú de la semana siguiendo los consejos de la dieta mediterránea.
→ Escribid el menú de la semana e ilustradlo.
→ Presentad el menú a los otros compañeros.

Actividades de evaluación

1 En el mercado

CD classe

Objectif : Comprendre quelqu'un qui fait son marché.

Outils : L'impératif, l'ordre et la défense, le vocabulaire des courses.

Escucha la grabación y contesta.

1. Están en: ¿una panadería, una tienda de discos, una verdulería, una carnicería?
2. Los personajes son: ¿una chica, un padre, un hijo, un vendedor, una vendedora?
3. Indica los productos que compra.
4. ¿Qué es lo que no quiere comprar?
5. Apunta cuánto cuesta la compra y qué dinero le da para pagar.

2 Comer sano

Objectif : Comprendre un texte simple qui traite de l'alimentation.

Outils : Le vocabulaire de l'alimentation, *hay que* + infinitif.

–¿Vas al mercado?
–Sí, quiero hacer un poco de pescado a la plancha para cambiar.
–Hija, a mí el pescado me encanta, pero comer todos los días lo mismo…
–Los médicos no dicen otra cosa: hay que comer verdura y pescado hervido o a la plancha, beber mucha agua y hacer ejercicio.
–Y yo que nunca tengo sed…
–Ah, pues eso no, hay que beber por lo menos litro y medio al día.

Violeta Díaz-Corralejo, *Un vecino poco habitual*, 2001

Lee el texto y contesta.

1. Es un texto a propósito de: ¿la lista de la compra, una alimentación equilibrada, los ocios?
2. ¿Qué van a comer hoy? ¿Están de acuerdo? Explica el punto de vista de cada personaje.
3. Apunta las recomendaciones de los médicos para comer sano.
4. Uno de los personajes no bebe bastante. Justifícalo con elementos del texto.

3 La vendedora de fruta

Objectif : Imaginer une conversation entre la marchande et un client. Demander et indiquer un prix, des quantités.

Outils : Les démonstratifs, les indicateurs de quantité, le vocabulaire des fruits.

Comprando la fruta

1. Describe designándolas todas las frutas que conoces.
2. Por parejas, imaginad el diálogo entre la vendedora y un(a) cliente(a):
   - os saludáis,
   - el cliente indica lo que quiere (tres cosas por lo menos),
   - la vendedora pregunta la cantidad e indica el precio,
   - os despedís.

4 ¿Quedamos?

Objectif : Rédiger une conversation MSN entre deux personnes pour se mettre d'accord sur une sortie.

Outils : Proposer, accepter, refuser une invitation à l'impératif.

1. Propón actividades y elige una.
2. Indica la fecha, el lugar y la hora de la cita.
3. Di quién viene o no y justifícalo.

Resultado

Sé hacerlo

Tengo que repasar

Unidad

7

Sueños y proyectos

De cara al horizonte

Je vais apprendre à... A1/A2

- Comprendre quelqu'un qui parle de ses projets de vacances.
- Comprendre quelqu'un qui parle du métier de ses rêves.
- Comprendre les intentions, les projets d'avenir de quelqu'un.
- Comprendre les souhaits de quelqu'un.
- Parler de ses projets de vacances.
- Parler de ce que l'on aimerait faire plus tard.
- Répondre et poser des questions simples sur des projets d'avenir.
- Décrire l'animal familier de ses rêves.

Je vais utiliser...

- *Ir a* + infinitif
- Le futur
- Le conditionnel *(me gustaría)*
- *Cuando* + subjonctif
- La condition avec *si*
- Le superlatif

Je vais découvrir...

- Quatre métiers de personnalités espagnoles.

Mon projet final

→ Interviewer un professionnel espagnol sur ses projets d'avenir.

¿Qué vas a hacer este verano?

CD élève

Voy a montar a caballo

1 Prepárate

a. Describe lo que ves en la foto.

2 Escucha

b. El tema del diálogo es: ¿el colegio?, ¿los proyectos de vacaciones?, ¿los viajes al extranjero?

c. ¿Adónde va a ir el chico de vacaciones? ¿Y la chica?

d. Di qué van a hacer en el pueblo.

→ *Cahier p. 46*

3 Exprésate

e. Di qué animales tiene la chica e imagina cómo van a divertirse con ellos durante las vacaciones.

¿Lo sabías?

Los alumnos españoles suelen empezar las clases a mediados de septiembre, y no tienen **vacaciones** hasta Navidad, pero siempre hay algún "puente". Después vuelven a clase hasta las vacaciones de Semana Santa, porque en febrero no hay vacaciones. El curso acaba a finales de junio.

PALABRAS PARA DECIRLO

- un avestruz: *une autruche*
- correr detrás de: *courir après*
- cuidar de: *s'occuper de*
- dar de comer
- sacar de paseo: *promener*
- el verano que viene = el verano próximo
- una yegua: *une jument*

Memoriza

→ Lengua p. 120

Le futur proche : *ir a* + infinitif

› ¿Qué **vas a hacer** estas vacaciones?

Practica

Transforma las frases con "ir a + infinitivo".

a. Esta tarde montamos a caballo por primera vez.

b. ¿Qué hace usted este verano?

c. Los primos vienen al pueblo durante esas vacaciones.

d. Pasado mañana cuidarás del perro.

→ Exercices p. 120

¿Qué vas a ser, hijo?

CD élève

Jugando a ser bomberos

PALABRAS PARA DECIRLO

- apagar incendios
- arriesgarse: *prendre des risques*
- el carro de los bomberos (amer.) = el camión de los bomberos
- llevar un uniforme
- querer (ie) ser + profesión
- salvar vidas: *sauver des vies*
- sería posible: *il serait possible*
- soñar (ue) con: *rêver de*
- el sueño: *le rêve*

1 Prepárate

a. Observa la foto y di qué representa.

2 Escucha

b. Di quiénes hablan al principio:
1. ¿Una madre y su hija?
2. ¿Un bombero y un chico?
3. ¿Una madre y su hijo?

c. ¿Qué quiere ser el niño?

d. ¿Qué le pide la madre al jefe de los bomberos?

e. ¿Qué va a poder hacer el niño el próximo miércoles?

→ *Cahier p. 47*

3 Exprésate

f. Di por qué ser bombero puede ser un sueño para los niños.

¿Cómo se pronuncia?

CD élève

"j", "g" et "r"

▸ **Le « j » devant toutes les voyelles et le « g » devant « e » et « i » se prononcent [χ].**
› *hijo, jefe, gigante*

Ne pas confondre avec le « r » qui se prononce [r].
› *rojo*

▸ **Escucha y repite.**
› *ojo, oreja, naranja, geografía, pájaro*

→ *Autre exercice autocorrectif* CD-ROM

¡Y AHORA TÚ!

Mis vacaciones
Y tú ¿qué vas a hacer este verano?

El trabajo de mis sueños
Y tú ¿qué quieres ser de mayor?

Te compraré un regalo

CD classe

–Hoy es mi cumpleaños, abuela.
–¡Ah, es verdad! ¡Muchas felicidades! Luego te compraré un regalo.
–¿Qué me vas a regalar?
–Pues… libros, o un jersey, o…
–Lo que yo quiero es un caimán.
–¡Un qué…? ¡No puedes tener un caimán en casa!
–Es sólo una cría[1]. Es pequeño.
–¿Qué van a decir tus padres?
–No van a decir nada. El caimán vivirá en una pecera[2] grande en mi cuarto y lo cuidaré. Será muy fácil. Me ha dicho el chico de la tienda[3] que un caimán come de todo… ¿Me lo comprarás? Di, abuela, me lo comprarás, ¿eh?

María Puncel (escritora española),
Clara y el caimán, 1983

1. *un bébé (caïman)*
2. un acuario
3. *le vendeur*

1 Lee y comenta

a. Di qué le quiere regalar a Clara su abuela por su cumpleaños.
b. Pero Clara prefiere que su abuela…
c. ¿Está la abuela de acuerdo? Explica por qué.
d. Cita los argumentos de Clara para convencer a su abuela.

→ *Cahier p. 48*

2 Imagina

e. ¿Te parece que la abuela le comprará el caimán?
f. ¿Por qué será difícil para Clara tenerlo en casa?

PALABRAS PARA DECIRLO

- crecer: *grandir*
- escaparse: *s'échapper*
- una mascota: *un animal de compagnie, un animal familier*
- morder (ue): *mordre*
- peligroso, a: *dangereux, -euse*
- un regalo: *un cadeau*

Memoriza

→ Lengua p. 120

Le futur simple

Infinitif + ***-é, -ás, -á, -emos, -éis, -án***

COMPRAR CRECER VIVIR	+	-é -ás -á -emos -éis -án

Practica

Transforma las frases según el modelo.

› *Vas a regalar.* → *Regalarás.*

a. Va a vivir en una pecera.
b. Vamos a pedir una mascota.
c. Me lo vas a comprar.
d. Voy a convencer a mi abuela.
e. Vais a cuidar al animal.

→ Exercices p. 120

El castigo de Manolito

1. No verás la televisión en todo el fin de semana. Y no preguntarás continuamente: Entonces, ¿qué hago?
2. No saldrás con tus amigos al parque del Ahorcado.
3. No recibirás paga[1] durante dos fines de semana.
4. Comerás verduras sin decir ¡Qué asco[2]!
5. Ayudarás a poner y a quitar la mesa.
6. No le esconderás la dentadura[3] al abuelo.
7. No le pedirás recompensa para encontrarle la dentadura.
8. Te lavarás los pies todas las noches.
9. No comerás bollicaos[4] hasta nueva orden.

Elvira Lindo (escritora española), *Pobre Manolito*, 1996

1. *(ici) argent de poche*
2. *C'est dégoûtant!*
3. *le dentier*
4. *sorte de petits pains au chocolat*

Manolito Gafotas castigado en Navidades

1 Lee y comenta

a. Presenta al protagonista.
b. ¿Quién le ha castigado?
c. Di lo que no podrá hacer Manolito.
d. Di lo que hará Manolito.

→ *Cahier p. 49*

2 Imagina

e. Imagina por qué está castigado.
f. De estos nueve castigos, ¿cuál es el peor para ti? ¿Por qué?

PALABRAS PARA DECIRLO

- el castigo: *la punition*
- desobedecer: *désobéir*
- esconder: *cacher*
- portarse bien/mal: *bien / mal se comporter*
- ser goloso, a: *être gourmand(e)*
- ser travieso, a: *faire des bêtises*

Memoriza

→ Lengua p. 120

Quelques futurs irréguliers

decir → diré…	**saber** → sabré…
hacer → haré…	**salir** → saldré…
poder → podré…	**tener** → tendré…
poner → pondré…	**valer** → valdré…
querer → querré…	**venir** → vendré…

Attention : pour ces verbes, la conjugaison est irrégulière au futur à toutes les personnes.

Practica

Pon las frases siguientes en futuro.

a. Antes de ponerte delante de la tele (hacer) los deberes. **b.** La semana que viene (poner/yo) la mesa todos los días. **c.** El próximo mes mi hermano y yo no (tener) la paga porque no nos hemos portado bien. **d.** No (salir/ellos) con los amigos por haber llegado tarde ayer.

→ Exercices p. 120

¡Y AHORA TÚ!

¿Tienes una mascota?

Por parejas, pregunta a tu compañero(a) si tiene o tendrá una mascota y cómo es o será.

¡Qué castigo!

Imagina que tus padres te van a castigar. Escribe la lista de los tres castigos que te impondrán.

Quisiera ser

CD élève

Quisiera ser... tu gran amor.
Quisiera ser el eco de tu voz
para poder estar cerca de ti.
Quisiera ser tu alegre corazón[1]
para saber qué sientes tú por mí.

Quisiera ser un águila real[2]
para poder volar cerca del sol
y conseguirte las estrellas[3] y la luna
y ponerlas a tus pies, con mi amor.

Quisiera ser un pobre ruiseñor[4]
para poder cantar cerca de ti.
Quisiera ser la más bella canción
para poder hacerte muy feliz.

Quisiera ser la aurora boreal
y darte así un mundo de color,
y conseguirte las estrellas y la luna
y ponerlas a tus pies, con mi amor.

Y conseguirte las estrellas...

Manuel de la Calva, Ramón Arcusa,
el Dúo Dinámico (cantantes españoles)

1. *cœur*
2. *un aigle royal*
3. *les étoiles*
4. *un rossignol*

Salvador Dalí (pintor español),
***Pareja con las cabezas llenas de nubes*, 1936**

PALABRAS PARA DECIRLO

- el cielo: *le ciel*
- conseguir (i): *obtenir*
- el/la enamorado, a: *l'amoureux, -euse*
- las estrellas: *les étoiles*
- la luna: *la lune*
- las nubes: *les nuages*

1 Lee y comenta

a. Fíjate en la forma del texto y en el léxico. ¿Qué tipo de documento es?
b. ¿Quién habla y a quién se dirige?
c. Apunta lo que quisiera ser el que habla. Quisiera ser su...
d. Explica para qué le gustaría ser esas cosas.

→ *Cahier p. 49*

2 Imagina

e. Inventa dos frases para formar otra estrofa. Quisiera ser... y así... Quisiera ser...
f. Observa el cuadro y di cómo se puede relacionar con el texto.

Memoriza

→ Lengua p. 121

Le conditionnel

GUSTAR (plaire)
me gustar**ía**
te gustar**ía**
le gustar**ía**
nos gustar**ía**
os gustar**ía**
les gustar**ía**

Attention : pour le verbe ***querer***, on utilise ***quisiera*** à la place du conditionnel ***querría.***

QUERER (vouloir)
quisiera
quisieras
quisiera
quisiéramos
quisierais
quisieran

Practica

1. Expresa la condición conjugando los verbos.

a. (Querer/yo) estar cerca de ti. **b.** (Sentir/tú) lo mismo que yo en tal situación. **c.** (Gustar/a él) regalarle la luna. **d.** (Querer/nosotros) cantar una canción de amor.

2. Transforma el poema según el modelo.

› *Quisiera ser el eco de tu voz [para poder estar cerca de ti]* ➜ *y podría estar cerca de ti.*

a. Quisiera ser tu alegre corazón [para saber qué sientes tú por mí] ➜ ...

→ Exercices p. 121

Cuando sea mayor...

CD classe

Cuando sea mayor seré piloto
para volar más rápido que el viento:
¡no!, mejor seré doctor
y curaré a todos los enfermos.
¡No!, seré abogado
y llevaré siempre conmigo
una cartera[1] grande
llena de tebeos[2] y bocadillos.
Cuando sea mayor tendré un coche inmenso
y una casa con piscina,
y al llegar el buen tiempo
me pasaré nadando todo el día.
También tendré un chalet[3] junto a la playa
y otro, con calefacción,
en la montaña
para poder salir de vacaciones
en verano, Navidad y Semana Santa[4].

José Mª Serrano (escritor español),
La condesa campera y veintiocho más, 1999

1. *un cartable*
2. *des BD*
3. *une villa*
4. *(ici) les vacances de Pâques*

Soñando con el futuro

1 Lee y comenta

a. Mira la foto. ¿A quién representa?
b. ¿Qué quisiera ser el niño del poema? Cuando sea mayor...
c. ¿Qué hará el niño cuando sea doctor?
d. ¿Qué cosas tendrá cuando tenga dinero?
e. ¿Dónde pasará las vacaciones?

→ *Cahier p. 50*

2 Imagina

f. Di cómo vivirá el niño cuando sea mayor.

PALABRAS PARA DECIRLO

- el/la abogado, a: *l'avocat(e)*
- curar: *soigner*
- el/la enfermero, a: *l'infirmier, -ère*
- de lujo
- ser rico, a
- tener dinero
- tener un buen trabajo

Memoriza

→ Lengua p. 120

***Cuando* + subjonctif** sert à donner une idée du futur dans les propositions subordonnées de temps.La proposition principale reste au futur.

› ***Cuando*** *sea mayor,* ***seré*** *piloto.* Quand je serai grand(e), je serai pilote.

› ***Cuando*** *sea mayor,* ***tendré*** *una casa con piscina.* Quand je serai grand(e), j'aurai une maison avec piscine.

Practica

Completa las frases como en el modelo.

› *Cuando tengamos tiempo, podremos leer un libro.*

a. Cuando (tener/él) 18 años, (tener) su propia vida. **b.** Cuando (ser/ella) enfermera, (trabajar) en el hospital. **c.** Cuando (ser/nosotros) mayores, (ser) doctores. **d.** Cuando (terminar/yo) los estudios, (ser) futbolista.

→ Exercices p. 120

¡Y AHORA TÚ!

Mi futuro

Y tú ¿cuáles son tus sueños?
Cuando sea mayor tendré... quisiera...

Si quieres viajar gratis

1. *la location* 2. *un séjour* 3. *établissement (magasin ou autre)*

1 Mira

a. Di cuáles son las distintas actividades dibujadas.

2 Exprésate

b. ¿Qué promueve este anuncio y quién lo propone?

c. ¿Qué harás si sigues la línea de puntos?
Si sigo la línea... compraré...

d. Explica con tus propias palabras el interés de este producto. Empieza por: "Si pagas con..."

3 Conversa

e. Pregúntale a tu compañero(a) adónde iría con Visa Iberia y luego él (ella) a ti.

PALABRAS PARA DECIRLO

- alojarse en un hotel
- alquilar: *louer*
- broncear
- una compañía aérea
- estar de vacaciones
- una tarjeta de crédito

Memoriza

→ *Précis 12.B*

1 La condition avec *si*

si + présent de l'indicatif + principale au futur.
› ***Si quieres** viajar gratis, **seguirás** la línea de puntos.*

2 Le superlatif absolu (très)

muy + adjectif ou ***-ísimo/-ísima/-ísimos/-ísimas***
› *Estoy **muy contento.** = Estoy **contentísimo.***
› *Es **muy bueno.** = Es **buenísimo.***

Practica

1. Conjuga los verbos entre paréntesis con el futuro o el presente del indicativo.

a. Si (ganar/tú) dinero, (poder) pagarte las vacaciones.
b. Si (hacer) sol, (broncear/ellos) en la playa.
c. Si (irse/ella) mucho tiempo, (llevar) muchas maletas.
d. Si (tener/nosotros) tiempo, (cenar) en un restaurante.

2. Transforma según el modelo.

› *Ese restaurante es muy bueno.* → *Ese restaurante es buenísimo.*

a. Es un hotel muy cómodo. **b.** Es un viaje muy caro.
c. Esas playas son muy grandes. **d.** El avión vuela muy alto.

Los perros no pueden leer

1. *observait*
2. *ses maîtres*
3. *(fam.) marrant*
4. *essaya de lui apprendre*
5. *profiter*
6. *un petit moment*

Cómic de Juanjo Sáez (dibujante español)

1 Mira

a. Fíjate en el cómic y di quiénes son los protagonistas.

2 Exprésate

b. ¿Cuál es el problema de la mascota de los Muñoz?
c. Cita lo que no podrá hacer Riki.
d. Explica la solución que encuentra Luis. ¿Qué harán juntos?

3 Conversa

e. Explica a tu compañero(a) qué te gusta de la lectura y después él (ella) a ti.

¿Cómo se pronuncia?

CD élève

En espagnol, on prononce toujours les voyelles suivies d'un « n ». Il faut particulièrement bien distinguer les sons "em", "an" et "en".

› ***empezar, cantar, aprender, intentó***

Trabalenguas

Juan Pinto, sable al cinto, contó de cuentos un ciento. Y un chico dijo contento: ¡cuánto cuento cuenta Pinto!

→ *Autre exercice autocorrectif* **CD-ROM**

PALABRAS PARA DECIRLO

- aburrirse: *s'ennuyer*
- divertirse (ie): *s'amuser*
- pasárselo bien: *bien s'amuser*

¡Y AHORA TÚ!

Mis libros favoritos

Si vas a una biblioteca, ¿qué libros elegirás?

Describe a tu mascota ideal

Me encantan las mascotas y mis padres me han prometido que van a comprarme un regalo estupendo[1]: un perro. Ya tenemos una foto, es el cachorro[2] más bonito que conozco. ¡Qué perro más gracioso! Estoy muy contenta, ¡qué ilusión tenerlo en casa!, lo estoy esperando con impaciencia... Voy a cuidarlo mucho. Les he prometido a mis padres que voy a cambiar mis malas costumbres. Aquí están mis buenas resoluciones:

- ordenaré mi habitación y haré la cama,
- terminaré los deberes antes de encender el ordenador,
- para la cena, ayudaré poniendo y quitando la mesa,
- comeré muchísimas verduras,
- dejaré de masticar chicles todo el día.

☺☺☺

1. *merveilleux* 2. *chiot*

1 Lee el modelo

a. ¿Qué sorpresa le han dado los padres a la chica?
b. Indica qué y cómo es el regalo.
c. Di qué va a cambiar en su vida cotidiana.
Será la chica más... porque...

2 Escribe sobre tu mascota ideal

d. Indica primero la mascota que te gustaría tener y descríbela.
e. Explica lo que harás con ella cuando la tengas.
f. Por último, escribe cinco cosas que harás para merecerla.

Memoriza

→ *Précis 12.A*

Le superlatif relatif

- Dans la phrase affirmative, on a : article défini + nom + ***más*** + adjectif
› *El cachorro **más** bonito.*

Attention : l'article n'est pas répété comme en français.

- Dans la phrase exclamative, on a :
› *¡Qué cachorro **más** bonito!*

Practica

Transforma las frases según el modelo.

› *Es un perro gracioso.* → *Es el perro más gracioso.* → *¡Qué perro más gracioso!*

a. Unos padres estupendos.
b. Una mascota bonita.
c. Un regalo sorprendente.
d. Un chico razonable.

PALABRAS PARA DECIRLO

- ayudar: *aider*
- bonito, a: *mignon, -onne*
- gracioso, a: *drôle*
- merecer: *mériter*
- ordenar: *ranger*

Soñamos con ser estrellas de rock

→ Vídeo DVD
Videoclip, *Sueños*

Cartel del Ministerio de Trabajo y Asuntos Sociales

A Soñamos con ser bailarinas

B Soñamos con ser futbolistas

Fotogramas del vídeo

1 Observa

a. Mira el anuncio del Ministerio de Trabajo y di qué profesiones reconoces.

b. ¿Qué profesiones reconoces en la primera parte del vídeo?

c. La música de fondo da una impresión de: ¿alegría, nostalgia o tristeza?

2 Exprésate

d. Indica las etapas de la vida que se evocan en el vídeo.

e. De niños queremos ser… y cuando somos adolescentes soñamos con…

f. De las profesiones presentadas en el vídeo, di cuál te gustaría.

3 Imagina

g. ¿Qué otras profesiones se pueden promocionar para los jóvenes con un vídeo?

Fíjate bien

Identifica un movimiento de cámara en el vídeo.

PALABRAS DE CINE

Los movimientos de cámara se utilizan para dar un efecto de movimiento a la imagen y aumentar el efecto expresivo. Existen distintos tipos de movimientos:

- cámara fija (por ejemplo: **el zoom**)
- cámara en rotación (por ejemplo: **la panorámica**)
- cámara que se desplaza (por ejemplo: **el travelín o travelling**)

PALABRAS PARA DECIRLO

- la adolescencia
- un ama de casa: *une femme au foyer*
- una bailarina: *une danseuse*
- una camarera: *une serveuse*
- un cocinero: *un cuisinier*
- cuando somos niños: *quand on est enfant*
- un director de cine: *un réalisateur*
- la edad adulta
- la juventud
- un, a modelo: *un(e) mannequin*
- la niñez = la infancia
- un piloto de carreras: *un pilote de courses*

Lengua y práctica

→ Autres exercices autocorrectifs CD-ROM

Le futur simple → Précis 18.B

- Le futur se forme à partir de **l'infinitif** auquel on ajoute **les terminaisons *-é*, *-ás*, *-á*, *-emos*, *-éis*, *-án***.
Tous les verbes au futur, réguliers ou irréguliers, ont les mêmes terminaisons.

HABLAR	COMER	VIVIR
hablar**é**	comer**é**	vivir**é**
hablar**ás**	comer**ás**	vivir**ás**
hablar**á**	comer**á**	vivir**á**
hablar**emos**	comer**emos**	vivir**emos**
hablar**éis**	comer**éis**	vivir**éis**
hablar**án**	comer**án**	vivir**án**

Ser et ***estar*** ont un futur régulier.

- **Quelques futurs irréguliers**

Pour certains verbes, le radical est différent de l'infinitif.

decir: diré…	**poder:** podré…	**tener:** tendré…
haber: habré…	**querer:** querré…	**valer:** valdré…
hacer: haré…	**saber:** sabré…	**venir:** vendré…
poner: pondré…	**salir:** saldré…	

La conjugaison de ces verbes au futur est irrégulière à toutes les personnes.

1 Pon las frases en futuro según el modelo.

› *Esta tarde voy a sacar al perro.* → *Esta tarde sacaré al perro.*

a. Pronto va a ser bombero.
b. Vais a cuidar a la mascota.
c. ¿Qué vamos a comprar con tanto dinero?
d. Van a ir de vacaciones a Canarias.
e. ¿Vas a llamar a tu amiga después?

2 Pon los verbos en futuro.

a. Mateo (querer) tener un hámster.
b. Ariadna y María (salir) con sus amigos mañana.
c. El sábado que viene (poder/nosotros) ir al cine.
d. Mañana mis padres no (estar) en casa, (salir) de viaje.
e. Dentro de tres años, mi hermana (ser) médica.

Le futur proche → Précis 18.B

Pour parler de projets à court terme, d'intentions, on emploie **le futur proche**.

Il se forme avec le verbe ***ir*** au présent de l'indicatif conjugué à toutes les personnes + ***a*** + le verbe de l'action à l'infinitif.

› *¿Qué **vas a hacer** estas vacaciones? **Voy a ir** al pueblo.*

3 Ordena las frases.

› *a/va/Pasadomañana/venir/Madrid/a* → *Pasado mañana va a venir a Madrid.*

a. vamos/una/comprar/El mes que viene/casa/a →
b. a/mi cumpleaños/voy/Mañana/celebrar →
c. ir/próximo/martes/vamos/a/El/de/excursión →
d. van/La semana que viene/un examen/a/tener →

4 Completa con *ir a + infinitivo*.

a. Este verano (ir/yo) … a Grecia de vacaciones. **b.** ¿Dónde (comer/tú) … hoy? **c.** ¿A qué hora (levantarse/ellos) … mañana? **d.** ¿Cuándo (venir/vosotros) … a España? **e.** El año que viene (cambiar/nosotros) … de piso.

5 Escribe 5 frases en futuro para contarle a un(a) compañero(a) tus proyectos para el fin de semana. Tienes que emplear los dos futuros según el modelo.

› *Este fin de semana **voy a ir** al teatro.* → *Este fin de semana **iré** al teatro.*

Le futur dans la subordonnée → Précis 20

Dans les subordonnées de temps, on emploie le subjonctif présent le plus souvent après ***cuando*** pour exprimer l'idée de futur. La phrase principale reste au futur.

***Cuando* + subjonctif** dans la subordonnée	**futur** dans la principale
*Cuando **sea** mayor,*	***seré** profesor.*

6 Transforma las frases como en el modelo.

› *Victoria termina las clases/volver a casa* → *Cuando Victoria termine las clases volverá a casa.*

a. El gato come todas las croquetas/no tener hambre.
b. Cristina va de vacaciones a Granada/visitar la Alhambra.
c. Roberto acaba los deberes/jugar al ordenador.
d. Sofía lee un libro/poder soñar con un mundo fantástico.
e. Eduardo tiene un trabajo interesante/estar contento.
f. Llegar el verano/los alumnos ir de vacaciones.
g. Hacer buen tiempo/nosotros salir a pasear.
h. Jugar al fútbol/el niño ser campeón.
i. Ser ingeniero/Pablo construir puentes.
j. Terminar los ejercicios/yo poder salir con los amigos.

Le conditionnel

→ *Précis 19*

Le conditionnel se forme à partir de **l'infinitif + les terminaisons *-ía, -ías, -ía, -íamos, -íais, -ían***

HABLAR	COMER	VIVIR
hablar**ía**	comer**ía**	vivir**ía**
hablar**ías**	comer**ías**	vivir**ías**
hablar**ía**	comer**ía**	vivir**ía**
hablar**íamos**	comer**íamos**	vivir**íamos**
hablar**íais**	comer**íais**	vivir**íais**
hablar**ían**	comer**ían**	vivir**ían**

Attention, pour le verbe ***querer***, on utilise la forme ***quisiera*** a la place de ***querría***.

GUSTAR
me gustar**ía**
te gustar**ía**
le gustar**ía**
nos gustar**ía**
os gustar**ía**
les gustar**ía**

QUERER		
conditionnel	⟶	forme utilisée
querría	⟶	quisiera
querrías	⟶	quisieras
querría	⟶	quisiera
querríamos	⟶	quisiéramos
querríais	⟶	quisierais
querrían	⟶	quisieran

7 Conjuga los verbos entre paréntesis en condicional.

a. Me (gustar) mucho ir a España. **b.** (Ir) con mis amigos. **c.** Nos (bañarse) en el mar y (tomar) el sol en la playa. **d.** (Comer) especialidades en los restaurantes, y por la noche (salir) a bailar. **e.** También (yo, poder) comprar postales y (escribir) a mi familia. **f.** (Pasar) unas vacaciones inolvidables.

TALLER DE LÉXICO

→ *Autre exercice autocorrectif* CD-ROM

Imagina tu futuro: ¿qué te gustaría ser, tener, hacer...?

a. Haz frases utilizando las situaciones de estos dibujos (tener éxito, dar la vuelta al mundo, cuidar animales...).
› *Cuando sea mayor me gustaría... quisiera...*

b. Inventa dos situaciones más.

muy INTERESANTE

Entrevistas a cuatro profesionales

"Hola, Laura, me encanta la literatura fantástica y me gustaría saber si algún día escribirás un libro que no sea de fantasía, para variar. ¡Ah! También querría felicitarte por tu éxito."

– ¡Gracias! No puedo saber qué es lo que escribiré en un futuro, todavía me quedan muchos años por delante (espero). Lo que sí te puedo decir es que la fantasía es mi género favorito y es lo que he estado escribiendo casi desde que tengo uso de razón. Me gusta la fantasía, me motiva y se me da bien, así que... ¿para qué cambiar?

Laura Gallego García, escritora española

Ferran Adrià, chef del restaurante El Bulli (Cataluña), en su taller-laboratorio de creaciones culinarias

"Colaboraciones en medios de comunicación, congresos... ¿Qué nuevos proyectos tiene?"

– Hay algunos. De momento voy a crear ropa con Armand Bassi. Y con diseñadores españoles industriales vamos a hacer una colección de cubertería *(couverts)* también interesante. Quisiera apoyar a la gente joven de aquí de Barcelona porque tienen proyectos interesantes. Pero mi proyecto más importante en el 2008 es ir a las Olimpiadas de Pekín. Esto significa que me voy a tomar un año sabático, que es un proyecto importante aunque no sé cuándo lo haré.

"De no ser cocinero ¿a qué se dedicaría?"

– Millonario. Si eres millonario puedes decir ahora seré arquitecto, ahora seré... lo que sea.

–"Me llamo Karmele Llanos y formo parte de la ONG británica International Animal Rescue (IAR). Desde 2003 vivo en Indonesia para tratar de evitar la extinción de los orangutanes, contra los que el ser humano comete todo tipo de barbaridades. Hay pocas personas en el mundo que trabajan con este objetivo, es una auténtica lucha contrarreloj, ya que dentro de diez años podrían no quedar suficientes individuos para garantizar su supervivencia y la especie desaparecerá."

Karmele Llanos, veterinaria española

Santiago Calatrava, arquitecto español

"¿Señor Calatrava, hasta cuándo podrán crecer las ciudades?"

–Éste es un problema al que más tarde o más temprano tendremos que hacer frente. Ante ciudades como México DF o El Cairo, me temo que estamos desarmados. Si los arquitectos no buscamos soluciones rápidas a este problema descenderemos mucho en la escala de valores de la sociedad. Creo que enfrentarse a este reto *(défi)* sería apasionante.

L'Hemisfèric en la Ciudad de las Artes y las Ciencias, obra de Calatrava en Valencia

¿A ver si lo sabes?

1. ¿Qué género de libros escribe Laura Gallego?
2. Cita tres proyectos de Ferran Adrià.
3. ¿Con qué animales trabaja la veterinaria Karmele Llanos? ¿Cuáles son sus objetivos?
4. ¿De qué problema habla Santiago Calatrava?

Páginas Web que puedes consultar

http://www.lauragallego.com
http://www.elbulli.com
http://www.proyectogransimio.org/kllanos.php
http://www.calatrava.com/

Proyecto final

Hacer una entrevista a un profesional español sobre sus proyectos de futuro.

- Por grupos, uno es el periodista, los otros eligen la profesión que más les atrae de las cuatro propuestas.
- Buscad información complementaria en la red o en libros sobre estos profesionales.
- El periodista imagina qué le preguntaría al profesional sobre sus proyectos de futuro.
- Los demás imaginan lo que harán cuando tengan esta profesión.

Actividades de evaluación

1 Me compraré un perro

CD classe

Objectif : Comprendre quelqu'un qui parle de ses projets et d'animaux familiers.
Outils : *Cuando* + subjonctif, le futur, le lexique des animaux familiers.

Escucha la grabación y contesta.

1. Busca el intruso. El chico habla de: **a.** ¿las mascotas que quisiera tener? **b.** ¿sus hermanos? **c.** ¿lo que hará con su perro?
2. ¿Verdad o mentira? Si es mentira corrige la frase.
   a. El chico vive solo. **b.** Cuando sea mayor le gustaría tener una casa con jardín. **c.** Se comprará un perro y unas gallinas. **d.** El perro comerá en general comida especial para los perros.
3. Indica tres cosas que hará el chico cuando sea mayor y tenga un perro.

2 Quiero ser...

Objectif : Comprendre un texte simple où sont exprimés des projets d'avenir.
Outil : Le lexique des métiers.

–Bueno Luisito: y tú ¿qué quieres ser cuando seas mayor? [...] Hay veces que Luisito quiere ser militar y otras que quiere ser ingeniero de caminos, canales y puertos, y otras que quiere ser torero, y otras que quiere ser marino.
–¡Ea! Anda, contéstame, ¿qué es lo que quieres ser?
Luisito se queda examinando todas las profesiones: ser banquero, como su padre, no parece atraerle mucho: los banqueros se pasan todo el día hablando por teléfono en el despacho[1], marino es bien bonito, pero ¿y el mareo[2]?, ingeniero parece ser que exige mucho estudio...

Edgar NEVILLE, *La familia Mínguez*, 1967

1. *le bureau* **2.** *le mal de mer*

1. Cita las profesiones que le interesan a Luisito.
2. ¿Verdadero o falso? Justifica citando el texto.
   a. Quisiera ser banquero como su padre.
   b. Ser marino tiene inconvenientes.
   c. Le resultaría fácil ser ingeniero.

Maitena, *Todas las mujeres alteradas*, 2006

3 ¿Qué te gustaría ser de mayor?

Objectif : Parler de rêves et de projets d'avenir.
Outils : L'imparfait, le futur, le conditionnel, le lexique des métiers.

Observa atentamente el cómic y contesta.

1. Describe las viñetas 1940 y 1990.
2. Comenta la evolución del "qué quieres ser de mayor". *Primero en los años cuarenta las niñas querían... Luego... Después...*
3. En el 2010, a tu parecer, ¿qué querrán ser las niñas?

4 ¿Qué harás cuando seas mayor?

Objectif : Écrire une liste de ses rêves et de ses projets d'avenir.
Outils : Le futur, *cuando* + subj., le conditionnel.

Escribe una lista de tres cosas que harás cuando seas mayor. Pueden ser o bien cosas que vas a hacer de verdad o bien sueños. Justifica con frases completas.

Resultado
Sé hacerlo
Tengo que repasar

Unidad

8

Y ahora te cuento...

Y tú, ¿qué decías? (Trinidad, Cuba)

Je vais apprendre à... A1/A2

- Comprendre l'essentiel d'une description, d'un récit à l'imparfait.
- Comprendre l'évocation de souvenirs de jeunesse.
- Comprendre le sens général d'un récit au passé.
- Repérer les différentes étapes d'un récit au passé.
- Raconter ses souvenirs d'enfance, de vacances.
- Raconter une histoire simple, un événement passé.
- Échanger sur ce qui a pu se passer, parler de ce que l'on a fait.
- Raconter ses vacances.

Je vais utiliser...

- Le passé simple des verbes réguliers
- Les emplois de l'imparfait et du passé simple
- Quelques verbes irréguliers au passé simple
- L'apocope
- *Volver a* + infinitif

Je vais découvrir...

- Comment des jeunes passent leurs vacances en Espagne, au Chili et au Venezuela.

Mon projet final

→ Écrire une carte postale pour raconter ses souvenirs de vacances.

Comprensión oral

¡Qué alegría!

CD élève

Un cine en Madrid en los años 50

1 Prepárate

a. Mira la foto y di qué representa.

2 Escucha

b. ¿Qué hacía el niño cuando tenía diez años?

c. Le gustaban las películas de… mientras que las películas de… le aburrían.

d. En aquel tiempo creía que…

e. Hoy trabaja…

→ Cahier p. 33

3 Exprésate

f. ¿Qué sabes de este niño?

¿Lo sabías?

Antes, en los cines españoles todo el mundo solía comer **pipas** *(graines de tournesol)*. Hoy están prohibidas en las salas de cine por el ruido y la suciedad que ocasionan.

¿Cómo se pronuncia?

CD élève

"ía"

▸ **En espagnol, quand « a », « e », « o » accompagnent « í », il faut prononcer deux syllabes distinctes.**
› *se veía, me aburría, yo creía, se morían, alegría*

▸ **Trabalenguas**
María tenía una manía. ¿Qué manía tendría María?

→ *Autre exercice autocorrectif* CD-ROM

PALABRAS PARA DECIRLO

- el cine
- de verdad: *en vrai*
- el malo ≠ el bueno
- matar: *tuer*
- morirse (ue)
- películas de acción/horror/amor/ciencia ficción
- los personajes

Cuando te fuiste

CD élève

Hablando de antes

1 Prepárate

a. Describe la foto.

b. Imagina lo que están contándose los ancianos.

2 Escucha

c. Los dos protagonistas están recordando…

d. Ella le dejó un recuerdo antes de irse. ¿Cuál es?

e. Apunta los recuerdos que tiene él de aquel día y los que tiene ella. Compáralos.

→ *Cahier p. 54*

3 Exprésate

f. Cuando eran jóvenes, ¿qué tipo de relación tenían los personajes? Justifica tu respuesta.

PALABRAS PARA DECIRLO

- acordarse (ue) de = recordar
- un, a anciano, a: *une personne âgée*
- el andén: *le quai de la gare*
- la estación: *la gare*
- llover (ue): *pleuvoir*
- mientras que: *tandis que, alors que*
- un recuerdo: *un souvenir*

Memoriza

→ Lengua p. 136

1 Le passé simple de *ser* et de *ir*

Au passé simple, la conjugaison du verbe *ir* est identique à celle du verbe *ser*.

SER/IR (être / aller)
fui
fuiste
fue
fuimos
fuisteis
fueron

Practica

¿"Ser" o "ir"? Pon en pretérito indefinido.

a. Hoy voy a la estación. → Ayer … a la estación. **b.** Este año soy el mejor en clase. → El año pasado … el peor. **c.** Esa chica es mi novia otra vez. → El mes pasado ya … mi novia. **d.** Esta tarde va al cine con los amigos. → El sábado pasado … al cine con sus padres.

→ Exercices p. 136

¡Y AHORA TÚ!

En el cine

Cuando eras niño(a), ¿qué películas veías?

Carta a una chica amada

Querida Isabel:

Me decidí a escribirte porque estamos viejos [...]

Tendrías[1] catorce años. Te recuerdo con toda nitidez[2], en la misa de los domingos, siempre en la misma fila [...] Yo me situaba dos hileras[3] atrás. A veces, aprovechando que tu madre rezaba[4] con los ojos cerrados, te volvías[5] y nos mirábamos y nos sonreíamos. Como dos tontos de época.

Sólo después de tres o cuatro semanas de ese juego inútil, una tarde, a la hora de la siesta, nos encontramos al borde de un camino vecinal. No había nadie a la vista[6] y todo surgió espontáneamente. Mi primer saludo fue abrazarte y la primera respuesta tuya fue abrazarme. Sin decir una sola palabra, nos besamos…

Mario Benedetti (escritor uruguayo), *Buzón de Tiempo*, 1999

1. *Tu devais avoir*
2. muy bien
3. *rangs*
4. *priait*
5. *tu te retournais*
6. *il n'y avait personne aux alentours*

En la misa de los domingos

1 Lee y comenta

a. ¿De qué tipo de texto se trata?
b. Explica a quién se dirige.
c. El hombre recuerda que en la iglesia...
d. ¿Qué pasó tres o cuatro semanas después?

→ Cahier p. 55

2 Imagina

e. Isabel contesta. Su recuerdo de aquel día es totalmente distinto. Imagina lo que escribe.

Memoriza

→ Lengua p. 136

Le passé simple régulier

BESAR (embrasser)	NACER (naître)	VIVIR (vivre)
besé	nací	viví
besaste	naciste	viviste
besó	nació	vivió
besamos	nacimos	vivimos
besasteis	nacisteis	vivisteis
besaron	nacieron	vivieron

PALABRAS PARA DECIRLO

- abrazarse: *se prendre dans les bras*
- mirar: *regarder*
- viejo, a: *vieux, vieille*

Practica

1. **Apunta los pretéritos indefinidos en el texto de Benedetti.**

2. **Conjuga en pretérito indefinido.**

Ayer, con mis padres (decidir) ir al cine. Por culpa de un accidente en la carretera (llegar) tardísimo y (encontrar) las puertas del cine cerradas. Entonces (ver) un DVD en casa.

3. **Escribe el mismo párrafo empezando así:** ***Ayer, mis amigos...***

→ Exercices p. 136

Pensaba en ella

Mi padre y yo vivíamos en un pequeño piso de la calle santa Ana, junto a la plaza de la iglesia. El piso estaba situado justo encima de la librería especializada en ediciones de coleccionistas y libros usados heredada[1] de mi abuelo. Me crié entre libros, haciendo amigos invisibles en páginas que se deshacían en polvo[2] y cuyo olor aún conservo[3] en las manos. De niño aprendí a conciliar el sueño[4] mientras le explicaba a mi madre en la penumbra de mi habitación las incidencias de la jornada[5], mis andanzas[6] en el colegio, lo que había aprendido aquel día...

Carlos Ruiz Zafón (escritor español), *La sombra del viento*, 2001

1. *héritée*
2. *tombaient en poussière*
3. *dont je conserve encore l'odeur*
4. *(ici) trouver le sommeil*
5. *les événements de la journée*
6. *(ici) aventures*

El torbellino de libros

1 Lee y comenta

a. Apunta todas las palabras y expresiones que evocan el lugar donde vivía el niño.

b. ¿Con quién y con qué se crió el niño?

c. ¿Qué hacía el niño a la hora de dormir?

→ *Cahier p. 56*

2 Imagina

d. El niño le contaba a su madre su jornada en el cole. ¿Qué le decía?

PALABRAS PARA DECIRLO

- aún = todavía: *encore*
- criarse: *grandir*
- de niño(a) = cuando era niño(a)
- hablar con alguien: *parler à quelqu'un*
- el libro: *le livre*
- pensar (ie) en: *penser à*
- la soledad: *la solitude*
- soñar (ue) con: *rêver de*

Memoriza

→ Lengua p. 137

Les emplois de l'imparfait et du passé simple

- Le **passé simple** sert à exprimer des actions accomplies dans le passé et totalement terminées.
  › *Me **crié** entre libros.*
- L'**imparfait** permet de décrire des actions passées ou de parler d'actions habituelles, qui durent ou qui se répètent.
  › *Mi padre y yo **vivíamos** en un pequeño piso.*

Practica

1. Elige entre imperfecto y pretérito indefinido.

a. La semana pasada (visitar) Barcelona. **b.** De pequeño (jugar) al fútbol con los chicos del barrio. **c.** Ayer (escuchar) un CD de música clásica.

2. Traduce las frases del ejercicio 1.

→ Exercices p. 137

¡Y AHORA TÚ!

Un recuerdo

Cuenta un recuerdo de cuando eras niño(a). Puedes empezar por:

Mi infancia… Viví en… Me gustó… Encontré…

De repente, la pelota vino hacia mí...

http://www.juan_elblog.com.gt

Editar Ver Ir Herramientas Ayuda

EL BLOG DE JUAN

Página principal | Enlaces | Fotografías | Música | Archivo |

27 de octubre de 2007

▸ MI PERFIL

Ayer por la tarde estaba paseando por la Plaza Central de la ciudad de Guatemala. En medio de la plaza un grupo de limpiabotas[1] adolescentes estaba jugando al fútbol. De repente, a consecuencia de un disparo[2] desviado, la pelota vino hacia mí acompañada del grito de costumbre: ¡bola, porfa[3]! La recibí, la levanté con el pie derecho, no la dejé caer y le pegué hacia donde estaban los limpiabotas, como en mis mejores tiempos. Y cuando di aquella patada, volví 17 años atrás, a octubre de 1990. Me acordé de cuando pasé las mejores vacaciones de mi vida. Los vecinos venían todas las tardes a jugar al fútbol. Sólo se necesitaba una pelota de plástico y el patio de la casa para organizar nuestros partidos que duraban 3 horas y que terminaban con marcadores[4] de 35 goles a 33.

Me acordé de todo eso y me entró un maldito viento de nostalgia: ¡Qué lejos están aquellos tiempos!

Comentarios

1. *cireurs de chaussures* 2. *un tir* 3. pelota, por favor 4. *scores*

1 Lee y comenta

a. ¿Qué estaba haciendo Juan aquella tarde?

b. En la Plaza Central unos jóvenes...

c. Apunta todas las acciones que siguieron al disparo desviado.

d. ¿Qué pasó en octubre del 1990?

→ *Cahier p. 56*

2 Imagina

e. La ventaja con los "blogs" es que puedes reaccionar. Escribe un comentario para reaccionar a lo que dice Juan. Cuenta algo feliz que te marcó de pequeño(a) y que todavía recuerdas. Yo también me acuerdo de cuando...

PALABRAS PARA DECIRLO

- de repente: *soudain*
- el partido: *le match*
- una patada: *un coup de pied*
- la pelota = el balón

Memoriza

→ Lengua p. 136

Quelques verbes irréguliers au passé simple

Les verbes irréguliers au passé simple ne portent pas d'accent.

VENIR (venir)	HACER (faire)	DAR (donner)
vine	hice	di
viniste	hiciste	diste
vino	hizo	dio
vinimos	hicimos	dimos
vinisteis	hicisteis	disteis
vinieron	hicieron	dieron

Practica

Conjuga el verbo entre paréntesis en pretérito indefinido.

a. Mi amigo (venir) a visitarme porque me aburría mucho.

b. (Ser) unas vacaciones estupendas, (hacer) un sol magnífico.

c. El jugador (dar) una patada y (marcar) un gol.

d. El niño (dar) un golpe y (romper) el cristal.

→ Exercices p. 136

Retrato

CD classe

Mi infancia son recuerdos de un patio de Sevilla,
y un huerto[1] claro donde madura el limonero;
mi juventud, veinte años en tierras de Castilla;
mi historia, algunos casos que recordar no quiero.

Ni un seductor Mañara ni un Bradomín[2] he sido […]
mas[3] recibí la flecha que me asignó Cupido[4],
y amé cuanto[5] ellas puedan tener de hospitalario[6]. […]

¿Soy clásico o romántico? No sé. […]
Soy, en el buen sentido de la palabra, bueno.

Antonio Machado (poeta español), *Campos de Castilla*, 1917

1. *un verger*
2. *Personnages classiques de séducteurs, équivalents à Don Juan.*
3. pero *(littéraire)*
4. El dios del amor en la mitología romana.
5. todo lo que
6. *d'aimable*

Jardines del Real Alcázar, Sevilla

1 Lee y comenta

a. ¿Dónde vivió el protagonista en su infancia? ¿Y en su juventud?

b. Apunta todas las palabras del poema relacionadas con el amor y construye una frase.
El poeta no fue… sino…

c. Según tú, ¿quiénes son "ellas"?

d. ¿Cómo se define el poeta?
Es un … hombre. Es un hombre…

→ *Cahier p. 57*

2 Imagina

e. Mira la foto e imagina qué recuerdos podría inspirarle a un poeta.

PALABRAS PARA DECIRLO

- la juventud: *la jeunesse*
- el limonero: *le citronnier*
- malo ≠ bueno
- la mujer: *la femme*
- el naranjo: *l'oranger*
- un patio: *une cour intérieure*
- un poeta

Memoriza

→ *Précis 14*

L'apocope

Devant un nom masculin singulier les adjectifs ***bueno, malo, primero, tercero*** perdent la voyelle finale « o ».

› *Soy, en el **buen** sentido de la palabra, **bueno**.*

Practica

Transforma las expresiones según el modelo.

› *El sentido bueno.* → *El buen sentido.*

a. El hombre bueno → …

b. El verso tercero → …

c. Un recuerdo malo → …

d. El amor primero → …

¡Y AHORA TÚ!

El primer día

Cuenta tu primer día de clase de español.

Aprendí… Hice… Conocí…

Estaban paseando

Fotograma de *Historia de un beso*, José Luis Garci (director español), 2002

1 Mira

a. La escena transcurre a principios de los años 30. Justifícalo con elementos de la foto.
Los hombres llevan... Las mujeres...

2 Exprésate

b. Fíjate en la gente y explica lo que estaban haciendo los veraneantes aquel día.
Aquel día...

3 Conversa

c. Imagina que eres uno de los personajes de la foto. Tu compañero(a) te pregunta qué estabas haciendo aquel día en la playa. Tiene que adivinar quién eres.
– ¿Estabas paseando?
– No, no estaba paseando.
– ¿Estabas...?

Memoriza

Estar à l'imparfait + gérondif

La forme progressive permet d'évoquer une action qui est en train de se dérouler.
La forme progressive avec ***estar*** à l'imparfait + **gérondif** permet d'évoquer le déroulement d'une action dans le passé.
› *El señor **estaba jugando** con una cometa.*

Practica

¿Presente o imperfecto? Conjuga en la forma progresiva adecuada.

a. Aquel día las niñas (estar/jugar) en el patio.
b. Hoy me (estar/comer) un helado.
c. En aquella playa la gente (estar/leer) el periódico.
d. En aquella época a estas horas los veraneantes (estar/pasear).

PALABRAS PARA DECIRLO

- el bañador/el traje de baño
- bañarse: *se baigner*
- charlar: *bavarder*
- la cometa: *le cerf-volant*
- descansar: *se reposer*
- pasear: *se promener*
- un traje: *un costume*
- un veraneante: *un vacancier*
- un vestido largo: *une robe longue*

Bajo el árbol

Joaquín Sorolla (pintor español), *Saltando a la comba, la Granja* 1907, Museo Sorolla, Madrid

1 Mira

a. ¿En qué época sitúas la escena? Justifica tu respuesta con elementos del cuadro.

b. Describe dónde están las niñas.

2 Exprésate

c. Aquel día, ¿a qué estaban jugando?

3 Conversa

d. Imagina qué hizo la niña mayor después de jugar en el parque. Tu compañero(a) te pregunta lo que hizo y tú contestas.
–¿Adónde...? ¿Qué...?

PALABRAS PARA DECIRLO

- el árbol: *l'arbre*
- en aquella época
- un cuadro: *un tableau*
- el estanque: *le bassin*
- jugar (ue) a la comba: *sauter à la corde*
- el parque

encima de

bajo/debajo de

¿Cómo se pronuncia?

CD élève

▶ **Il est important de bien marquer l'accent au prétérit, sinon le mot peut avoir un autre sens**

› ***Bajó** a jugar.* Elle est descendue jouer.

› ***Bajo** a jugar.* Je descends jouer.

▶ **Escucha, repite y traduce.**

paseo – paseó   viajó – viajo   viajé – viaje   llego – llegó

→ *Autre exercice autocorrectif* CD-ROM

¡Y AHORA TÚ!

Aquel día

Elige una foto de tus últimas vacaciones o de cuando eras niño(a) y cuenta a tus compañeros lo que estabas haciendo aquel día.

Juegos de hoy y de ayer

Di a qué jugabas cuando eras niño(a) y a qué juegas ahora. *¿Jugabas a la comba, a la rayuela (marelle), a las canicas (aux billes), ...? ¿Juegas con videojuegos, ...?*

Escribir una postal a un amigo

7 de Julio, Porto Colom, Mallorca

Hola Pablo:

¿Te acuerdas del pueblo de la costa en el que nos conocimos? Pues he vuelto a venir. Y he vuelto a pasear por nuestra playa preferida.

También he vuelto a comer en el restaurante que tanto te gustó.

Qué pena que no estés aquí.

Besitos, Elena ♡

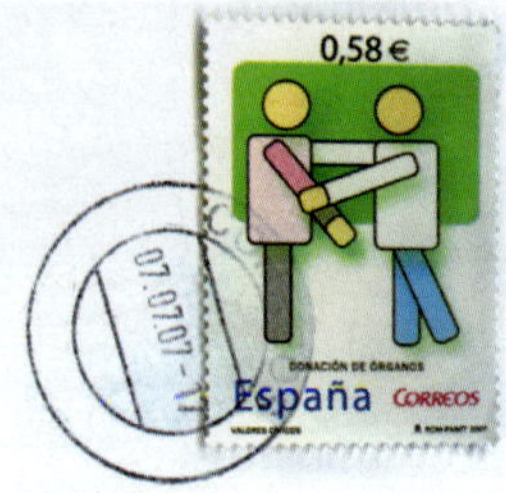

Pablo Artola
c/ Santiago, n°3, 4°izq
28 000 PAMPLONA

1 Lee el modelo

a. Fíjate en la fecha, en el saludo y en la dirección del destinatario de la postal.

b. ¿Qué le cuenta Elena a su amigo Pablo?

c. Fíjate en la despedida y en la firma.

2 Escribe una postal

d. Pon la fecha y elige a quién vas a escribir.

e. Describe un lugar que te gustó y adonde has vuelto a ir.

f. Despídete, firma y pon la dirección del destinatario.

¿Lo sabías?

La dirección en España se escribe con el número (n° 3) después del nombre de la calle y se precisa el piso (4°) y la puerta izquierda (izq.) o derecha (der.).

Memoriza

→ Précis 26.B

***Volver* a + infinitif**

Pour parler d'une action qui se répète, on emploie ***volver a*** + infinitif.

› ***He vuelto a venir** al pueblo.*
Je suis retourné(e) au village.

Practica

Transforma según el modelo.

› *He ido al pueblo.* → *He vuelto a ir al pueblo.*

a. Eduardo y yo hemos montado en barco. → …

b. Los turistas han venido este año. → …

c. El sol ha brillado. → …

d. La playa se ha llenado. → …

PALABRAS PARA DECIRLO

- de nuevo: *à nouveau*
- estupendo, a = genial
- la firma: *la signature*
- otra vez: *encore*
- visitar: *visiter*

Los recuerdos que de ella conservo

→ Vídeo DVD
El Sur

En el aula. *El Sur*, película de Víctor Erice (director español), 1983

A En el invernadero

B Leyendo las novelas

Fotogramas del vídeo

Fíjate bien

Fíjate en los fotogramas y di cuál es un plano americano.

1 Observa

a. Al principio de la secuencia, ¿dónde están?

b. Mira la foto y fíjate en los objetos que hay sobre la mesa. ¿Hoy utilizarías los mismos? En aquella época... mientras que hoy...

2 Exprésate

c. ¿Qué le enseñó su madre a la niña?

d. La niña recuerda a su madre cuando estaba... y... También cuando...

e. ¿Qué le gustaba tanto a la madre? A ella...

3 Imagina

f. Completa el recuadro y compara el aula de ayer con el aula de hoy.

El aula de ayer	El aula de hoy

PALABRAS DE CINE

- El **plano americano** muestra la figura humana cortada por las rodillas.

PALABRAS PARA DECIRLO

- el aula: *la classe*
- el bolígrafo: *le stylo-bille*
- la pantalla digital interactiva: *le tableau blanc interactif*
- la pizarra: *le tableau (noir)*
- la pluma: *la plume*
- rec<u>o</u>rdar (ue): *se souvenir de*
- los rotuladores: *les feutres*
- el tintero: *l'encrier*
- la tiza: *la craie*

Lengua y práctica

→ *Autres exercices autocorrectifs* CD-ROM

Le passé simple (*pretérito indefinido*)

→ *Précis 18.E*

En espagnol, le passé simple est plus utilisé qu'en français. On le traduit souvent par un passé composé.

Le passé simple régulier

BESAR	NACER	VIVIR
besé	nací	viví
besaste	naciste	viviste
besó	nació	vivió
besamos	nacimos	vivimos
besasteis	nacisteis	vivisteis
besaron	nacieron	vivieron

- L'accent écrit à la 1re et la 3e personne du singulier permet de distinguer le passé simple du présent de l'indicatif ou du subjonctif.
  › *bajo*: je descends › *bajó*: il est descendu
- Attention, la conjugaison de la 1re personne du pluriel des verbes en *-ar* et en *-ir* est identique au présent de l'indicatif et au passé simple.
  › *vivimos*: nous vivons › *vivimos*: nous avons vécu

Quelques verbes irréguliers au passé simple

Les verbes irréguliers au passé simple ne portent pas d'accent écrit.

SER/IR	ESTAR	DAR	VENIR	HACER
fui	estuve	di	vine	hice
fuiste	estuviste	diste	viniste	hiciste
fue	estuvo	dio	vino	hizo
fuimos	estuvimos	dimos	vinimos	hicimos
fuisteis	estuvisteis	disteis	vinisteis	hicisteis
fueron	estuvieron	dieron	vinieron	hicieron

- **Quelques modifications orthographiques au passé simple**
  Les verbes en *-gar* et en *-zar* subissent une modification orthographique à la 1re personne du singulier.
  › *llegar* → *llegué* › *empezar* → *empecé*

1 **Pon el verbo regular en pretérito indefinido.**

a. Ayer (despertarse) temprano porque tenías clase.
b. De repente el profesor (callarse).
c. Mis padres (volver) a casa temprano.
d. Aquel año (viajar/nosotros) a Venezuela.
e. (Vivir/vosotros) en Chile.

2 **Conjuga los verbos en pretérito indefinido.**

a. Nosotros (ir) al cine ayer.
b. Ella (volver) a Alicante.
c. Adrián y Pablo (salir) de Madrid en avión.
d. ¿Vosotros (comprar) el traje de baño?
e. Toda la familia (pasar) buenas vacaciones.
f. Javier y Fernando (estar) muy contentos cuando (vernos).

3 **Conjuga los verbos en pretérito indefinido.**

a. Mi abuela (hacer) una tarta ayer.
b. No (llegar/yo) a la hora al cine.
c. Paloma (irse) de viaje a Guatemala.
d. Mis padres (estar) ausentes todo el día.
e. La semana pasada mi mejor amigo (venir) a visitarme.

4 **Completa la postal con pretéritos indefinidos.**

Querida Sofía:

El mes pasado (estar/yo) de vacaciones con mis padres en México. ¡Qué país más encantador! (Visitar/nosotros) un templo azteca. ¡Qué maravilla! (Ir/nosotros) a comer a restaurantes típicos. Allí todo (estar) perfecto.
Te lo contaré todo cuando te vea.
Un abrazo muy fuerte.

Pablo

Sofía
c/Ant
08 0
E

9 Les emplois des temps du passé → Précis 18.D

- Le **passé simple** (***pretérito indefinido***) s'emploie pour évoquer une action ponctuelle du passé complètement terminée.
  › *Sorolla* ***nació*** *en el siglo* XIX.
- **L'imparfait** (***imperfecto***) s'emploie dans les narrations et les descriptions pour évoquer une action qui s'inscrit dans la durée.
  › ***Era*** *verano,* ***estábamos*** *de vacaciones.*
- Le **passé composé** (***pretérito perfecto***) s'emploie pour évoquer une action passée récente qui a une influence sur le présent.
  › *No* ***he comido*** *nada y ahora tengo hambre.*
  › *Me compré una casa, pero no* ***he terminado*** *de pagarla.*

5 Transforma según el modelo.

› *Escribir una carta/llamar a la puerta.* ➔ *Escribía una carta cuando llamaron a la puerta.*

a. Estar jugando/empezar a llover. ➔ …
b. Leer en el jardín/recibir una pelota. ➔ …
c. Pasear/encontrarse con un amigo. ➔ …

6 Conjuga el verbo en imperfecto, pretérito perfecto o pretérito indefinido.

a. Esta mañana (llover) y ahora está todo mojado.
b. De pequeña mi abuela (saltar) a la comba.
c. La casa de mi infancia (ser) grande.
d. El año pasado mis padres (irse) de vacaciones al extranjero.

7 Escoge entre el imperfecto y el pretérito indefinido.

a. Ayer (ir/ellos) al cine después de cenar.
b. En aquella época (tener/yo) diez años.
c. ¿Ustedes antes (vivir) en esta casa?
d. El lunes (ir/yo) a la biblioteca a devolver el libro.
e. Anoche (ser/nosotros) un poco antipáticos con ellas.
f. Mi primera casa (ser) grande y (tener) un jardín precioso.

TALLER DE LÉXICO

→ *Autre exercice autocorrectif* CD-ROM

¿Qué pasó?

Mira las viñetas y cuenta lo que le pasó al chico. Puedes utilizar las palabras siguientes:

estaba	*salieron*
de repente	*la nave espacial*
vio	*hablaron*
un extraterrestre	*abrió*
el marciano	*le metieron*

muy INTERESANTE

¡Qué vacaciones más estupendas!

CD classe

Los españoles suelen ir de vacaciones a la playa, pero actualmente se desarrolla mucho el turismo verde y también los viajes al extranjero. En Latinoamérica, los países del hemisferio sur tienen las vacaciones de verano en enero y febrero.

Vaquillas en el pueblo

Dulce, extremeña

a

Vacaciones en el pueblo

A ver, te cuento... El verano pasado fuimos al pueblo de mi madre. Me lo pasé muy bien: iba todos los días a la piscina municipal con mis primas y durante las fiestas de agosto se organizaban verbenas y vaquillas[1].
En la verbena conocí a Eduardo, un chico muy simpático de Jaraíz en Extremadura.

1. *des bals populaires et des courses de vachettes*

Manuel, madrileño

b

Surf en Tarifa

En julio fui con mis padres a Tarifa. Nos alojamos en un hotel muy cerca de la playa y aprendí a hacer surf. Me hice un montón de amigos. Cuando volvimos a casa, estaba morenísimo.

Playa de Valdevaqueros, Tarifa, Andalucía

Esquí de verano en Portillo, Chile

Raúl, chileno

c Esquiando en Portillo

En agosto volví a esquiar a Portillo. Hizo un tiempo estupendo. Me encantó esquiar rodeado de los altos picos de la Cordillera de los Andes. Como está cerca de Santiago, llegué un jueves y me fui un lunes.

Miriam y Tania, venezolanas

d Relajadas en la playa

En julio estuve con una amiga en la Perla del Caribe, la Isla Margarita. Fui a una playa espectacular. Como el clima es tropical, hizo una temperatura ideal durante todas las vacaciones. Un día fuimos a visitar un parque natural precioso. Cuando volvimos a Caracas estábamos muy relajadas.

Isla Margarita, Venezuela

¿A ver si lo sabes?

1. ¿En qué meses son las vacaciones de verano en países como Argentina o Chile?
2. Cuenta lo que hizo la chica española en el pueblo. ¿Y el chico español en Tarifa?
3. ¿Cómo se llama la montaña donde esquió el chico chileno?
4. Cuenta lo que hicieron las dos amigas venezolanas.

Páginas Web que puedes consultar

http://www.spain.info/
http://www.venetur.gob.ve/
http://www.sernatur.cl/

Proyecto final

Escribir una postal para contar tus vacaciones.

→ Imagina que has ido de vacaciones a uno de los lugares presentados en esta página.

→ Busca información sobre el lugar que has elegido: Extremadura (España), Tarifa (Andalucía, España), Portillo (Chile) o Isla Margarita (Venezuela).

→ Escribe la fecha y el saludo en la postal.

→ En el borrador apunta en infinitivo las acciones de las que quieres hablar en tu carta.

→ Cuenta lo que hiciste durante las vacaciones con la ayuda de tus apuntes *(tes notes)*.

→ Que no se te olvide despedirte y firmar.

Actividades de evaluación

1 Viaje a París

CD classe 2

Objectif : Repérer des verbes et les conjuguer à une autre personne pour rendre compte d'un discours au passé.

Outil : Le passé simple.

Escucha la grabación y completa las frases con verbos en pretérito indefinido.

1. Con 15 años, el chico ... de viaje a París con el instituto.
2. La Torre Eiffel le ... y el Arco de Triunfo le ...
3. Este viaje le ... mucho.
4. Se lo ... muy bien con los amigos.

2 ¿Soñabas?

Objectif : Comprendre le sens global d'un récit au passé.

Outils : La forme progressive à l'imparfait, l'imparfait, le passé simple.

–Aló, ¿Manuela?
–Sí.
–Habla tu hermano.
–Ah… Hola… ¿Qué tal?
–¿Estabas durmiendo?
–Sí, una siesta eterna.
–¿Dormías profundo?
–Sí, muy profundo.
–¿Soñabas?
–Como nunca. Soñaba con la casa de Ignacio Echaurren.
–Cuéntame.
–Estábamos todos al lado de la piscina. […] Era el fin del verano. Estábamos todos. El abuelo Soler estaba vivo. Lo mismo que la tía Chilaca y Tyrone Acosta. ¿Te acuerdas de Tyrone Acosta?
–Mucho. […] ¿Y Carlos Soler?
–No, fíjate. Carlos Soler no estaba. Raro, ¿no?
–No tanto.
–Pero estaba la tía Marta y la tía Nora. Estaba Natacha, guapísima como siempre, y hasta el tío Yul estaba, con su cabeza rapada brillando al sol.

Alberto Fuguet, *Las películas de mi vida*, 2003

Lee y contesta.

1. ¿Quiénes están hablando?
2. ¿Qué estaba haciendo Manuela cuando sonó el teléfono?
3. Cuenta el sueño de Manuela. ¿Dónde estaba? ¿Con quién? ¿Qué hacían?

3 ¿Dónde estuvieron?

Objectif : Évoquer des activités, des souvenirs de vacances.

Outils : Les verbes d'action, les lieux de vacances, le passé simple.

Estos españoles se fueron de vacaciones al extranjero. Mira los dibujos y contesta.

1. ¿Dónde estuvieron de vacaciones? 2. ¿Qué hicieron?

4 Vacaciones especiales

Objectif : Raconter ses souvenirs de vacances, un événement au passé.

Outils : Les verbes d'action, les lieux de vacances, le passé simple.

Cuenta por escrito lo que hiciste durante unas vacaciones especiales para ti.

1. ¿Cuándo fue? 2. ¿Dónde estuviste? 3. ¿Qué hiciste?
4. ¿Quién estuvo contigo? 5. ¿Pasó algo especial?

Resultado

Sé hacerlo

Tengo que repasar

Fiestas

Fiestas de Navidad

Tanto en España como en Latinoamérica las fiestas navideñas se celebran en familia y son momentos muy festivos. Durante la Navidad se cantan las canciones típicas llamadas villancicos y se decoran las casas, e incluso las calles o las plazas, con los tradicionales belenes[1] y árboles de Navidad.

En España, las Navidades están enmarcadas por la celebración de dos loterías nacionales muy populares: la lotería de Navidad (el día 22 de diciembre) y la lotería del Niño (el 6 de enero).

En los países del hemisferio sur como Chile, Perú o Argentina, es verano y la Navidad puede celebrarse en la playa.

Navidad en el Caribe

1. *crèches*

Nochebuena

El día de Nochebuena, el 24 de diciembre, la gente suele cenar en familia. En España son típicos los postres de turrones, polvorones y mazapanes (a base de almendra y miel) de origen árabe.

Muchas familias asisten después a la "misa del gallo" celebrada a media noche.

Postres típicos de Nochebuena

Nochevieja

El 31 de diciembre es la Nochevieja. Para los españoles es un ritual tomarse las doce "uvas de la suerte" al ritmo de las doce campanadas[1] del reloj de la Puerta del Sol en Madrid, retransmitidas cada año por radio y televisión.

En Colombia se preparan y se encienden fogatas[2] y se celebra el Año Nuevo con fuegos artificiales.

1. *coups de cloche*
2. *feux*

"Las uvas de la suerte" el 31 de diciembre en la Puerta del Sol en Madrid

Cabalgata del 5 de enero en Pamplona

Los Reyes Magos

El 5 de enero por la tarde es la cabalgata[1] de los Reyes Magos, que desfilan por las calles repartiendo caramelos, y al día siguiente por la mañana los niños reciben los regalos. En el día de los Reyes, el 6 de enero, se come el roscón de Reyes.

Aunque la fiesta tradicional para recibir regalos es el día de los Reyes, el Papá Noel adelanta algunos regalos trayéndolos en Nochebuena o Navidad.

1. *défilé*

¿A ver si lo sabes?

1. Di cuáles son los adornos tradicionales de Navidad en España y Latinoamérica.
2. ¿Con qué acontecimiento empiezan las fiestas navideñas en España?
3. Explica cuál es la mayor diferencia entre una Navidad en España y otra en América del Sur.
4. ¿Cómo celebran los españoles la llegada del Año Nuevo?
5. Explica cuándo reciben los regalos los niños de habla hispana.

Tarea

Prepara una tarjeta de felicitación para el Año Nuevo dirigida a un(a) amigo(a) de habla hispana.

a. Dile primero lo que te gusta o te llama la atención en el modo de celebrar las fiestas navideñas en su país.
b. Explícale cómo celebras tú esas fiestas con tu familia.
c. Despídete utilizando la expresión "Feliz y Próspero Año Nuevo" o "Felices Fiestas".
d. Adorna la tarjeta con dibujos o imágenes navideñas.

Fiestas de Carnaval

El carnaval es una tradición que existe desde hace siglos en Occidente, su origen fue pagano y luego cristiano: el carnaval empieza el día de los reyes y termina el Martes lardero[1]. La Cuaresma[2] empieza al día siguiente. Comienza entonces un período durante el que no se puede comer carne. Los españoles llevaron el carnaval a América tras la conquista y colonización.

Los participantes ridiculizan o parodian personajes conocidos por medio de disfraces o canciones. El carnaval es símbolo de permisión y tolerancia, de transgresión de las normas establecidas, de promiscuidad y rebeldía popular.

En España estuvo prohibido durante el franquismo.

1. *Mardi gras* **2.** *Le Carême*

Carnaval de Santa Cruz de Tenerife

El Carnaval de Santa Cruz de Tenerife

En las Islas Canarias se celebra el segundo carnaval más importante del mundo, después del de Río de Janeiro (Brasil). Comienza cada año con la elección de la Reina del Carnaval y sus damas de honor (cuyos trajes pesan más de 150 kg) y acaba el Miércoles de Ceniza[1] con el Entierro de la Sardina, en el que se desfila vestido de luto riguroso[2] y llorando para enterrar a una sardina de cartón, símbolo del principio de la Cuaresma. Miles de personas salen todos los días a la calle con disfraces impresionantes en agrupaciones, murgas y comparsas, que son grupos de personas que cantan canciones críticas y satíricas, principalmente contra los políticos.

1. *Mercredi des Cendres*
2. *vétu de deuil*

El Carnaval de Barranquilla

Barranquilla es un puerto de Colombia donde tiene lugar uno de los carnavales más famosos del mundo, declarado patrimonio de la humanidad en 2003. Es un carnaval muy antiguo cuya figura principal, el rey Momo, apareció en 1888.

Las músicas que se pueden oír durante las fiestas reflejan el mestizaje que dio origen a la población de la región: es una mezcla de instrumentos prehispánicos, melodías españolas y ritmos africanos.

Durante el desfile del Carnaval de Barranquilla

El Carnaval de Cádiz

El famosísimo Carnaval de Cádiz (Andalucía) nace oficialmente en 1861, año en el que el ayuntamiento[1] decide encargarse de la organización.

Poco a poco el carnaval adquiere las características que le darán a conocer por toda España. Lo más específico son sus coros, comparsas, chirigotas y cuartetos, grupos de amigos que se reúnen para crear canciones, generalmente satíricas, que interpretan en la calle o en teatros. Incluso existe un concurso en el que participan más de 150 grupos. Los premios pueden ser de varios miles de euros.

1. *la mairie*

Chirigota del Carnaval de Cádiz

Una de las numerosas murgas de Badajoz

El Carnaval de Badajoz

En Badajoz (Extremadura) el carnaval es un acontecimiento tan importante para la ciudad que en 2007 se inauguró un Museo del Carnaval.

Empieza con la quema de hogueras[1] enormes, la gente come hornazos[2] y bebe vino de la tierra y luego tocan las murgas: grupos de músicos y cantantes que desfilan por las calles. Los instrumentos son, sobre todo, tambores, bombos y platillos, pero también la guitarra.

Uno de los momentos más importantes de este carnaval es el Entierro de la Sardina, al paso de cuyo cortejo fúnebre todos los bares y restaurantes sacan parrillas a la calle para asar sardinas.

1. *bûchers*
2. *pâtisseries typiques*
3. *grills, barbecues*

¿A ver si lo sabes?

1. ¿Cuál es el origen del carnaval en Occidente?
2. Sitúa en el mapa p. II Santa Cruz de Tenerife, Cádiz y Badajoz.
3. Explica qué festejos marcan el principio y el final del Carnaval de Tenerife.
4. Di qué son las Chirigotas.
5. ¿Qué instrumentos tocan las murgas en Badajoz?

Tarea

Fabrica una máscara de carnaval para disfrazarte.

a. Dibuja una máscara sobre una cartulina.
b. Recórtala y haz agujeros para los ojos.
c. Píntala y decórala con "collages", pegatinas...
d. Fija a ambos lados una goma.

Fiestas populares españolas

En cada uno de los pueblos y ciudades españoles existe una fiesta para conmemorar al santo patrón o un acontecimiento particular, como la llegada de la primavera. En todas las fiestas suele haber desfiles con banda de música, fuegos artificiales, baile popular, comida entre amigos y las tradicionales corridas de toros. Entre las fiestas más famosas destacan las Fallas de Valencia, la Feria de Abril de Sevilla y los Sanfermines en Pamplona.

Una falla

Las Fallas de Valencia

Esta fiesta, que tiene lugar del 15 al 19 de marzo en Valencia, se celebra en honor a San José, patrón de los carpinteros[1], que antiguamente quemaban en la calle los restos de madera no utilizados. Las fallas son figuras monumentales (las más grandes miden más de 30 metros). Son de cartón y madera y se fabrican durante todo el año para ser quemadas la noche del día 19. Representan a personajes conocidos, reales o imaginarios, en escenas satíricas.

De la falla recompensada se salva del fuego sólo una figura: *el ninot indultat* (el muñeco indultado[2]), que figurará en el Museo Fallero.

Durante estos días Valencia es una fiesta continua de fuegos artificiales y desfiles de falleros y falleras, vestidos con los espectaculares trajes típicos, para culminar el día 19 con *La Cremà*, cuando se terminan las fiestas quemando todas las fallas a las doce de la noche.

Falla durante *La Cremà*

1. *les menuisiers*
2. *gracié*

Sevillana bailando con el traje típico

Jóvenes corriendo durante el encierro

La Feria de Abril en Sevilla

La Feria de Sevilla tiene su origen a finales del siglo XIX en una feria de ganado[1]. Actualmente dura una semana: empieza un lunes con la ceremonia del alumbrado[2] de la puerta del Ferial, y termina el domingo siguiente a las 12 de la noche, con fuegos artificiales. Los sevillanos van a la feria vestidos con trajes típicos, las mujeres con los trajes de flamenco y los hombres con el traje de corto. El coche de caballos es el único transporte permitido y las calles se adornan con miles de farolillos[3]. Todo el mundo se divierte en las casetas[4] cantando y bailando sevillanas, el baile típico, acompañado por guitarras y castañuelas[5]. Es también típico comer el pescado frito y beber vino de Jerez.

La Feria tiene una gran tradición taurina, todas las tardes se celebran las populares corridas en la Plaza de Toros de la Maestranza con los mejores toreros.

1. *bétail*
2. *illumination*
3. *lampions*
4. *stands où l'on se réunit et où l'on danse*
5. *castagnettes*

Los Sanfermines

Los Sanfermines son una fiesta que se celebra en Pamplona en honor a San Fermín. Los festejos comienzan el 6 de julio con el lanzamiento del *txupinazo* (cohete[1]) y terminan el 14 de julio.

La fama de los Sanfermines viene del "encierro", que es una carrera de 825 metros por las calles de Pamplona en la que los hombres corren delante de los toros hasta la plaza de toros. Los encierros tienen lugar todos los días a las ocho de la mañana, entre el 7 y el 14 de julio, con una duración de entre dos y tres minutos.

Los Sanfermines tienen un origen que se remonta a varios siglos, y su fama es mundial gracias a personalidades como Ernest Hemingway.

Además del encierro, la procesión de San Fermín el día 7 y las salidas diarias de gigantes y cabezudos (*los kilikis*) son otras de las actividades de estas fiestas.

1. *fusée*

¿A ver si lo sabes?

1. ¿Qué elementos suele haber en una fiesta popular española?
2. Sitúa en el mapa de España p. II Valencia, Sevilla y Pamplona.
3. ¿Cuándo se celebran las Fallas de Valencia? ¿Con qué motivo?
4. ¿Qué suelen hacer los sevillanos durante la Feria? ¿Cómo van vestidos?
5. Di cómo se llama y en qué consiste el acontecimiento más famoso de las fiestas de San Fermín.

Tarea

Haz un cartel para anunciar una fiesta popular.

a. Escoge una de estas fiestas y prepara el material para confeccionar el cartel (cartulina, rotuladores, fotos, pegamento).
b. Pon el título y las fechas en que se celebra.
c. Presenta el programa día a día.
d. Pon de relieve los acontecimientos más importantes ilustrándolos con fotos o dibujos.
e. Presenta el cartel a tus compañeros. Los mejores servirán para adornar el aula.

Index grammatical

→ Les renvois de cet index correspondent aux numéros de fiches du Précis.

Tous les exemples de ce précis sont tirés des textes du manuel.

1 L'alphabet → p. 15

A	*a*	**H**	*hache*	**Ñ**	*eñe*	**U**	*u*
B	*b*	**I**	*i*	**O**	*o*	**V**	*uve*
C	*ce*	**J**	*jota*	**P**	*pe*	**W**	*uve doble*
CH	*che*	**K**	*ka*	**Q**	*cu*	**X**	*equis*
D	*de*	**L**	*ele*	**R**	*ere*	**Y**	*i griega*
E	*e*	**LL**	*elle*	**RR**	*erre*	**Z**	*zeta*
F	*efe*	**M**	*eme*	**S**	*ese*		
G	*ge*	**N**	*ene*	**T**	*te*		

*A de amapola, **b** de balón, **c** de camino, **ch** de chocolate...*

- Les lettres sont du genre féminin.
  la a, la efe, una u

- Les voyelles conservent leur son.
  an, en, in

¡Ojo! Si vous consultez un dictionnaire, les lettres ***ch*** et ***ll*** se trouvent dans les lettres « C » et « L ».

2 L'accentuation → p. 15

A L'accent tonique

- Tous les mots espagnols portent un **accent tonique**, ce qui signifie qu'une syllabe est prononcée plus fort que les autres. Si un mot ne comporte qu'une seule syllabe, celle-ci est obligatoirement accentuée. Pour les autres mots, l'accent tonique porte :

  • **sur l'avant-dernière syllabe** lorsque les mots se terminent par une voyelle, un ***n*** ou un ***s***.
  *Me **lla**mo **Car**men.*
  *Un **po**co diferen**tes**.*

  • **sur la dernière syllabe** lorsque les mots se terminent par une consonne sauf ***n*** et ***s***.
  *Hablamos el espa**ñol**.*
  *¿Es us**ted** de Ma**drid**?*

B L'accent écrit

- Lorsque l'accent est écrit, il peut porter sur la dernière syllabe, l'avant-dernière ou l'avant-avant-dernière. Cet accent écrit indique la voyelle tonique de la syllabe qui doit être prononcée plus fort que les autres.
  *Detr**ás** hay un granero.*
  *Un tren el**éc**trico.*
  *Los **sá**bados por la tarde.*

- Lorsque la syllabe finale d'un mot singulier se termine par une consonne et comporte un accent écrit, cet accent écrit disparaît au pluriel car il devient inutile.
  *un mon**tón** → unos mon**to**nes*
  *la habita**ción** → las habita**cio**nes*

¡Ojo! Certains mots qui ne comportent pas d'accent écrit au singulier en prennent un au pluriel afin de conserver l'accent tonique à la place qu'il occupait au singulier.
*no es **jo**ven → no son **jó**venes*

- Certains accents écrits servent à distinguer deux mots de même forme mais de nature et/ou de sens différents :
  este (adjectif démonstratif) ≠ ***éste*** (pronom démonstratif)
  el (article) ≠ ***él*** (pronom)
  se (pronom) ≠ ***sé*** (verbe *saber*)
  hacia (préposition) ≠ ***hacía*** (verbe *hacer*)
  que (pronom relatif) ≠ ***qué*** (interrogatif ou exclamatif)
  *Yo **sé que** la abuela está esperando.*
  Je sais que ma grand-mère attend.
  *¡**Qué** alegría!* Quelle joie !

3 L'interrogation → p. 25

- L'interrogation est précédée **d'un point d'interrogation à l'envers** qui peut être placé en tête de phrase ou dans la phrase, directement devant les éléments de la question.
  ¿Cuántos años tienes? Quel âge as-tu ?

- **Les mots interrogatifs** portent un accent qui les différencie graphiquement des pronoms relatifs. Certains s'accordent en nombre, ou en genre et en nombre.

Espagnol	Français
¿qué?	qu'est-ce que ?
¿por qué?	pourquoi ? (cause)
¿para qué?	pourquoi ? (but)
¿a qué?	à quoi ?
¿dónde?	où ?
¿adónde?	où ? (+ v. de mouvement)

Espagnol	Français
¿cuándo?	quand ?
¿cómo?	comment ?
¿quién, quiénes?	qui ?
¿cuál, cuáles?	quel(s)/quelle(s) ?
¿cuánto, cuánta cuántos, cuántas?	combien ?

- Dans les propositions interrogatives indirectes, le mot interrogatif conserve l'accent écrit.
  *Todos preguntan por ti, que **cómo** te encuentras, **cuándo** vuelves.*
  Tout le monde pose des questions pour savoir comment tu vas, quand est-ce que tu reviens.

4 L'exclamation → p. 86

- L'exclamation est précédée d'un **point d'exclamation à l'envers** qui peut être placé en tête de phrase ou dans la phrase devant l'exclamation.
  ¡Hasta pronto! ¡Hasta luego! À bientôt ! À plus tard !
- Le mot exclamatif ***qué*** introduit généralement l'exclamation lorsque celle-ci porte sur un nom, un adjectif, un participe ou un adverbe.
  *Comerás verduras sin decir **¡qué asco!***
  Tu mangeras des légumes sans dire : quelle horreur !

5 Les articles → p. 25

A Les articles définis

1. Les articles définis masculins et féminins

	Masculin	Féminin
Singulier	**el** (el libro, *le livre*)	**la** (la playa, *la plage*)
Pluriel	**los** (los libros, *les livres*)	**las** (las playas, *les plages*)

- Devant un nom féminin singulier commençant par **a** ou **ha** toniques, on emploie un article masculin.
  ***el agua** de mi tristeza* l'eau de ma tristesse
  En revanche, on retrouve l'article féminin au pluriel : *las aguas.*
- Précédé des prépositions ***a*** ou ***de***, l'article défini masculin singulier ***el*** se soude et se contracte.
  *Su padre lo lleva **al** colegio.* Son père le conduit au collège.
  *Miramos por la ventanilla **del** coche.*
  Nous regardons par la fenêtre de la voiture.

2. Emplois de l'article défini

- Les articles définis sont utilisés dans l'expression :
  - de **l'heure**
    *Suelen quedarse en la cama hasta **las nueve**.*
    Ils ont l'habitude de rester au lit jusqu'à 9h.
  - des **jours** de la semaine ou de **moments** déterminés
    ***Los domingos** suelen quedarse en la cama.*
    Le dimanche, ils ont l'habitude de rester au lit.
  - de **l'âge**
    *Fernando Alonso monta en kart desde **los tres años**.*
    Fernando Alonso fait du kart depuis qu'il a trois ans.
    *A **los cincuenta años**…* À cinquante ans…
    Dans ces cas, l'article correspond au genre et au nombre du nom qui peut être sous-entendu : ***las** horas*, ***los** días*, ***los** años* (les heures, les jours, les années).
- **L'article défini devant un nom de pays**
  L'espagnol n'emploie généralement pas l'article défini devant des noms de pays.
  *Vivo en Bogotá, la capital **de Colombia**.*
  Je vis à Bogota, la capitale de la Colombie.

B Les articles indéfinis

	Masculin	Féminin
Singulier	**un** (un libro)	**una** (una playa)
Pluriel	**unos** (unos libros)	**unas** (unas playas)

- Le plus souvent, l'article indéfini pluriel français « des » ne se traduit pas.
  des livres → *libros*
- L'article indéfini ne doit pas être employé devant les adjectifs ***otro***, ***medio***, ***tal***, ***semejante***, ***igual*** (autre, demi, tel, pareil, égal/même).
  *Contesta **otra** estudiante.* Une autre étudiante répond.

C L'article neutre *lo*

- Pour donner une valeur de substantif à un adjectif, l'espagnol emploie ***lo***. Il se traduit souvent littéralement.
  *Elisa se teme **lo peor**.* Élise craint le pire.

6 La numération → p. 20, 47

A Les numéraux cardinaux

0	*cero*	13	*trece*	26	*veintiséis*	100	*ciento (cien)*	10 000	*diez mil*
1	*uno*	14	*catorce*	27	*veintisiete*	101	*ciento uno*	100 000	*cien mil*
2	*dos*	15	*quince*	28	*veintiocho*	200	*doscientos (as)*	1 000 000	*un millón*
3	*tres*	16	*dieciséis*	29	*veintinueve*	300	*trescientos (as)*	100 000 000	*cien millones*
4	*cuatro*	17	*diecisiete*	30	*treinta*	400	*cuatrocientos (as)*		
5	*cinco*	18	*dieciocho*	31	*treinta y uno*	500	*quinientos (as)*		
6	*seis*	19	*diecinueve*	40	*cuarenta*	600	*seiscientos (as)*		
7	*siete*	20	*veinte*	41	*cuarenta y uno*	700	*setecientos (as)*		
8	*ocho*	21	*veintiuno*	50	*cincuenta*	800	*ochocientos(as)*		
9	*nueve*	22	*veintidós*	60	*sesenta*	900	*novecientos (as)*		
10	*diez*	23	*veintitrés*	70	*setenta*	1000	*mil*		
11	*once*	24	*veinticuatro*	80	*ochenta*	1001	*mil uno*		
12	*doce*	25	*veinticinco*	90	*noventa*	2000	*dos mil*		

*Somos **cinco**: **cuatro** niños y **una** niña.*
Nous sommes cinq : quatre garçons et une fille.

- ***Uno*** s'apocope en ***un*** devant un nom masculin et devant ***mil***. Il devient ***una*** devant un nom féminin.
  __un__ hombre un homme
- ***Ciento*** s'apocope en ***cien*** devant un nom et devant ***mil***.
  __cien__ mil cent mille
- La conjonction ***y*** ne s'emploie qu'entre les dizaines et les unités.
  cuarenta __y__ tres quarante-trois
- Les centaines à partir de 200 s'accordent avec le nom qui suit ou qui est sous-entendu.
  *doscient**as** person**as*** deux cents personnes

B Les numéraux ordinaux

primero	*sexto*
segundo	*séptimo*
tercero	*octavo*
cuarto	*noveno*
quinto	*décimo*

*Marta vive en el **séptimo** piso de una vieja casa.*
Marta vit au septième étage d'une vieille maison.

- ***Primero*** et ***tercero*** s'apocopent en ***prime**r* et ***tercer*** devant un nom masculin singulier. (Voir l'apocope, 14)
  *el **primer** párrafo* le premier paragraphe
  *el **tercer** verso* le troisième vers

7 Les indéfinis → p. 104-105

A Les adjectifs indéfinis

- Les adjectifs indéfinis fournissent des informations sur la quantité, l'intensité et l'identité du nom qu'ils déterminent.
  - **Poco(s), poca(s)** = peu de
    *Son **pocos** los recuerdos que de ella conservo.*
    Je garde peu de souvenirs d'elle.
  - **Mucho(s), mucha(s)** = beaucoup de, plein de
    *Te mandan **muchos** besos.*
    Ils t'envoient plein de baisers.
  - **Alguno(s), alguna(s)** = un(e)/quelque ; des/quelques
    *Hay **algunas cosas** que se repiten.*
    Il y a des choses qui se répètent.
  - **Ninguno, ninguna** = aucun, aucune
  - **Bastante (bastantes)** = assez de
  - **Demasiado(s), demasiada(s)** = trop de
  - **Cada** = chaque
    Cada + nom peut se traduire aussi par « tous les », « toutes les » pour exprimer la fréquence d'une action.
  - **Tanto(s), tanta(s)** = tant de

B Les pronoms indéfinis

- Les déterminants indéfinis peuvent être utilisés sans que le nom qu'ils déterminent soit exprimé.

uno(s), una(s)
alguno(s), alguna(s)
poco(s), poca(s)
mucho(s), mucha(s)
otro(s), otra(s)
cualquiera
todo(s), toda(s)

Todos empiezan a decir cómo se llaman.
Tous commencent à dire comment ils s'appellent.

- Le pronom indéfini ***alguien*** (quelqu'un) a un pendant négatif avec ***nadie*** (personne).
- Le pronom indéfini ***algo*** (quelque chose) a un pendant négatif avec ***nada*** (rien).

*Un hombre con sombrero está esperando a **alguien**.*
Un homme avec un chapeau attend quelqu'un.

*No lo sabe **nadie**.*
Personne ne le sait

*Tengo que deciros **algo**.*
Je dois vous dire quelque chose.

*No puedo prometerte **nada**.*
Je ne peux rien te promettre.

¡Ojo! ***Alguien*** et ***nadie*** ne peuvent désigner que des personnes.

8 Les possessifs → p. 40

A Les adjectifs possessifs

- Les adjectifs possessifs s'accordent en genre et en nombre avec le nom qu'ils introduisent.

	Singulier	Pluriel
1res pers.	**mi** mon, ma **nuestro**, **nuestra** notre	**mis** mes **nuestros**, **nuestras** nos
2es pers.	**tu** ton, ta **vuestro**, **vuestra** votre	**tus** tes **vuestros**, **vuestras** vos
3es pers.	**su** son	**sus** ses

Mi nombre es Alec. Mon nom est Alec.

Soy ***vuestra*** *profesora.* Je suis votre professeure.

B Les pronoms possessifs

- Les pronoms possessifs, précédés ou non de l'article, s'accordent en genre et en nombre avec le substantif auquel ils se rapportent.

	Singulier	Pluriel
1res pers.	**mío**, **mía** mien, mienne **nuestro**, **nuestra** nôtre	**míos**, **mías** miens, miennes **nuestros**, **nuestras** nôtres
2es pers.	**tuyo**, **tuya** tien, tienne **vuestro**, **vuestra** vôtre	**tuyos**, **tuyas** tiens, tiennes **vuestros**, **vuestras** vôtres
3es pers.	**suyo**, **suya** sien, sienne	**suyos**, **suyas** siens, siennes

Es mío. C'est à moi.

Son los tuyos. Ce sont les tiens.

9 Les démonstratifs → p. 105

- Les adjectifs et les pronoms démonstratifs se répartissent en 3 grands groupes, en fonction de l'éloignement dans le temps, dans l'espace et par rapport à la personne.
- Les pronoms démonstratifs ont la même forme que les adjectifs ; seul l'accent écrit portant sur la syllabe déjà tonique les différencie : ***éste*** (celui-ci), ***ése*** (celui-là), ***aquél*** (celui-là là-bas).

	Adjectifs		Pronoms	
Aquí/Yo Temps présent	**este** ce	**estos** ces	**éste** celui-ci	**éstos** ceux-ci
	esta cette	**estas** ces	**ésta** celle-ci	**éstas** celles-ci
Ahí/Tú Passé ou futur proches	**ese** ce	**esos** ces	**ése** celui-là	**ésos** ceux-là
	esa cette	**esas** ces	**ésa** celle-là	**ésas** celles-là
Allí/Él Passé ou futur très éloignés	**aquel** ce	**aquellos** ces	**aquél** celui-là	**aquéllos** ceux-là
	aquella cette	**aquellas** ces	**aquélla** celle-là	**aquéllas** celles-là

Juan se ha levantado ***esta mañana*** *a las ocho menos cuarto.*
Jean s'est levé ce matin à 8h moins le quart.

Le explicaba a mi madre lo que había aprendido ***aquel día.***
J'expliquai à ma mère ce que j'avais appris ce jour-là.

Como todas las casas de la niñez, ***ésta*** *es muy grande.*
Comme toutes les maisons de notre enfance, celle-ci est très grande.

Paco no comprende cómo alguien puede tomarse ***ese*** *desayuno.*
Paco ne comprend pas comment quelqu'un peut prendre un petit-déjeuner comme celui-là.

- Il existe également une forme neutre : ***esto***, ***eso***, ***aquello*** obéissant aux mêmes valeurs que les adjectifs et les autres pronoms.
Me acordé de todo ***eso.***
Je me suis souvenu de tout cela.
¡Qué lejos están ***aquellos tiempos****!*
Que ces temps-là sont lointains !

10 Les adjectifs qualificatifs → p. 25

A Le féminin des adjectifs qualificatifs

- Les adjectifs qualificatifs se terminant par ***-o*** ont un féminin en ***-a***.
Fernando Alonso es un piloto ***famoso****… Penélope Cruz es una actriz* ***famosa.***
Fernando Alonso est un pilote célèbre… Penélope Cruz est une actrice célèbre.
- Les adjectifs qualificatifs se terminant par une consonne prennent généralement un ***-a***.
Es un piloto ***español*** *famoso… Es una actriz* ***española*** *famosa.*
C'est un célèbre pilote espagnol… C'est une célèbre actrice espagnole.
- Les autres adjectifs ont une forme commune au masculin et au féminin.
un chico alegre, una chica alegre
un garçon joyeux, une fille joyeuse

B Le pluriel des adjectifs qualificatifs

- Les adjectifs qualificatifs se terminant par une voyelle non accentuée ont un pluriel en ***-s***.
*un chico contento → unos chicos contento**s***

una chica contenta → *unas chicas contentas*
un chico/una chica alegre → *unos chicos/unas chicas alegres*

*Quisiera ser tu **alegre** corazón.*
Je voudrais être ton cœur joyeux.

*Salen los niños **alegres**...*
Les enfants sortent, joyeux...

- Les adjectifs qualificatifs se terminant par une consonne ou une voyelle accentuée ont un pluriel en ***-es***.
mejor > *mejor**es*** meilleur / meilleurs

- Les adjectifs se terminant par un ***-z*** ont un pluriel en ***-ces***.
capaz → *capa**ces*** capable / capables

¡Ojo! Les adjectifs composés qui représentent une couleur sont invariables.

*Una camiseta **azul oscuro**.* Une chemisette bleue foncée.

11 Les comparatifs → p. 73

- Les comparatifs établissent des rapports de supériorité, d'infériorité ou d'égalité.
  - Le comparatif de **supériorité** s'exprime avec ***más... que***

*Se levanta **más** temprano **que** de costumbre.*
Il se lève plus tôt que d'habitude.

  - Le comparatif **d'infériorité** s'exprime avec ***menos... que***

menos** temprano **que moins tôt que

  - Le comparatif **d'égalité** s'exprime avec ***tan... como***

tan** temprano **como aussi tôt que

¡Ojo! Dans le comparatif d'égalité le « que » se traduit par « como ».

- Il existe des adjectifs comparatifs irréguliers qui s'accordent en nombre avec le nom qu'ils déterminent.

mejor(es) (mieux) ≠ ***peor(es)*** (pire(s))

mayor(es) (plus grand(s)) ≠ ***menor(es)*** (plus petit(s))

12 Les superlatifs → p. 116, 118

A Les superlatifs relatifs

- Les superlatifs relatifs de supériorité : ***el/la más***, ***los/las más***
*Quisiera ser **la más bella canción**.*
Je voudrais être la plus belle chanson.

- Les superlatifs relatifs d'infériorité : ***el/la menos***, ***los/las menos***

¡Ojo! Contrairement au français, l'article employé devant le nom n'est pas répété devant l'adjectif.

*Quisiera ser la canción **más bella**.*
Je voudrais être la chanson la plus belle.

B Les superlatifs absolus

- Les superlatifs absolus servent à intensifier ou nuancer une qualité : ***muy***, ***bien***.

*Es **muy guapa**.*
Elle est très belle.

*Prepara un café **bien fuerte**.*
Elle prépare un café bien fort.

- Pour signifier l'intensité ou l'excellence, on peut employer le superlatif absolu qui se forme généralement en ajoutant à l'adjectif le suffixe ***-ísimo(s)***, ***-ísima(s)***.

*Es **monísimo**.*
Il est très mignon.

13 Les suffixes *-ito* et *-illo* → p. 96

Les diminutifs

- Les diminutifs nuancent les mots auxquels ils se rattachent (notions de petitesse, d'affection, marques d'admiration ou de mépris).
  - Pour les mots se terminant par une voyelle, les diminutifs sont généralement en :

–ito/–ita, –illo/–illa.
*En el bols**illo** de dentro tienes unas gallet**itas**.*
Dans la petite poche intérieure, tu as de bons petits biscuits.

  - Les prénoms ont aussi leur diminutif.
*Mi nombre es **Manolito**.*

14 L'apocope → p. 131

- L'apocope est la chute de la voyelle ou de la syllabe finales de certains mots devant un nom masculin singulier : ***bueno*** (bon), ***malo*** (mal, mauvais), ***uno/ alguno***, (un), ***ninguno*** (aucun), ***primero*** (premier), ***tercero*** (troisième).

Grande (grand) ***cualquiera*** (n'importe quel, quelle) s'apocopent devant un nom féminin ou masculin singulier.

*Un **buen desayuno**.* Un bon petit-déjeuner.

*Quisiera ser tu **gran amor**.* Je voudrais être ton grand amour.

*Mi **primer saludo**.* Mon premier salut.

15 Les pronoms → p. 24

A Les pronoms personnels sujets

(→ le vouvoiement, 16)

Espagnol	Français
yo	je
tú	tu
él, ella, usted	il, elle, vous (politesse)
nosotros, nosotras	nous
vosotros, vosotras	vous
ellos, ellas, ustedes	ils, elles, vous (politesse)

- En espagnol, les pronoms personnels sujets ne sont pas nécessaires, car chaque terminaison verbale est différente : *hablo*, *habl**as***, *habl**a***, *habl**amos***, *habl**áis***, *habl**an***, et indique une personne précise. Les pronoms sujets marquent donc une valeur d'insistance.

Yo me llamo Carmen. Moi, je m'appelle Carmen.

- Le pronom personnel sujet est parfois nécessaire lorsqu'il peut y avoir confusion.

*Cuando mamá se levanta **ella** ya ha desayunado.*
Quand maman se lève, la grand-mère a déjà pris son petit-déjeuner.

Dans cet exemple, *ella* est une autre personne que *mamá* sinon le pronom sujet n'apparaîtrait pas. Le contexte nous indique qu'il s'agit de *la abuela*.

B Les pronoms personnels compléments

(→ le vouvoiement, 16)

1. Les pronoms personnels compléments non introduits par une préposition

COD	COI	Réfléchi
	me	
	te	
lo, la, le	**le**	**se**
	nos	
	os	
los, las, les	**les**	**se**

- Les pronoms personnels compléments directs, indirects et réfléchis peuvent avoir une forme commune ou une forme différente suivant les personnes.

***Me** llamo Carmen.*
Je m'appelle Carmen.

*Trabajas demasiado – **le** dice.*
Tu travailles trop – lui dit-il.

- Lorsque deux pronoms se rapportent au verbe, l'ordre est le suivant : d'abord le pronom indirect ; ensuite, le pronom direct.

***Te lo** prohíbo.*
Je te l'interdis.

¡Ojo! L'enclise est obligatoire pour les pronoms compléments à l'infinitif, au gérondif et à l'impératif affirmatif. Dans ce cas, les pronoms compléments sont soudés à la fin du verbe.

*Tengo que **deciros** algo.*
Je dois vous dire quelque chose.

2. Les pronoms personnels compléments introduits par une préposition

	Singulier	Pluriel
1res personnes	**mí**	**nosotros, nosotras**
2e personnes	**ti**	**vosotros, vosotras**
3e personnes	**él, ella usted**	**ellos, ellas, ustedes**
réfléchis	**sí**	**sí**

*Para **ella**, sería lo peor.*
Pour elle, ce serait le pire.

- Avec la préposition ***con***, l'espagnol emploie des formes spéciales à la 1re personne et à la 2e personne du singulier (***conmigo***, ***contigo***) ainsi qu'à la forme réfléchie (***consigo***).

*No contéis **conmigo**.*
Ne comptez pas sur moi.

*¡Contamos **contigo**!*
Nous comptons sur toi !

C Les pronoms relatifs

- ***Que*** est le pronom relatif le plus fréquemment employé.

*Recibí la flecha **que** me asignó Cupido.*
Je reçus la flèche que me décocha Cupidon.

- ***Quien (quienes)*** (celui (celle) qui, ceux (celles) qui), ne peut représenter qu'une (des) personne(s).
- ***El (los) que, la (las) que*** (celui (ceux) qui, celle (celles) qui), peuvent représenter des personnes ou des choses.
- ***Lo que*** (ce que) : le pronom ***lo*** peut accompagner ***que***.

*Le explicaba a mi madre **lo que** había aprendido.*
J'expliquai à ma mère ce que j'avais appris.

16 Le vouvoiement → p. 63

- ***Vosotros, as*** s'emploie pour s'adresser à plusieurs personnes que l'on tutoie. Il correspond à la deuxième personne du pluriel.

*¿Y **vosotros**? ¿Quiénes **sois**? ¿Dónde **vivís**? ¿Cuántos años **tenéis**?*
Et vous ? Qui êtes-vous ? Où vivez-vous ? Quel âge avez-vous ?

¡Ojo! Bien employer les possessifs et les pronoms correspondants (Voir les possessifs, 8 et les pronoms personnels, 15.A,B,C)

*Soy **vuestra** profesora. ¿Cómo **os** llam**áis**?*
Je suis votre professeure. Comment vous appelez-vous ?

- ***Usted(es)*** correspond au « vous » de politesse qui est employé pour s'adresser à une ou plusieurs personnes que l'on vouvoie. ***Usted*** et ***ustedes*** correspondent aux 3es personnes du singulier et du pluriel. Comme pour les autres pronoms sujets, ils peuvent ne pas apparaître.

*¿**Es (usted)** de Madrid?*
Êtes-vous de Madrid ?

¡Ojo! Bien employer les possessifs et les pronoms correspondants (Voir les possessifs et les pronoms, 15.B)

17 L'infinitif

Les verbes espagnols sont classés en 3 groupes, selon leur terminaison :

verbes se terminant en ***– ar*** (*hablar*) ; verbes se terminant en ***– er*** (*comer*) ; verbes se terminant en ***– ir*** (*vivir*).

18 L'indicatif *(→ tableau de conjugaisons, p. 162-165)*

L'espagnol emploie le mode indicatif dans la proposition principale comme en français.

*Papá y mamá **están** en casa.*
Papa et maman sont à la maison.

En revanche, dans la proposition subordonnée, l'indicatif n'est employé que pour l'expression d'une réalité.

*Para nosotros es fácil **porque hablamos** la misma lengua.*
Pour nous, c'est facile car nous parlons la même langue.

***Cuando mamá se levanta** ella (la abuela) ya ha desayunado.*
Quand maman se lève, elle (la grand-mère) a déjà pris son petit-déjeuner.

(Voir 20, Le subjonctif)

A Le présent des verbes réguliers

(→ tableau de conjugaisons, p. 162)

- Formation

-verbes en ***– ar : -o, -as, -a, -amos, -áis, -an***
-verbes en ***– er : -o, -es, -e, -emos, -éis, -en***
-verbes en ***– ir : -o, -es, -e, -imos, -ís, -en***

B Le futur (→ tableau de conjugaisons, p. 163, 165)

- Formation
  - La terminaison est la même pour tous les verbes : infinitif + ***– é***, ***– ás***, ***– á***, ***– emos***, ***– éis***, ***– án***.

¡Ojo! Modification orthographique du radical de certains verbes.

Haber: habré, habrás…
Decir: diré, dirás…
Hacer: haré, harás…
Tener: tendré, tendrás…
Poder: podré, podrás…
Poner: pondré, pondrás…
Salir: saldré, saldrás …
Venir: vendré, vendrás…

*Será una boda sencilla; sólo **vendrá** la familia.*
Ce sera un mariage simple, il n'y a que la famille qui viendra.

- Pour rendre une idée de futur, l'espagnol emploie le futur mais il peut également, comme en français, employer le verbe ***ir a*** au présent de l'indicatif suivi d'un infinitif.

*Te compraré un regalo. / ¿Qué me **vas a regalar**?*
Je t'achèterai un cadeau. / Que vas-tu m'offrir?

C Le passé composé (⟶ tableau de conjugaisons, p. 163, 165)

- Formation : ***haber*** au présent (***he***, ***has***, ***ha***, ***hemos***, ***habéis***, ***han***) + participe passé (verbes en ***– ar*** : ***– ado*** ; verbes en ***– er*** et ***– ir*** : ***– ido***).
- Le passé composé présente une action commencée dans le passé qui se prolonge dans le présent et n'est pas considérée comme terminée.

Juan se ha dado cuenta de que hay algunas cosas que se repiten.
Juan s'est rendu compte que certaines choses se répètent.

¡Ojo! Certains participes passés sont irréguliers : ***escrito*** (escribir), ***dicho*** (decir), ***visto*** (ver)...

D L'imparfait (⟶ tableau de conjugaisons, p. 162, 164)

- Formation
  - Pour les verbes en ***– ar*** : radical + ***-aba***, ***-abas***, ***-aba***, ***-ábamos***, ***-abais***, ***-aban***
  - Pour les verbes en ***– er*** et ***– ir*** : radical + ***-ía***, ***-ías***, ***-ía***, ***-íamos***, ***-íais***, ***-ían***

¡Ojo! 3 verbes ont des imparfaits irréguliers :

ir: iba, ibas, iba, íbamos, ibais, iban.
ser: era, eras, era, éramos, erais, eran.
ver: veía, veías, veía, veíamos, veíais, veían.

- Comme en français, l'imparfait est employé pour évoquer une action ou un état dans le passé qui s'inscrit dans la durée, la continuité ou l'habitude.

*Natalia **llevaba** bisutería ostentosa.*
Nathalie portait des bijoux voyants.

*Te **volvías** y nos **mirábamos** y nos **sonreíamos**.*
Tu te retournais et nous nous regardions et nous nous souriions.

E Le passé simple (⟶ tableau de conjugaisons, p. 163, 165)

- Formation des verbes réguliers
  - Pour les verbes en ***– ar*** : ***– é***, ***– aste***, ***– ó***, ***– amos***, ***– asteis***, ***– aron***
  - Pour les verbes en ***– er*** et ***– ir*** : ***– í***, ***– iste***, ***– ió***, ***– imos***, ***– isteis***, ***– ieron***

*« Pareces una pastora, hija », le **comenté** un día en broma.*
« Tu ressembles à une bergère », lui dis-je un jour en plaisantant.

19 Le conditionnel (⟶ *tableau de conjugaisons, p. 163-165*)

Comme pour le futur, la terminaison est la même pour tous les verbes.

- Formation
  - Verbe à l'infinitif + ***– ía***, ***– ías***, ***– ía***, ***– íamos***, ***– íais***, ***– ían***
  - Comme pour le futur, le radical de certains verbes est modifié.

tener: tendría…
venir: vendría…
haber: habría…
decir: diría…
hacer: haría…

- Le conditionnel exprime une éventualité, une supposition.

*No puedo prometerte nada, no **sería** justo.*
Je ne peux rien te promettre, ce ne serait pas juste.

¡Ojo! Le conditionnel du verbe ***querer*** ***(querría...)*** est très peu usité : il est généralement remplacé par l'imparfait du subjonctif ***(quisiera...)***.

***Quisiera** ser tu gran amor.*
Je voudrais être ton grand amour.

20 Le subjonctif (⟶ *tableau de conjugaisons, p. 162, 164*)

- Formation :
  - Pour les verbes en ***– ar*** : radical + ***– e***, ***– es***, ***– e***, ***– emos***, ***– éis***, ***– en***
  - Pour les verbes en ***– er*** et ***– ir*** : radical + ***– a***, ***– as***, ***– a***, ***– amos***, ***– áis***, ***– an***

*Quiero que me lo **jures**.*
Je veux que tu me le jures.

- L'espagnol emploie le mode subjonctif lorsqu'il s'agit d'une action non réalisée. Ainsi, dans une proposition subordonnée avec une valeur de futur, l'espagnol emploie le subjonctif.

***Cuando esté** conmigo, tendré que cuidarlo.*
Quand il sera avec moi, je devrai m'en occuper.

***En cuanto llegues** me llamas*
Dès que tu arriveras, tu m'appelles.

On peut le trouver après des adverbes comme ***tal vez***, ***quizá***, ***quizás***, ***acaso*** (« peut-être ») selon que le caractère hypothétique est plus ou moins marqué.

21 Les impératifs → p. 104

- Les impératifs espagnols comptent cinq personnes à cause des trois formes de « vous » : ***usted***, ***vosotros***(***as***), ***ustedes***.

A L'impératif affirmatif

- Formation

L'impératif affirmatif est formé à partir du subjonctif sauf pour les deuxièmes personnes du singulier et du pluriel : *trabaja/aprende* (*tú*) ; *trabajad/aprended* (*vosotros,as*).

	verbes en **- ar**	verbes en **- er**	verbes en **- ir**
tú	trabaja	aprende	vive
usted	trabaje	aprenda	viva
nosotros, as	trabaj**emos**	aprend**amos**	viv**amos**
vosotros, as	trabaj**ad**	aprend**ed**	viv**id**
ustedes	trabaj**en**	aprend**an**	viv**an**

- Certaines 2es personnes du singulier ont des formes irrégulières : ***ser***: *sé* ; ***decir***: *di* ; ***hacer***: *haz* ; ***poner***: *pon* ; ***salir***: *sal* ; ***tener***: *ten* ; ***venir***: *ven*.

*Ven con nosotros; **di** que sí.*
Viens avec nous ! dis oui !

¡Ojo! L'enclise est obligatoire pour l'impératif affirmatif.

***Acuérdate** de ponerte el aparato para dormir.*
Pense à mettre ton appareil pour dormir.

B L'impératif négatif

- Formation

À l'impératif négatif, on utilise les formes du subjonctif présent.

	verbes en **- ar**	verbes en **- er**	verbes en **- ir**
tú	no trabaj**es**	no aprend**as**	no viv**as**
usted	no trabaje	no aprenda	no viva
nosotros, as	no trabaj**emos**	no aprend**amos**	no viv**amos**
vosotros, as	no trabaj**éis**	no aprend**áis**	no viv**áis**
ustedes	no trabaj**en**	no aprend**an**	no viv**an**

¡Ojo! Pas d'enclise a l'impératif négatif.

***No cuentes** a mi padre que mamá ha muerto.*
Ne raconte pas à papa que maman est morte.

22 Le participe passé → p. 57

- Formation
  - verbes en **- *ar*** : ***-ado*** — *hablar* > *habl**ado***
  - verbes en **- *er*** et **- *ir*** : ***-ido*** — *comer* > *com**ido*** ; *vivir* > *viv**ido***
- Lorsqu'il est employé avec l'auxiliaire ***haber***, le participe passé est toujours invariable.
- Lorsqu'il est employé comme adjectif, le participe passé s'accorde en genre et en nombre avec le nom qu'il détermine.

*La librería **especializada**.*
La librairie spécialisée.

23 Le gérondif → p. 56

- Formation
  - Pour les verbes en **- *ar*** : **- *ando***
    hablar > *habl**ando***
  - Pour les verbes en **- *er*** et **- *ir*** : **- *iendo***
    comer > *com**iendo***; *vivir* > *viv**iendo***

*Aprovech**ando** que tu madre rezaba con los ojos cerrados, nos mirábamos.*
Profitant que ta mère priait les yeux fermés, nous nous regardions.

*Está amane**ciendo**.*
Le jour se lève.

- Le ***i*** de **- *iendo*** se change en **- *y*** lorsqu'il se trouve entre deux voyelles, c'est-à-dire lorsque le radical du verbe se termine par une voyelle.

leer → leyendo

24 L'enclise → p. 104

- L'enclise est la soudure du pronom complément au verbe lorsque celui-ci est à l'infinitif, au gérondif ou à l'impératif affirmatif.

*Tiene tiempo de **darle** dos besos.*
Elle a le temps de lui donner deux baisers.

***Llámame** o **mándame** un mensaje.*
Appelle-moi ou envoie-moi un message.

25 Ser et estar → p. 24, 40

A Le verbe *ser*

- Le verbe ***ser*** est utilisé pour exprimer une qualité essentielle, définir, caractériser.

  Soy vuestra profesora.
  Je suis votre professeure.

  Soy argentino.
  Je suis argentin.

  Es el cuarto de jugar.
  C'est la salle de jeux.

- Avec des adjectifs comme ***cierto***, ***evidente***, ***fácil***, ***difícil***, ***frecuente***, ***imposible***, ***improbable***, ***indispensable***, ***interesante***, ***necesario***, ***posible***, ***preciso***, ***probable***, on emploie toujours ***ser***.

  *La casa tiene muchos metros y no **es difícil** perderse en ella.*
  La maison est grande et il n'est pas difficile de s'y perdre.

B Le verbe *estar*

- Le verbe ***estar*** est employé pour exprimer une situation dans le temps ou l'espace.

  *Hay un granero donde **está** el estudio de pintura de mi madre.*
  Il y a un grenier où se trouve l'atelier de peinture de ma mère.

- Le verbe ***estar*** est utilisé lorsqu'il présente le résultat d'une action ou pour décrire un état, souvent passager, qui correspond à une circonstance.

  *Pronto va a llover y **el cielo está gris**.*
  Il va bientôt pleuvoir et le ciel est gris.

- Le verbe ***estar*** suivi d'un gérondif marque la forme progressive (→ Les aspects de l'action, 26)

  Está amaneciendo.
  Le jour se lève.

26 Les aspects de l'action → p. 46, 56, 132, 134

A La forme progressive

Le fait d'utiliser ***estar***, ***ir*** ou ***seguir*** + gérondif, permet de donner un aspect de durée à l'action, un aspect dynamique ou un aspect de continuité.

*La abuela **está esperando** el domingo.*
La grand-mère attend (est en train d'attendre) le dimanche.

B L'expression de la répétition

L'idée de répétition s'exprime avec ***volver a*** + infinitif ou un verbe + ***de nuevo***/***otra vez*** :

Empieza a andar otra vez.
Il recommence à marcher.

*Pues he **vuelto a** venir. Y he **vuelto a** pasear por nuestra playa.*
Je suis revenue. Et je me suis promenée à nouveau sur notre plage.

C L'habitude avec le verbe *soler* (avoir l'habitude de)

L'idée d'habitude et de fréquence peut être rendue par le verbe ***soler*** + infinitif

*Los domingos **suelen** quedarse en la cama.*
Le dimanche, ils ont l'habitude de rester au lit.

27 La négation → p. 18, 104, 105

- Pour que le verbe ait un sens négatif, il doit toujours être précédé d'une négation : ***no***, ***ni***, ***nunca*** (« jamais »), ***nada*** (« rien »), ***nadie*** (« personne »), ***ninguno,a*** (« aucun,e »), ***ni/siquiera*** (« même pas »).
- L'adverbe ***no*** est toujours avant le verbe. Il peut être employé seul pour nier l'ensemble de la phrase.

  *El hombre **no** es viejo, **no** es joven.*
  L'homme n'est pas vieux, il n'est pas jeune.

- ***No*** peut être aussi employé avec les autres termes négatifs placés après le verbe.

  ***No** lo sabe **nadie**.*
  Personne ne le sait.

  Si ***nunca***, ***nada***, ***nadie***, ***ninguno,a***, ***ni siquiera*** sont placés avant le verbe, ***no*** disparaît.

  ***Nadie** lo sabe.*

28 Les adverbes → p. 105

A Les adverbes de lieu *aquí, acá, ahí, allí, allá*

- ***Aquí***, ***acá*** s'utilisent pour désigner ce qui est proche du locuteur.

  ***Aquí** dicen "dinero" y en Argentina "plata".*
  Ici, on dit "dinero" et en Argentine "plata".

- ***Ahí*** indique ce qui se trouve à moyenne distance.

  *Yo duermo **ahí** –y señala la puerta de la izquierda.*
  Je dors là – et il montre la porte de gauche.

- ***Allí***, ***allá*** indiquent ce qui est éloigné.

Por allí, por allá, a Castilla se va.
Par là, par là-bas, en Castille on va.

B Les adverbes de quantité et d'intensité *poco, mucho, tanto, bastante, demasiado*

poco (peu), *mucho* (beaucoup), *tanto* (tant), *demasiado* (trop), *bastante* (assez), modifient un verbe, un adjectif ou un adverbe et conservent dans ces cas leur statut d'adverbe. Ils sont donc invariables.

*Me acuerdo **mucho** de ti.* Je me souviens beaucoup de toi.
*Trabajas **demasiado**.* Tu travailles trop.

*Es muy moreno y **bastante** bajo.*
Il est très brun et assez petit.

C La place de l'adverbe avec un verbe aux temps composés

Lorsqu'il est employé avec un verbe à un temps composé, l'adverbe ne doit jamais séparer l'auxiliaire de son participe passé. Il se place avant ou après le verbe, suivant le cas.

*Cuando mamá se levanta, la abuela ya **ha desayunado**.*
Quand maman se lève, ma grand-mère a déjà déjeuné.

29 Les prépositions → p. 97

A La préposition *a*

- La préposition ***a*** précède un complément d'objet dans le cas où celui-ci est un être animé.

*La abuela está esperando el domingo para ver **a mis padres**.*
Ma grand-mère attend le dimanche pour voir mes parents.

- La préposition ***a*** s'emploie après un verbe de mouvement comme ***ir***, ***salir***, ***viajar***, ***dirigirse***. Cette idée de mouvement implique souvent une idée de but :

***Salen al** pasillo en fila india.*
Ils sortent dans le couloir en file indienne.

*Se viste y **se va a** la pastelería **a comprar** croissants.*
Elle s'habille et va à la pâtisserie acheter des croissants.

B La préposition *con* (« avec »)

- La préposition ***con*** introduit une notion d'accompagnement, de manière ou de moyen.

*Vivo en Barcelona **con mis padres**.*
Je vis à Barcelone avec mes parents.

*Miramos **con atención**.*
Nous regardons avec attention.

C Les prépositions *de*, *desde* et *hasta* (« de », « depuis », « jusqu'à »)

- La préposition ***de*** introduit l'origine.

*Soy **de Berlín**.*
Je suis de Berlin.

- La préposition ***de*** se trouve dans l'expression d'une date, entre les jours et les mois et entre les mois et l'année.

*Fecha de nacimiento : 3 **de** junio **de** 1986.*
Date de naissance : 3 juin 1986.

- La préposition ***de*** introduit un complément déterminatif et indique la matière dont est faite une chose.

*La casa es **de muros** blancos, ventanas y puertas **de madera**.*
La maison a des murs blancs, des fenêtres et des portes en bois.

- La préposition ***desde*** indique le lieu de départ, d'origine dans l'espace ou dans le temps, ***hasta*** le point d'arrivée.

*Fernando Alonso monta en kart **desde los tres años**.*
Fernando Alonso fait du kart depuis qu'il a trois ans.

*Doña Blanca ve cómo el hombre corre **hasta** el portal.*
Doña Blanca regarde comment l'homme court jusqu'au portail.

D La préposition *en*

- La préposition ***en*** sert à localiser lorsqu'il n'y a pas de mouvement.

*Vivo **en Barcelona**.*
Je vis à Barcelone.

- La préposition ***en*** se trouve également dans l'expression ***en casa (de)*** avec le sens de « chez ».

*Carol está **en casa de** su abuelo.*
Carol est chez son grand-père.

E La préposition *para* (« pour »)

- La préposition ***para*** introduit un complément d'objet indirect.

*Pone la mesa **para** todos.*
Elle met le couvert pour tout le monde.

- La préposition ***para*** introduit un point de vue.

***Para nosotros** es fácil.*
Pour nous, c'est facile.

- La préposition ***para*** exprime une idée de destination ainsi que de but et de finalité.

*Suelen quedarse en la cama **para descansar**.*
Ils ont l'habitude de rester au lit pour se reposer.

F La préposition *por* (« par »)

- La préposition ***por*** s'emploie dans l'expression de la cause.

*Un silencio hecho pedazos **por risas**.*
Un silence interrompu par des rires.

- La préposition ***por*** peut introduire un élément temporel.

Los domingos ***por la mañana*** *mi abuela se levanta.*
Le dimanche matin ma grand-mère se lève.

- La préposition ***por*** précise la manière ou le moyen.

Miramos con atención ***por la ventanilla del coche.***
Nous regardons avec attention par la fenêtre de la voiture.

- La préposition ***por*** introduit une notion d'espace en donnant une idée de mouvement et de passage.

Quiero ir ***por allí,*** *quiero ir* ***por allá.***
Je veux aller par ici, je veux aller par là.

- La préposition ***por*** introduit une notion d'échange, de prix.

Puedo obtener dos entradas para el concierto de la Mala Rodriguez. Las venden ***por*** *35 euros.*
Je peux obtenir deux billets pour le concert de la Mala Rodriguez. Ils les vendent à 35 euros.

- La préposition ***por*** introduit une notion d'intérêt.

Quisiera saber qué sientes tú ***por*** *mí.*
Je voudrais savoir ce que tu ressens pour moi.

G La préposition *hacia* (« vers »)

La préposition ***hacia*** marque le mouvement.

Mira ***hacia las ventanas*** *del piso.*
Il regarde vers les fenêtres de l'étage.

H La préposition *sin* (« sans »)

La préposition ***sin*** signifie l'absence, le manque.

No puedo prometerte nada ***sin*** *saber de lo que se trata.*
Je ne peux rien te promettre sans savoir de quoi il s'agit.

30 Les conjonctions *y* et *o*

- La conjonction de coordination ***y*** (« et ») lie des mots, des groupes de mots ou des propositions.

Hablo castellano ***y*** *catalán.*
Je parle castillan et catalan.

¡Ojo! Elle se transforme en ***e*** devant un autre ***i*** ou ***hi***.

Hablo castellano, gallego ***e inglés.***
Je parle castillan, galicien et anglais.

Una niña sencilla ***e inocente.***
Une fille simple et innocente.

- La conjonction ***o*** (« ou ») donne le choix entre deux éléments.

Llámame ***o*** *mándame un mensaje.*
Appelle-moi ou envoie-moi un message.

¡Ojo! Elle se transforme en ***u*** devant un mot commençant par le son ***o*** : ***u otro***

31 La construction de *gustar, encantar...* → p. 72

- Pour exprimer une opinion, une préférence ou un sentiment, l'espagnol peut utiliser certains verbes à la 3e personne du singulier ou du pluriel selon l'élément généralement placé après le verbe.

A Elena ***le gusta la cocina,*** *a Elena* ***le gustan los perros.***
Hélène aime la cuisine, Hélène aime les chiens.

Me gustaría *mucho ir al cine.*
J'aimerais beaucoup aller au cinéma.

Me encanta el rap.
J'adore le rap.

32 L'obligation → p. 57, 104

- L'obligation peut s'exprimer de façon personnelle ou de façon impersonnelle.
  - Certains verbes admettent la personne : ***tener que*** + infinitif ; ***deber*** + infinitif (« devoir + infinitif »).

    Juan comprende que ***tiene que vestirse*** *rápido.*
    Jean comprend qu'il doit s'habiller rapidement.

  - D'autres n'indiquent pas une personne déterminée : ***haber que*** (au présent : ***hay que***) + infinitif ; ***es necesario/ preciso*** + infinitif (« il faut »).

33 Les équivalents de « il y a »

- Pour traduire « il y a » et présenter des objets et des personnes, l'espagnol emploie le verbe ***haber*** à la forme impersonnelle donc invariable.

*Detrás **hay** un granero.*
Derrière, il y a une grange.

- Lorsque « il y a » est suivi d'un élément temporel, il est rendu par le verbe ***hacer***, à la 3e personne du singulier.

***Hace** seis años que vivo en Barcelona.*
Il y a six ans que je vis à Barcelone.

34 Les équivalents de « on »

Le « on » français peut être traduit de plusieurs façons en espagnol, comme par :

- ***se*** pronom sujet indéfini:

*En Barcelona, **se** habla catalán.*
A Barcelone, on parle catalan.

- la 3e personne du pluriel:

*Aquí **dicen** "dinero" y en Argentina "plata".*
Ici, on dit "dinero" et en Argentine "plata".

35 Les équivalents de « devenir »

- L'espagnol traduit le verbe français « devenir » de différentes façons, selon les cas d'emploi et selon qu'il introduit un adjectif ou un nom.

  - ***Ponerse*** + adjectif rend compte d'une transformation passagère.

*El cielo **se pone** gris.*
Le ciel devient gris.

  - D'un emploi proche, on trouve ***volverse*** + adjectif avec une idée de transformation plus rapide et ***hacerse*** + adjectif avec une idée de transformation plus progressive.

*La discusión **se vuelve** violenta.*
La discussion devient violente.

*Los hombres del pueblo **se hacen** viejos.*
Les hommes du village deviennent vieux.

  - ***Convertirse en*** + nom rend compte d'une transformation déterminante.

*Los jóvenes de hoy día **se convierten en** internautas apasionados.*
Les jeunes d'aujourd'hui deviennent des internautes passionnés.

36 Les verbes de demande *preguntar* et *pedir*

- Il faut bien différencier la demande-question introduite par le verbe ***preguntar*** (⟶ L'interrogation, 3) de la demande-ordre introduite par le verbe ***pedir***.

  - Le verbe ***preguntar*** est suivi d'un mot interrogatif

*El chico le **pregunta** a su amiga **cuándo** va a volver.*
Le garçon demande à son amie quand est-ce qu'elle va revenir.

  - Le verbe ***pedir*** est suivi d'une ***proposition au subjonctif***.

*Le **pide** que le **prometa**.*
Elle lui demande de lui promettre.

Conjugaisons

Infinitivo *(infinitif)*	**Presente de indicativo** *(indicatif présent)*	**Presente de subjuntivo** *(subjonctif présent)*	**Imperativo** *(impératif)*	**Pretérito imperfecto de indicativo** *(indicatif imparfait)*

Verbes réguliers

HABLAR *parler*	hablo hablas habla	hablamos habláis hablan	hable hables hable	hablemos habléis hablen	habla hable hablemos	hablad hablen	hablaba hablabas hablaba	hablábamos hablabais hablaban
APRENDER *apprendre*	aprendo aprendes aprende	aprendemos aprendéis aprenden	aprenda aprendas aprenda	aprendamos aprendáis aprendan	aprende aprenda aprendamos	aprended aprendan	aprendía aprendías aprendía	aprendíamos aprendíais aprendían
VIVIR *vivre*	vivo vives vive	vivimos vivís viven	viva vivas viva	vivamos viváis vivan	vive viva vivamos	vivid vivan	vivía vivías vivía	vivíamos vivíais vivían

Verbes à diphtongue e → ie o → ue

PENSAR *penser*	pienso piensas piensa	pensamos pensáis piensan	piense pienses piense	pensemos penséis piensen	piensa piense pensemos	pensad piensen	pensaba pensabas pensaba	pensábamos pensabais pensaban
CONTAR *raconter*	cuento cuentas cuenta	contamos contáis cuentan	cuente cuentes cuente	contemos contéis cuenten	cuenta cuente contemos	contad cuenten	contaba contabas contaba	contábamos contabais contaban

Verbes à affaiblissement e → i

PEDIR *demander*	pido pides pide	pedimos pedís piden	pida pidas pida	pidamos pidáis pidan	pide pida pidamos	pedid pidan	pedía pedías pedía	pedíamos pedíais pedían
SERVIR *servir*	sirvo sirves sirve	servimos servís sirven	sirva sirvas sirva	sirvamos sirváis sirvan	sirve sirva sirvamos	servid sirvan	servía servías servía	servíamos servíais servían

Se conjuguent sur le même modèle : CORREGIR, DESPEDIR, MEDIR, REÍR, REPETIR, SEGUIR.

Verbes à alternance e → ie et i o → ue et u

PREFERIR *préférer*	prefiero prefieres prefiere	preferimos preferís prefieren	prefiera prefieras prefiera	prefiramos prefiráis prefieran	prefiere prefiera prefiramos	preferid prefieran	prefería preferías prefería	preferíamos preferíais preferían
DORMIR *dormir*	duermo duermes duerme	dormimos dormís duermen	duerma duermas duerma	durmamos durmáis duerman	duerme duerma durmamos	dormid duerman	dormía dormías dormía	dormíamos dormíais dormían

Se conjuguent sur le même modèle : DIVERTIR, MENTIR, SENTIR, SUGERIR.

Verbes en -acer / -ecer / -ocer / -ucir c → zc

PARECER *paraître*	parezco pareces parece	parecemos parecéis parecen	parezca parezcas parezca	parezcamos parezcáis parezcan	parece parezca parezcamos	pareced parezcan	parecía parecías parecía	parecíamos parecíais parecían

Se conjuguent sur le même modèle : CONOCER, NACER, OBEDECER, PADECER, PERTENECER, RELUCIR.

Verbes en -ducir c → zc c → j

CONDUCIR *conduire*	conduzco conduces conduce	conducimos conducís conducen	conduzca conduzcas conduzca	conduzcamos conduzcáis conduzcan	conduce conduzca conduzcamos	conducid conduzcan	conducía conducías conducía	conducíamos conducíais conducían

Se conjuguent sur le même modèle : DEDUCIR, INTRODUCIR, PRODUCIR, TRADUCIR, SEDUCIR.

Verbes en -uir i → y

CONSTRUIR	construyo construyes construye	construimos construís construyen	construya construyas construya	construyamos construyáis construyan	construye construya construyamos	construid construyan	construía construías construía	construíamos construíais construían

Se conjuguent sur le même modèle : CONCLUIR, CONSTITUIR, CONTRIBUIR, HUIR, INFLUIR, SUSTITUIR.

Pretérito perfecto (*passé composé*)		Pretérito indefinido (*passé simple*)		Futuro (*futur*)		Condicional (*conditionnel*)		Gerundio - Participio pasivo (*participe passé*)	
he hablado	hemos hablado	hablé	hablamos	hablaré	hablaremos	hablaría	hablaríamos	g.	hablando
has hablado	habéis hablado	hablaste	hablasteis	hablarás	hablaréis	hablarías	hablaríais	p. p.	hablado
ha hablado	han hablado	habló	hablaron	hablará	hablarán	hablaría	hablarían		
he aprendido	hemos aprendido	aprendí	aprendimos	aprenderé	aprenderemos	aprendería	aprenderíamos	g.	aprendiendo
has aprendido	habéis aprendido	aprendiste	aprendisteis	aprenderás	aprenderéis	aprenderías	aprenderíais	p. p.	aprendido
ha aprendido	han aprendido	aprendió	aprendieron	aprenderá	aprenderán	aprendería	aprenderían		
he vivido	hemos vivido	viví	vivimos	viviré	viviremos	viviría	viviríamos	g.	viviendo
has vivido	habéis vivido	viviste	vivisteis	vivirás	viviréis	vivirías	viviríais	p. p.	vivido
ha vivido	han vivido	vivió	vivieron	vivirá	vivirán	viviría	vivirían		

he pensado	hemos pensado	pensé	pensamos	pensaré	pensaremos	pensaría	pensaríamos	g.	pensando
has pensado	habéis pensado	pensaste	pensasteis	pensarás	pensaréis	pensarías	pensaríais	p. p.	pensado
ha pensado	han pensado	pensó	pensaron	pensará	pensarán	pensaría	pensarían		
he contado	hemos contado	conté	contamos	contaré	contaremos	contaría	contaríamos	g.	contando
has contado	habéis contado	contaste	contasteis	contarás	contaréis	contarías	contaríais	p. p.	contado
ha contado	han contado	contó	contaron	contará	contarán	contaría	contarían		

he pedido	hemos pedido	pedí	pedimos	pediré	pediremos	pediría	pediríamos	g.	pidiendo
has pedido	habéis pedido	pediste	pedisteis	pedirás	pediréis	pedirías	pediríais	p. p.	pedido
ha pedido	han pedido	pidió	pidieron	pedirá	pedirán	pediría	pedirían		
he servido	hemos servido	serví	servimos	serviré	serviremos	serviría	serviríamos	g.	sirviendo
has servido	habéis servido	serviste	servisteis	servirás	serviréis	servirías	serviríais	p. p.	servido
ha servido	han servido	sirvió	sirvieron	servirá	servirán	serviría	servirían		
Se conjuguent sur le même modèle : CORREGIR, DESPEDIR, MEDIR, REÍR, REPETIR, SEGUIR.									

he preferido	hemos preferido	preferí	preferimos	preferiré	preferiremos	preferiría	preferiríamos	g.	prefiriendo
has preferido	habéis preferido	preferiste	preferisteis	preferirás	preferiréis	preferirías	preferiríais	p. p.	preferido
ha preferido	han preferido	prefirió	prefirieron	preferirá	preferirán	preferiría	preferirían		
he dormido	hemos dormido	dormí	dormimos	dormiré	dormiremos	dormiría	dormiríamos	g.	durmiendo
has dormido	habéis dormido	dormiste	dormisteis	dormirás	dormiréis	dormirías	dormiríais	p. p.	dormido
ha dormido	han dormido	durmió	durmieron	dormirá	dormirán	dormiría	dormirían		
Se conjuguent sur le même modèle : DIVERTIR, MENTIR, SENTIR, SUGERIR.									

he parecido	hemos parecido	parecí	parecimos	pareceré	pareceremos	parecería	pareceríamos	g.	pareciendo
has parecido	habéis parecido	pareciste	parecisteis	parecerás	pareceréis	parecerías	pareceríais	p. p.	parecido
ha parecido	han parecido	pareció	parecieron	parecerá	parecerán	parecería	parecerían		
Se conjuguent sur le même modèle : CONOCER, NACER, OBEDECER, PADECER, PERTENECER, RELUCIR									

he conducido	hemos conducido	conduje	condujimos	conduciré	conduciremos	conduciría	conduciríamos	g.	conduciendo
has conducido	habéis conducido	condujiste	condujisteis	conducirás	conduciréis	conducirías	conduciríais	p. p.	conducido
ha conducido	han conducido	condujo	condujeron	conducirá	conducirán	conduciría	conducirían		
Se conjuguent sur le même modèle : DEDUCIR, INTRODUCIR, PRODUCIR, TRADUCIR, SEDUCIR									

he construido	hemos construido	construí	construimos	construiré	construiremos	construiría	construiríamos	g.	construyendo
has construido	habéis construido	construiste	construisteis	construirás	construiréis	construirías	construiríais	p. p.	construido
ha construido	han construido	construyó	construyeron	construirá	construirán	construiría	construirían		
Se conjuguent sur le même modèle : CONCLUIR, CONSTITUIR, CONTRIBUIR, HUIR, INFLUIR, SUSTITUIR.									

Conjugaisons

Infinitivo (infinitif)	Presente de indicativo (indicatif présent)		Presente de subjuntivo (subjonctif présent)		Imperativo (impératif)		Pretérito imperfecto de indicativo (indicatif imparfait)	

Verbes irréguliers

Infinitivo	Presente de indicativo		Presente de subjuntivo		Imperativo		Pretérito imperfecto de indicativo	
ANDAR *marcher*	ando andas anda	andamos andáis andan	ande andes ande	andemos andéis anden	 anda ande	andemos andad anden	andaba andabas andaba	andábamos andabais andaban
CAER *tomber*	caigo caes cae	caemos caéis caen	caiga caigas caiga	caigamos caigáis caigan	 cae caiga	caigamos caed caigan	caía caías caía	caíamos caíais caían
DAR *donner*	doy das da	damos dais dan	dé des dé	demos deis den	 da dé	demos dad den	daba dabas daba	dábamos dabais daban
DECIR *dire*	digo dices dice	decimos decís dicen	diga digas diga	digamos digáis digan	 di diga	digamos decid digan	decía decías decía	decíamos decíais decían
ESTAR *être*	estoy estás está	estamos estáis están	esté estés esté	estemos estéis estén	 está esté	estemos estad estén	estaba estabas estaba	estábamos estabais estaban
HABER *avoir*	he has ha	hemos habéis han	haya hayas haya	hayamos hayáis hayan			había habías había	habíamos habíais habían
HACER *faire*	hago haces hace	hacemos hacéis hacen	haga hagas haga	hagamos hagáis hagan	 haz haga	hagamos haced hagan	hacía hacías hacía	hacíamos hacíais hacían
IR *aller*	voy vas va	vamos vais van	vaya vayas vaya	vayamos vayáis vayan	 ve vaya	vayamos id vayan	iba ibas iba	íbamos ibais iban
OÍR *entendre*	oigo oyes oye	oímos oís oyen	oiga oigas oiga	oigamos oigáis oigan	 oye oiga	oigamos oíd oigan	oía oías oía	oíamos oíais oían
PODER *pouvoir*	puedo puedes puede	podemos podéis pueden	pueda puedas pueda	podamos podáis puedan			podía podías podía	podíamos podíais podían
PONER *mettre, poser*	pongo pones pone	ponemos ponéis ponen	ponga pongas ponga	pongamos pongáis pongan	 pon ponga	pongamos poned pongan	ponía ponías ponía	poníamos poníais ponían
QUERER *vouloir, aimer*	quiero quieres quiere	queremos queréis quieren	quiera quieras quiera	queramos queráis quieran	 quiere quiera	queramos quered quieran	quería querías quería	queríamos queríais querían
SABER *savoir*	sé sabes sabe	sabemos sabéis saben	sepa sepas sepa	sepamos sepáis sepan	 sabe sepa	sepamos sabed sepan	sabía sabías sabía	sabíamos sabíais sabían
SALIR *sortir*	salgo sales sale	salimos salís salen	salga salgas salga	salgamos salgáis salgan	 sal salga	salgamos salid salgan	salía salías salía	salíamos salíais salían
SER *être*	soy eres es	somos sois son	sea seas sea	seamos seáis sean	 sé sea	seamos sed sean	era eras era	éramos erais eran
TENER *avoir*	tengo tienes tiene	tenemos tenéis tienen	tenga tengas tenga	tengamos tengáis tengan	 ten tenga	tengamos tened tengan	tenía tenías tenía	teníamos teníais tenían
TRAER *apporter*	traigo traes trae	traemos traéis traen	traiga traigas traiga	traigamos traigáis traigan	 trae traiga	traigamos traed traigan	traía traías traía	traíamos traíais traían
VENIR *venir*	vengo vienes viene	venimos venís vienen	venga vengas venga	vengamos vengáis vengan	 ven venga	vengamos venid vengan	venía venías venía	veníamos veníais venían
VER *voir*	veo ves ve	vemos veis ven	vea veas vea	veamos veáis vean	 ve vea	veamos ved vean	veía veías veía	veíamos veíais veían

Pretérito perfecto (*passé composé*)		Pretérito indefinido (*passé simple*)		Futuro (*futur*)		Condicional (*conditionnel*)		Gerundio - Participio pasivo (*participe passé*)	
he andado	hemos andado	anduve	anduvimos	andaré	andaremos	andaría	andaríamos	g.	andando
has andado	habéis andado	anduviste	anduvisteis	andarás	andaréis	andarías	andaríais	p. p.	andado
ha andado	han andado	anduvo	anduvieron	andará	andarán	andaría	andarían		
he caído	hemos caído	caí	caímos	caeré	caeremos	caería	caeríamos	g.	cayendo
has caído	habéis caído	caíste	caísteis	caerás	caeréis	caerías	caeríais	p. p.	caído
ha caído	han caído	cayó	cayeron	caerá	caerán	caería	caerían		
he dado	hemos dado	di	dimos	daré	daremos	daría	daríamos	g.	dando
has dado	habéis dado	diste	disteis	darás	daréis	darías	daríais	p. p.	dado
ha dado	han dado	dio	dieron	dará	darán	daría	darían		
he dicho	hemos dicho	dije	dijimos	diré	diremos	diría	diríamos	g.	diciendo
has dicho	habéis dicho	dijiste	dijisteis	dirás	diréis	dirías	diríais	p. p.	dicho
ha dicho	han dicho	dijo	dijeron	dirá	dirán	diría	dirían		
he estado	hemos estado	estuve	estuvimos	estaré	estaremos	estaría	estaríamos	g.	estando
has estado	habéis estado	estuviste	estuvisteis	estarás	estaréis	estarías	estaríais	p. p.	estado
ha estado	han estado	estuvo	estuvieron	estará	estarán	estaría	estarían		
he habido	hemos habido	hube	hubimos	habré	habremos	habría	habríamos	g.	habiendo
has habido	habéis habido	hubiste	hubisteis	habrás	habréis	habrías	habríais	p. p.	habido
ha habido	ha habido	hubo	hubieron	habrá	habrán	habría	habrían		
he hecho	hemos hecho	hice	hicimos	haré	haremos	haría	haríamos	g.	haciendo
has hecho	habéis hecho	hiciste	hicisteis	harás	haréis	harías	haríais	p. p.	hecho
ha hecho	han hecho	hizo	hicieron	hará	harán	haría	harían		
he ido	hemos ido	fui	fuimos	iré	iremos	iría	iríamos	g.	yendo
has ido	habéis ido	fuiste	fuisteis	irás	iréis	irías	iríais	p. p.	ido
ha ido	han ido	fue	fueron	irá	irán	iría	irían		
he oído	hemos oído	oí	oímos	oiré	oiremos	oiría	oiríamos	g.	oyendo
has oído	habéis oído	oíste	oísteis	oirás	oiréis	oirías	oiríais	p. p.	oído
ha oído	han oído	oyó	oyeron	oirá	oirán	oiría	oirían		
he podido	hemos podido	pude	pudimos	podré	podremos	podría	podríamos	g.	pudiendo
has podido	habéis podido	pudiste	pudisteis	podrás	podréis	podrías	podríais	p. p.	podido
ha podido	han podido	pudo	pudieron	podrá	podrán	podría	podrían		
he puesto	hemos puesto	puse	pusimos	pondré	pondremos	pondría	pondríamos	g.	poniendo
has puesto	habéis puesto	pusiste	pusisteis	pondrás	pondréis	pondrías	pondríais	p. p.	puesto
ha puesto	han puesto	puso	pusieron	pondrá	pondrán	pondría	pondrían		
he querido	hemos querido	quise	quisimos	querré	querremos	querría	querríamos	g.	queriendo
has querido	habéis querido	quisiste	quisisteis	querrás	querréis	querrías	querríais	p. p.	querido
ha querido	han querido	quiso	quisieron	querrá	querrán	querría	querrían		
he sabido	hemos sabido	supe	supimos	sabré	sabremos	sabría	sabríamos	g.	sabiendo
has sabido	habéis sabido	supiste	supisteis	sabrás	sabréis	sabrías	sabríais	p. p.	sabido
ha sabido	han sabido	supo	supieron	sabrá	sabrán	sabría	sabrían		
he salido	hemos salido	salí	salimos	saldré	saldremos	saldría	saldríamos	g.	saliendo
has salido	habéis salido	saliste	salisteis	saldrás	saldréis	saldríais	saldría	p. p.	salido
ha salido	han salido	salió	salieron	saldrá	saldrán	saldrías	saldrían		
he sido	hemos sido	fui	fuimos	seré	seremos	sería	seríamos	g.	siendo
has sido	habéis sido	fuiste	fuisteis	serás	seréis	serías	seríais	p. p.	sido
ha sido	han sido	fue	fueron	será	serán	sería	serían		
he tenido	hemos tenido	tuve	tuvimos	tendré	tendremos	tendría	tendríamos	g.	teniendo
has tenido	habéis tenido	tuviste	tuvisteis	tendrás	tendréis	tendrías	tendríais	p. p.	tenido
ha tenido	han tenido	tuvo	tuvieron	tendrá	tendrán	tendría	tendrían		
he traído	hemos traído	traje	trajimos	traeré	traeremos	traería	traeríamos	g.	trayendo
has traído	habéis traído	trajiste	trajisteis	traerás	traeréis	traerías	traeríais	p. p.	traído
ha traído	han traído	trajo	trajeron	traerá	traerán	traería	traerían		
he venido	hemos venido	vine	vinimos	vendré	vendremos	vendría	vendríamos	g.	viniendo
has venido	habéis venido	viniste	vinisteis	vendrás	vendréis	vendrías	vendríais	p. p.	venido
ha venido	han venido	vino	vinieron	vendrá	vendrán	vendría	vendrían		
he visto	hemos visto	vi	vimos	veré	veremos	vería	veríamos	g.	viendo
has visto	habéis visto	viste	visteis	verás	veréis	verías	veríais	p. p.	visto
ha visto	han visto	vio	vieron	verá	verán	vería	verían		

Lexique Espagnol - Français

Abréviations utilisées

adj : adjectif
adv : adverbe
amer : américanisme
conj : conjonction
f : féminin
fam : familier
interj : interjection
loc : locution
m : masculin
n : nom
pl : pluriel
prep : préposition
pron : pronom
v : verbe

A

a diario *loc* tous les jours
a menudo *loc* souvent
a veces *loc* parfois
abajo *adv* dessous, en dessous, en bas
abanico *nm* éventail
abogado, da *n* avocat(e)
abrazarse *v* se serrer dans les bras, s'étreindre
abrigarse *v* s'abriter, se couvrir
abrigo *nm* manteau
abril *nm* avril
abrir *v* ouvrir
abuelo, la *n* grand-père, grand-mère
aburrirse *v* s'ennuyer
acabar *v* finir
aceituna *nf* olive
acera *nf* trottoir
acercar(se) *v* (s')approcher
acontecimiento *nm* événement
acordarse (de) (ue) *v* se souvenir (de)
acostarse (ue) *v* se coucher
acostumbrarse *v* s'habituer
adelante *adv* en avant
adiós *interj* au revoir
aficionado, da *n* amateur, -trice
agosto *nm* août
agradecer *v* remercier
agua (el) *nf* eau
aguantar *v* supporter
ahora *adv* maintenant
alba (el) *nf* aube
alegrarse *v* se réjouir
alegre *adj* gai(e), joyeux, -euse
alegría *nf* gaîté, joie
alejado, da *adj* éloigné(e)
alemán, a *adj/n* allemand(e)
algo *pron* quelque chose
alguien *pron* quelqu'un
algún, alguno, alguna *pron* quelqu'un, quelque
alma (el) *nf* âme
almuerzo *nm* déjeuner
alojarse *v* se loger
alquilar *v* louer
alrededor *adv* autour
alto, ta *adj* haut(e), grand(e)
alumno, a *n* élève
amanecer *nm* lever du soleil
amarillo, lla *adj* jaune
amigo, ga *n* ami(e)
amistad *nf* amitié
amor *nm* amour
amplio, a *adj* vaste, large
añadir *v* ajouter
ancho, cha *adj* large
anciano, na *adj/n* personne âgée
andar *v* marcher
andén *nm* quai
anochecer *nm* le soleil couchant
anotar *v* noter
antes *adv* avant
apagar *v* éteindre
aparecer *v* apparaître
aparte *adv* à part
apellido *nm* nom de famille
apetecer *v* faire envie
aprobar (ue) *v* réussir un examen
aprovechar *v* profiter
apuntar *v* prendre des notes
apuntarse *v* s'inscrire
árbol *nm* arbre
arena *nf* sable
armario *nm* armoire
arrepentirse (ie) *v* regretter
arriba *adv* au-dessus, en haut
arriesgarse *v* prendre des risques
arroz *nm* riz
asado, da *adj* rôti(e)
asco *nm* dégoût
asiento *nm* siège
asignatura *nf* matière (école)
asunto *nm* affaire, sujet
atasco *nm* embouteillage
atender (ie) *v* s'occuper de, écouter
atraer *v* attirer
aula (el) *nf* salle de classe
aún *adv* encore
ayer *adv* hier
ayudar *v* aider
azúcar (el) *nf* sucre
azul *adj* bleu(e)

B

bailar *v* danser
bailarín, na *n* danseur, -euse
bajar *v* baisser, descendre
bajo *prep* sous
bajo, ja *adj* bas(se), petit(e)
bañador *nm* maillot de bain
bañarse *v* se baigner
baño *nm* baignade, bain
banquero, ra *n* banquier, -ère
barato, ta *adj* bon marché, pas cher, -ère
barrer *v* balayer
barrio *nm* quartier
basta *interj* ça suffit
bastante *adj/adv* assez
beber *v* boire
bebida *nf* boisson
bici(cleta) *nf* vélo
bienestar *nm* bien-être
blanco, ca *adj* blanc, blanche
boca *nf* bouche
bocadillo *nm* sandwich, casse-croûte
boda *nf* mariage
bolígrafo *nm* stylo à bille
bolsa *nf* sac
bolsillo *nm* poche
bombero, ra *n* pompier
bonito, ta *adj* joli(e)
borrador *nm* brouillon
broncear *v* bronzer
bueno, na *adj* bon, bonne
burro *n* âne
buscar *v* chercher

C

caballo *nm* cheval
cabeza *nf* tête
cachorro *nm* petit (d'un animal)
cada *adj* chaque
caer *v* tomber
calle *nf* rue
calor *nm* chaleur
calvo, va *adj* chauve
cama *nf* lit
cámara de fotos *nf* un appareil photo
camarero, ra *n* serveur, -euse, garçon de café
cambiar *v* changer
cambio *nm* changement, échange, monnaie
caminar *v* marcher
camisa *nf* chemise
camiseta *nf* maillot de corps, tee-shirt
campana *nf* cloche
campeón, ona *n* champion(ne)
campo *nm* campagne
canal *nm* chaîne (radio, télé)
canción *nf* chanson
cansado, da *adj* fatigué(e)
cantante *n* chanteur, -euse
cantar *v* chanter
cara *nf* visage, face
caramelo *nm* bonbon
cariño *nm* tendresse
carnicería *nf* boucherie
caro, ra *adj* cher, chère
carrera *nf* carrière, études ; course
carretera *nf* route
carta *nf* lettre, carte
cartel *nm* affiche
cartera *nf* cartable, portefeuille
casa *nf* maison
casarse *v* se marier
castigar *v* punir
castigo *nm* punition
castillo *nm* château
casualidad *nf* hasard
celebrar *v* fêter
cena *nf* dîner
cenar *v* dîner
cepillo *nm* brosse
cerca *adv* près
cercano, na *adj* proche
cerrado, da *adj* fermé(e)
cerrar (ie) *v* fermer
chaqueta *nf* veste
charlar *v* discuter, bavarder
chicle *nm* chewing-gum
chico, ca *n* garçon, fille
chiste *nm* blague

churro *nm* beignet
ciego, ga *adj/n* aveugle
cielo *nm* ciel
cintura *nf* taille
cinturón *nm* ceinture
cita *nf* rendez-vous
citar *v* citer ; donner rendez-vous
ciudad *nf* ville
claro *adv* bien sûr
claro, ra *adj* clair(e)
cliente *n* client(e)
coche *nm* voiture
cocido, da *adj* cuit(e)
cocina *nf* cuisine
código *nm* code
coger *v* prendre, attraper
cola *nf* colle, queue
cole *nm (fam)* collège, école
colocar *v* placer
comedor *nm* salle à manger
comer *v* manger, déjeuner
cómic *nm* bande dessinée
comida *nf* nourriture, repas
cómodo, da *adj* confortable
compartir *v* partager
complacer *v* faire plaisir
compra *nf* achat
comprar *v* acheter
comprobar (ue) *v* vérifier
conejo, ja *n* lapin(e)
congelado, da *adj* surgelé(e)
conmigo *pron* avec moi
conocer *v* connaître
conseguir (i) *v* obtenir
consejo *nm* conseil
consulta *nf* cabinet médical
consumo *nm* consommation
contar (ue) *v* compter, raconter
contento, ta *adj* content(e)
contestar *v* répondre
contigo *pron* avec toi
convencer *v* convaincre
conversar *v* discuter
corazón *nm* cœur
correr *v* courir
cortado, da *adj* coupé(e)
corte *nm* coupure, coupe
cortesía *nf* politesse
corto, ta *adj* court(e)
cosa *nf* chose, affaire
coser *v* coudre
costa *nf* côte
costar (ue) *v* coûter
costumbre *nf* coutume, habitude
crecer *v* croître
creer *v* croire
criar *v* élever (un petit)
crujiente *adj* craquant(e), croustillant(e)
cruz *nf* croix
cruzar *v* croiser, traverser
cuadro *nm* tableau
cuánto *adv* combien
cuartel *nm* caserne
cuarto *nm* chambre
cuarto de baño *nm* salle de bains
cuchara *nf* cuillère
cucharadita *nf* cuillerée
cuello *nm* col, cou
cuenta *nf* addition, compte
cuento *nm* conte
cuerpo *nm* corps
cuidado *nm* attention, soin
cuidar *v* s'occuper de
culpa *nf* faute
cultivo *nm* culture (plantes)
cumpleaños *nm* anniversaire
cumplir *v* accomplir
curar *v* soigner

D

dar *v* donner
dato *nm* donnée
de nuevo *loc* à nouveau
de repente *loc* subitement, tout à coup
debajo (de) *adv* sous, en dessous
débil *adj* faible
decir (i) *v* dire
dedo *nm* doigt
dejar *v* laisser, quitter
delante *adv* devant
deletrear *v* épeler
delgado, da *adj* mince
demasiado *adv* trop
dentro *adv* dans, dedans
deporte *nm* sport
deportista *n* sportif, -ve
deportivo, va *adj* sportif, -ve
derecho, cha *adj* droit(e)
desanimar *v* décourager
desarrollar *v* dérouler, développer
desayunar *v* prendre le petit-déjeuner
desayuno *nm* petit-déjeuner
descansar *v* se reposer
desconfiado, da *adj* méfiant(e)
descubrimiento *nm* découverte
descuento *nm* remise, rabais
desde *prep* depuis, de
desear *v* souhaiter, désirer
deseo *nm* désir
desgraciadamente *adv* malheureusement
deshacer(se) *v* (se) défaire, (se) débarrasser
desobedecer *v* désobéir
despacho *nm* bureau
despacio *adv* lentement
despedirse (i) *v* dire au revoir
despertador *nm* réveil
despertar(se) (ie) *v* (se) réveiller
después *adv* après
desviar *v* dévier
detrás *adv* derrière
devolver (ue) *v* rendre
día *nm* jour, journée
diario *nm* journal, quotidien
dibujante *n* dessinateur, -trice
dibujar *v* dessiner
dibujo *nm* dessin
diciembre *nm* décembre
dieta *nf* régime
difundir *v* diffuser
dígame *interj* allô
dinero *nm* argent
dirección *nf* adresse
director, ora *n* directeur, -trice
diseño *nm* design
disfrutar *v* profiter
disolver (ue) *v* dissoudre
distinguir *v* distinguer, différencier
divertirse (ie) *v* s'amuser
dividir *v* diviser
domingo *nm* dimanche
dormido, da *adj* endormi(e)
dormitorio *nm* chambre à coucher
ducharse *v* se doucher
duda *nf* doute
dueño, ña *n* maître, -esse, patron, -onne
dulce *nm* friandise, gâteau, sucrerie

E

echar *v* jeter
edad *nf* âge
ejemplo *nm* exemple
ejercer *v* exercer
elegir (i) *v* choisir, élire
embutido *nm* charcuterie (aliment)
emisora *nf* émetteur, station de radio
empezar (ie) *v* commencer
enamorado, da *adj/n* amoureux, -euse
enamorar(se) *v* tomber amoureux
encantar *v* enchanter, charmer
encender (ie) *v* allumer
encima (de) *adv* sur
encontrar (ue) *v* rencontrer, trouver
encuentro *nm* rencontre
enero *nm* janvier
enfadarse *v* se mettre en colère
enfermero, ra *n* infirmier, -ère
enfermo, ma *n/adj* malade
enfrentar(se) *v* affronter
enfrente *adv* en face
enganchado, da *adj* être accro
engordar *v* grossir
entender (ie) *v* comprendre
entonces *adv* alors
entrada *nf* entrée
entrevista *nf* entretien, interview
enviar *v* envoyer
error *nm* faute
escapar(se) *v* (s')échapper
escaparate *nm* vitrine
escoba *nf* balai
escoger *v* choisir
esconder *v* cacher
escuchar *v* écouter
eslogan *nm* slogan
español, a *adj/n* espagnol(e)
espejo *nm* miroir
esperar *v* attendre
esquiador, ra *n* skieur, -euse
esquina *nf* coin
estación *nf* gare ; saison
estadio *nm* stade
estado *nm* état
estar *v* être
este *nm* est (point cardinal)
estrecho, cha *adj* étroit(e)
estrella *nf* étoile, vedette
estribillo *nm* refrain
estudiar *v* étudier, travailler
estupendo, da *adj* super, génial(e)
éxito *nm* succès
experimentar *v* éprouver, ressentir
extrañar *v* surprendre

F

falda *nf* jupe
falso, sa *adj* faux, fausse
falta *nf* manque, faute
faltar *v* manquer
famoso, sa *adj* célèbre
fantasía *nf* imagination
febrero *nm* février
fecha *nf* date
felicidad *nf* bonheur
felicitar *v* souhaiter (anniversaire)
feliz *adj* heureux, -euse
feo, a *adj* laid(e)
festivo, va *adj* férié(e)
fijar *v* fixer
firma *nf* signature
firmar *v* signer
foro *nm* forum
francés, a *adj/n* français(e)
fregar (ie) (los platos) *loc* faire la vaisselle
freír (i) *v* frire
fuera *adv* dehors
fuerte *adj* fort(e)
futbolista *n* footballeur, -euse

G

gafas *nfpl* lunettes
galleta *nf* biscuit
gallina *nf* poule
gana *nf* envie
gastar *v* dépenser
gato, ta *n* chat, chatte
girar *v* tourner
gol *nm* but (football)
goloso, sa *adj* gourmand(e)
golpe *nm* coup
gordo, da *adj* gros, grosse
gorra *nf* casquette
grabación *nf* enregistrement
gracias *interj* merci
gracioso, sa *adj/n* drôle, amusant(e)
grande *adj* grand(e)
granja *nf* ferme
gris *adj* gris(e)
grito *nm* cri
guapo, pa *adj* beau, belle
guay *interj (fam)* super
gustar *v* plaire

H

habitación *nf* chambre
hablar *v* parler
hacer *v* faire
hacia *prep* vers
hambre (el) *nf* faim
harina *nf* farine
hasta *prep* jusqu'à
helado *nm* glace
heredar *v* hériter
hermano, na *n* frère, sœur
hijo, ja *n* fils, fille
hola *interj* bonjour
hombre *nm* homme
hondo, da *adj* profond(e)
honor *nm* honneur
honrado, da *adj* honnête
horario *nm* horaire, emploi du temps
horror *nm* horreur
hoy *adv* aujourd'hui
huerto *nm* jardin potager
hueso *nm* os
huevo *nm* œuf
humilde *adj* humble
humo *nm* fumée
humor *nm* humour

I

idioma *nm* langue
igual *adj* égal(e)
impedir (i) *v* empêcher
importe *nm* montant
incluir *v* inclure
incluso *adv* même
inglés, a *adj/n* anglais(e)
inolvidable *adj* inoubliable
instituto *nm* lycée
intentar *v* essayer, tenter
interesar *v* intéresser
invierno *nm* hiver
ir a la (última) moda *loc* être à la mode
ir *v* aller
italiano, na *adj/n* italien, -ienne
izquierdo, da *adj* gauche

J

jabón *nm* savon
jamón *nm* jambon
jersey *nm* pull
jornada *nf* journée
joven *adj/n* jeune
juego *nm* jeu
jueves *nm* jeudi
jugar (ue) *v* jouer
juguete *nm* jouet
julio *nm* juillet
junio *nm* juin
juntos, tas *adv/pl* ensemble
juventud *nf* jeunesse

L

labor *nf* travail
lácteo, a *adj* laitier, -ère
lado *nm* côté
lágrima *nf* larme
largo, ga *adj* long(ue)
leer *v* lire
legumbre *nf* légume sec
lejos *adv* loin
lema *nm* slogan
lengua *nf* langue
levantar(se) *v* se lever
leyenda *nf* légende
libro *nm* livre
limón *nm* citron
limonero *nm* citronnier
limpiabotas *n* cireur de chaussures
limpio, a *adj* propre
llamar la atención *loc* attirer l'attention
llamar(se) *v* (s')appeler
llegada *nf* arrivée
llegar *v* arriver
llenar *v* remplir
lleno, a *adj* plein(e)
llevar *v* porter
llorar *v* pleurer
llover (ue) *v* pleuvoir
lluvia *nf* pluie
lo siento *loc* désolé(e)
locutor, ora *n* présentateur, -trice
luego *adv* ensuite
lugar *nm* lieu, place
luna *nf* lune
lunes *nm* lundi
luz *nf* lumière

M

madera *nf* bois (matière)
madre *nf* mère
madrina *nf* marraine
maduro, ra *adj* mûr(e)
maleta *nf* valise
malo, la *adj* mauvais(e), méchant(e)
mañana *nf* matin
mañana *adv* demain
mandar *v* envoyer ; ordonner
mantequilla *nf* beurre
manzana *nf* pomme
mapa *nm* carte (géographique)
mar *nm* mer
mareo *nm* mal de mer
marisco *nm* fruit de mer
marrón *adj* marron
martes *nm* mardi
marzo *nm* mars
mascota *nf* animal familier
matar *v* tuer
mayo *nm* mai
mayor *adj* plus grand(e), aîné(e)
mayoría (la) *nf* majorité, la plupart de
media *nf* moyenne
medianoche *nf* minuit
médico, ca *n* médecin
medida *nf* mesure
medio, a *adj* demi(e)
mediodía *nm* midi
medir (i) *v* mesurer
mejor *adj* meilleur(e), mieux
melocotón *nm* pêche (fruit)
menor *adj/n* cadet, plus petit(e), mineur(e)
menos *adv* moins
mentira *nf* mensonge
mercado *nm* marché
merecer *v* mériter
merendar (ie) *v* goûter (repas)
mes *nm* mois
mesa *nf* table
meter *v* mettre
metro *nm* mètre ; métro
mezclar *v* mélanger
miedo *nm* peur
mientras *prep* pendant que
mientras que *conj* tandis que
miércoles *nm* mercredi
mínimo, ma *n/adj* minimum, minimal(e)
mirar *v* regarder

misa *nf* messe
mismo, ma *adj* même
mitad *nf* moitié
mochila *nf* sac à dos
modelo *n* mannequin
modo *nm* façon
molestar *v* déranger
mono, na *adj* mignon, -onne
montón *nm* tas
morder (ue) *v* mordre
moreno, na *adj* brun(e)
morir(se) (ue) *v* mourir
mover (ue) *v* bouger
móvil *nm* mobile, téléphone portable
muchacho, cha *n* garçon, fille
mucho, cha *adv* beaucoup (de)
muerto, ta *n/adj* mort(e)
mujer *nf* femme, épouse
muñeco, ca *n* poupée
museo *nm* musée

N

nacimiento *nm* naissance
nada *adv* rien
nadar *v* nager
nadie *pron* personne
naranja *nf/adj* orange
naranjo *nm* oranger
nariz *nf* nez
naturaleza *nf* nature
navidad *nf* noël
necesitar *v* avoir besoin
negar (ie) *v* nier
negarse a *v* refuser
negro, gra *adj* noir(e)
nervioso, sa *adj* énervé(e)
niebla *nf* brouillard
nieto, ta *n* petit-fils, petite-fille
nieve *nf* neige
ningún, ninguno, na *pron* aucun(e)
niño, ña *n* enfant
nivel *nm* niveau
noche *nf* nuit
nombre *nm* nom, prénom
norte *nm* nord
noticia *nf* nouvelle
novela *nf* roman
noviembre *nm* novembre
novio, a *n* fiancé(e)
nube *nf* nuage
número *nm* nombre, numéro
nunca *adv* jamais

O

obedecer *v* obedecer
obra *nf* œuvre
octubre *nm* octobre
ocurrir *v* arriver (événement)
odiar *v* haïr, détester
odio *nm* haine
oeste *nm* ouest
oficina *nf* bureau
oficio *nm* métier
ofrecer *v* offrir
oír *v* entendre
ojo *nm* œil
¡ojo! *interj* attention
oler (ue) *v* sentir (odorat)
olor *nm* odeur
olvidar *v* oublier
ordenar *v* ordonner, ranger
oreja *nf* oreille
orgullo *nm* fierté
orgulloso, sa *adj* fier, -ère
origen *nm* origine
oscuro, ra *adj* sombre, obscur(e)
otoño *nm* automme
otra vez *loc* encore

P

padecer *v* souffrir
padre *nm* père
pagar *v* payer
página *nf* page
pájaro *nm* oiseau
palabra *nf* mot, parole
palmera *nf* palmier
pan *nm* pain
pantalla *nf* écran
papel *nm* papier
papelera *nf* corbeille à papier
para *prep* pour, par
parada *nf* arrêt
paraguas *nm* parapluie
parecer *v* paraître, sembler
parecerse *v* se ressembler
pareja *nf* couple
parque *nm* parc
parte *nf* partie
partido *nm* match
pasear(se) *v* se promener
paseo *nm* promenade
pasillo *nm* couloir
pastel *nm* gâteau
pastelería *nf* pâtisserie (commerce)
patata *nf* pomme de terre
patio *nm* cour
paz *nf* paix
pecho *nm* poitrine
pedazo *nm* morceau
pedido *nm* commande
pedir (i) *v* demander
pegar *v* coller
pelear *v* lutter
película *nf* film
peligroso, sa *adj* dangereux, -euse
pelo *nm* cheveu(x)
pelota *nf* balle
peluquero, ra *n* coiffeur, -euse
pena *nf* peine
pendiente *nm* boucle d'oreille
peor *adj* pire
pequeño, ña *adj* petit(e)
periódico *nm* journal
periodista *n* journaliste
perro, rra *n* chien, chienne
personaje *nm* personnage
pescadería *nf* poissonnerie
pescado *nm* poisson (dans l'assiette)
peso *nm* poids
pez *nm* poisson (dans l'eau)
pijo, ja *adj/n* snob, bcbg
pimiento *nm* poivron
piso *nm* appartement
pizarra *nf* tableau, ardoise
placer *nm* plaisir
plan *nm* projet
plancha *nf* fer à repasser
planchar *v* repasser
planeta *nm* planète
plata *nf* argent
plátano *nm* banane
plato *nm* assiette
playa *nf* plage
plaza *nf* place
poco, ca *adv* peu (de)
poder (ue) *v* pouvoir
poeta *nm* poète
pollo *nm* poulet
polvo *nm* poudre, poussière
poner *v* mettre
ponerse *v* devenir
por fin *loc* enfin
por *prep* pour, par
por supuesto *loc* bien sûr
postre *nm* dessert
practicar *v* pratiquer
práctico, ca *adj* pratique
precio *nm* prix
precioso, sa *adj* très joli(e)
pregunta *nf* question
preguntar *v* demander (question)
premio *nm* lot
prenda *nf* vêtement, gage
preocupar *v* inquiéter, préocuper
prestar *v* prêter
presupuesto *nm* budget
primavera *nf* printemps
primero, ra *adj* premier, -ère
primo, ma *n* cousin(e)
princesa *nf* princesse
príncipe *nm* prince
principio *nm* début
probar (ue) *v* essayer, goûter, prouver
procurar *v* essayer
profesión *nf* métier
prohibir *v* interdire
promover (ue) *v* promouvoir
pronto *adv* bientôt
pronunciar *v* prononcer
propio, a *adj* propre (à soi)
proponer *v* proposer
propósito *nm* but
propuesta *nf* proposition
próximo, ma *adj* prochain(e)
proyecto *nm* projet
puente *nm* pont
puerta *nf* porte
puerto *nm* port
puesto *nm* place, étal, poste

Q

quedar *v* rester ; avoir rendez-vous
quejarse *v* se plaindre
querido, da *adj* cher, chère
queso *nm* fromage
quieto, ta *adj* tranquille
quitar *v* enlever, retirer
quizá(s) *adv* peut-être

R

rápido *adv* rapidement
rápido, da *adj* rapide
raro, ra *adj* bizarre, étrange
rato *nm* instant
razón *nf* raison
real *adj* réel, -elle, royal(e)
realidad *nf* réalité
realizar *v* accomplir, réaliser
rebajas *nfpl* soldes
rebanada *nf* tranche
recoger *v* ramasser
reconocer *v* reconnaître
recordar (ue) *v* rappeler, se souvenir
recorrido *nm* parcours
recto, ta *adj* droit(e)
recuerdo *nm* souvenir
red *nf* filet, toile (internet)
reflejar *v* refléter
refresco *nm* rafraîchissement, boisson
regalar *v* faire cadeau, offrir
regalo *nm* cadeau
regañar *v* gronder
regresar *v* rentrer, revenir
regreso *nm* retour
reina *nf* reine
reírse(se) (i) *v* rire, se moquer
reñir *v* gronder, se disputer
repartir *v* partager, distribuer
repasar *v* réviser
repetir (i) *v* répéter
resolver (ue) *v* résoudre
respuesta *nf* réponse
revista *nf* magazine
rey *nm* roi
rezar *v* prier
rico, ca *n/adj* riche
rincón *nm* coin
risa *nf* rire
rodear *v* entourer
rodilla *nf* genou
rojo, ja *adj* rouge
romper *v* casser, briser
ropa *nf* linge, vêtement
rostro *nm* visage
rubio, a *adj* blond(e)
rueda *nf* roue
ruta *nf* itinéraire

S

sábado *nm* samedi
sabor *nm* saveur
sabroso, sa *adj* savoureux, -euse
sacar *v* enlever
sal *nf* sel
salchicha *nf* saucisse
salir *v* sortir, partir
salsa *nf* sauce
salud *nf* santé
saludar *v* saluer
salvaje *adj* sauvage
salvar *v* sauver
sano, na *adj* sain(e)
sed *nf* soif
seducir *v* séduire
seguir (i) *v* suivre, continuer
según *prep* selon
seguro, ra *adj* sûr(e)
señalar *v* désigner
sencillo, lla *adj* simple
sentido *nm* sens
septiembre *nm* septembre
ser *v* être
siempre *adv* toujours
sierra *nf* (chaîne de) montagnes
siglo *nm* siècle
siguiente *adj* suivant(e)
silla *nf* chaise
sillón *nm* fauteuil
sitio *nm* emplacement, place
sobrino, na *n* neveu, nièce
sol *nm* soleil
solamente *adv* seulement
soledad *nf* solitude
soler (ue) *v* avoir l'habitude de
sólo *adv* seulement
solo, la *adj* seul(e)
sombrero *nm* chapeau
soñar (con) (ue) *v* rêver (de)
sonido *nm* son
sonreír (i) *v* sourire
sonrisa *nf* sourire
sorprender *v* surprendre, étonner
subir *v* monter
sucio, a *adj* sale
sudadera *nf* sweat-shirt
suelo *nm* sol
sueño *nm* rêve, sommeil
suerte *nf* chance
sufrir *v* souffrir
sur *nm* sud
suspender *v* rater un examen
susto *nm* peur

T

taller *nm* atelier
también *adv* aussi
tampoco *adv* non plus
tardar *v* mettre du temps, tarder
tarde *nf* après-midi, soir
tarde *adv* tard
tarjeta *nf* une carte
tarta *nf* gâteau, tarte
techo *nm* plafond
tejido *nm* étoffe, tissu
telediario *nm* journal télévisé
temprano *adv* tôt
tener (ie) *v* avoir
tener suerte *loc* avoir de la chance
ternera *nf* veau
tesoro *nm* trésor
tienda *nf* boutique, magasin
tierno, na *adj* tendre
tío, a *n* oncle, tante
título *nm* titre
toalla *nf* serviette
tocar *v* toucher, jouer (d'un instrument)
todavía *adv* encore, toujours
todo, da *adj/pron* tout(e)
tomar *v* prendre
tonto, ta *adj/n* idiot(e)
tormenta *nf* orage
tortilla *nf* omelette espagnole
trabajar *v* travailler
trabajo *nm* travail
traducir *v* traduire
traer *v* aporter, amener
traje *nm* costume, tailleur
transcurrir *v* se dérouler
travieso, sa *adj* espiègle

U

último, ma *adj* dernier, -ère
unos, unas *pronpl* quelques, des
uso *nm* emploi
uva *nf* raisin

V

vacaciones *nfpl* vacances
vaciar *v* vider
vacío, cía *adj* vide
vale *interj* OK, c'est bon
vaquero(s) *nm* jean(s)
varios, as *adjpl* plusieurs
vaso *nm* verre
vejez *nf* vieillesse
vendimia *nf* vendange
ventaja *nf* avantage
ventana *nf* fenêtre
ver la tele *loc* regarder la télé
veranear *v* passer l'été
verano *nm* été
verdad *nf* vérité
verdadero, ra *adj* vrai(e), véritable
verde *adj* vert(e)
verdura *nf* légume vert
vergüenza *nf* honte
verosímil *adj* vraissemblable
vestido *nm* robe
vestirse (i) *v* s'habiller
vez *nf* fois
vía *nf* voie
viajar *v* voyager
viaje *nm* voyage
vida *nf* vie
viejo, ja *adj/n* vieux, vieille
viernes *nm* vendredi
vivir *v* vivre, habiter
vivo, va *adj* vif, vive
volver (ue) *v* revenir, rentrer
voz *nf* voix
vuelta *nf* tour

Z

zapatilla *nf* pantoufle, tennis
zapato *nm* chaussure
zorro, rra *n* renard(e)
zumo *nm* jus

Lexique Français - Espagnol

Abréviations utilisées

adj : adjectif	*loc* : locution
adv : adverbe	*m* : masculin
amer : américanisme	*n* : nom
conj : conjonction	*pl* : pluriel
f : féminin	*prep* : préposition
fam : familier	*pron* : pronom
interj : interjection	*v* : verbe

A

à nouveau *loc* de nuevo
à part *loc* aparte
abriter (s') *v* abrigarse, refugiarse
accomplir *v* cumplir, realizar
accrocher *v* colgar, enganchar
achat *nm* compra
acheter *v* comprar
addition *nf* cuenta ; suma
adresse *nf* dirección
affaire *nf* asunto, negocio
affiche *nf* cartel
affronter *v* enfrentar(se)
âge *nm* edad
agneau *nm* cordero
aide *nf* ayuda
aider *v* ayudar
aîné(e) *adj/n* mayor
ajouter *v* añadir
allemand(e) *adj* alemán, a
aller *v* ir
allô *interj* dígame
allumer *v* encender (ie)
alors *adv* entonces
alors que *loc* mientras que
amateur, -trice *n* aficionado, da
âme *nf* el alma
amener *v* traer
ami(e) *n* amigo, ga
amitié *nf* amistad
amour *nm* amor
amoureux, -euse *adj/n* enamorado, da
amusant(e) *adj* gracioso, sa, divertido, da
amuser (s') *v* divertirse
ancien(ne) *adj/n* antiguo, a
âne *nm* burro
anglais(e) *adj* inglés, a
anniversaire *nm* cumpleaños
août *nm* agosto
aporter *v* traer
apparaître *v* aparecer
appareil photo *nm* cámara de fotos
appartement *nm* piso
appeler (s') *v* llamar(se)
approcher (s') *v* acercar(se)
approvisionner en *v* abastecer de
après *adv* después
après-midi *nm/f* tarde
arbre *nm* árbol
ardoise *nf* pizarra
argent *nm* dinero, plata
armoire *nf* armario
arrivée *nf* llegada
arriver *v* llegar, ocurrir (événement)
assaisonner *v* condimentar, sazonar
assez *adj/adv* bastante
assiette *nf* plato
assurance *nf* seguro
atelier *nm* taller
attendre *v* esperar
attention *nf* cuidado
attirer l'attention *loc* llamar la atención
attirer *v* atraer
au revoir *interj* adiós
aucun(e) *pron* ningún, ninguno, na
au-dessus *adv* arriba
aujourd'hui *adv* hoy
aussi *adv* también
automme *nm* otoño
autour *adv* alrededor
avant *adv* antes
avantage *nm* ventaja
aveugle *adj/n* ciego, ga
avoir *v* tener (ie)
avocat(e) *n* abogado, da
avoir besoin *loc* necesitar
avoir cours *loc* tener clase
avoir de la chance *loc* tener suerte
avoir l'habitude de *loc* soler (ue)
avril *nm* abril

B

bagarre *nf* riña
baigner (se) *v* bañarse
bain *nm* baño
baisser *v* bajar
bal *nm* baile
balai *nm* escoba
balayer *v* barrer
balle *nf* pelota
banane *nf* plátano
bande dessinée *nf* tebeo, cómic
banquier, -ère *n* banquero, ra
barbe *nf* barba
bas(se) *adj* bajo, ja
basket-ball *nm* baloncesto
basse-cour *nf* corral
bavarder *v* charlar
bcbg *adj/n* pijo, ja
beau, belle *adj* guapo, pa, bello, lla
beaucoup (de) *adv* mucho, cha
berger, -ère *n* pastor, ora
bétail *nm* ganado
bêtise *nf* bobada
beurre *nm* mantequilla
bien sûr *loc* claro, por supuesto
bientôt *adv* pronto
bille *nf* canica
biscuit *nm* galleta
bizarre *adj* raro, ra
blague *nf* chiste
blanc, blanche *adj* blanco, ca
bleu(e) *adj* azul
blond(e) *adj* rubio, a
boire *v* beber
bois *nm* madera (matière), bosque (forêt)
boisson *nf* bebida
bon, bonne *adj* bueno, na
bonheur *nm* la felicidad
bonjour *interj* hola, buenos días
bouche *nf* boca
boucherie *nf* carnicería
bouillir *v* hervir
bracelet *nm* pulsera
briser *v* romper
bronzer *v* broncear
brosse *nf* cepillo
brouillard *nm* niebla
brouillon *nm* borrador
brûler *v* arder
brun(e) *adj* moreno, na
bulletin *nm* boletín, parte (meteorológico)
bureau *nm* despacho, oficina
but *nm* gol (football) ; propósito

C

ça suffit *interj* basta
cabine d'essayage *nf* probador
cacher *v* esconder
cadeau *nm* regalo
cadet *adj/n* menor
cage *nf* jaula
campagne *nf* campo ; campaña (publicitaria)
cartable *nm* cartera
carte *nf* mapa, carta, tarjeta
carte de crédit *nf* tarjeta de crédito
carte postale *nf* tarjeta postal
casquette *nf* gorra
casser *v* romper
ceinture *nf* cinturón
célèbre *adj* famoso, sa
centre *nm* centro
cerf-volant *nm* cometa
chaîne (de montagnes) *nf* sierra
chaîne (radio, télé) *nf* canal
chaise *nf* silla
chaleur *nf* calor
chambre *nf* habitación, cuarto, dormitorio
champion(ne) *n* campeón, ona
chance *nf* suerte
changement *nm* cambio
changer *v* cambiar
chanson *nf* canción
chant *nm* canto
chanter *v* cantar
chanteur, -euse *n* cantante
chapeau *nm* sombrero
chaque *adj* cada
charcuterie *nf* embutido, charcuterta
charmant(e) *adj* encantador, ora
charmer *v* encantar
charrette *nf* carro
chat, chatte *n* gato, ta
château *nm* castillo
chauffage *nm* calefacción
chaussure *nf* zapato
chauve *adj* calvo, va
chemise *nf* camisa
cher, chère *adj* caro, ra ; querido, da
chercher *v* buscar

cheval *nm* caballo
cheveu(x) *nm* pelo
chewing-gum *nm* chicle
chien, chienne *n* perro, rra
chiffon *nm* trapo
choisir *v* elegir (i), escoger
chose *nf* cosa
ciel *nm* cielo
cigarette *nf* pitillo
cireur de chaussures *nm* limpiabotas
citoyenneté *nf* ciudadanía
citron *nm* limón
clair(e) *adj* claro, ra
client(e) *n* cliente
cloche *nf* campana
code *nm* código
cœur *nm* corazón
coiffeur, -euse *n* peluquero, ra
coin *nm* rincón, esquina
colle *nf* cola, pegamento
collège *nm* colegio, cole (fam)
coller *v* pegar
collier *nm* collar
combien *adv* cuánto
commande *nf* pedido
commencer *v* empezar (ie)
comporter (se) *v* portarse
comprendre *v* entender (ie)
compter *v* contar
confortable *adj* cómodo, da
connaissance *nf* conocido, da
connaître *v* conocer
connu(e) *n/adj* conocido, da
conseil *nm* consejo
consommation *nf* consumo
conte *nm* cuento
content(e) *adj* contento, ta
continuer *v* seguir (i)
convaincre *v* convencer
corbeille à papier *nf* papelera
corde à sauter *nf* comba
corps *nm* cuerpo
costume *nm* traje
côte *nf* costa ; cuesta
côté *nm* lado
cou *nm* cuello
coucher (se) *v* acostarse (ue)
coudre *v* coser
couloir *nm* pasillo
coup *nm* golpe
coup de pied *loc* patada
coupé(e) *adj* cortado, da
couple *nm* pareja
coupure *nf* corte
cour *nf* patio ; corte (del rey)
courir *v* correr
course *nf* carrera
court(e) *adj* corto, ta
cousin(e) *n* primo, ma
coûter *v* costar (ue)
coutume *nf* costumbre
couvrir (se) *v* abrigarse
craie *nf* tiza
cri *nm* grito
criard(e) *adj* llamativo, va
croire *v* creer
croiser *v* cruzar
croix *nf* cruz
croustillant(e) *adj* crujiente
cueillir *v* coger
cuillère *nf* cuchara
cuillerée *nf* cucharada, cucharadita
cuisine *nf* cocina
cuisse *nf* muslo
cuit(e) *adj* cocido, da
culture (plantes) *nf* cultivo

D

dangereux, -euse *adj* peligroso, sa
danser *v* bailar
danseur, -euse *n* bailarín, na
date *nf* fecha
débarrasser (se) *v* deshacer(se), quitar
début *nm* principio
décembre *nm* diciembre
décourager *v* desanimar
découverte *nf* descubrimiento
dedans *adv* dentro
défaire (se) *v* deshacer(se)
défilé *nm* desfile
dégoût *nm* asco
dehors *adv* fuera
déjeuner *nm* almuerzo, comida
déjeuner *v* comer
demander *v* pedir (i), preguntar
demi(e) *adj* medio, a
démodé(e) *adj* anticuado, da
dépenser *v* gastar
depuis *prep* desde
déranger *v* molestar
dernier, -ère *adj* último, ma
dérouler *v* desarrollar(se)
dérouler (se) *v* transcurrir
derrière *adv* detrás
descendre *v* bajar
design *nm* diseño
désir *nm* deseo
désobéir *v* desobedecer
désolé(e) *adj* lo siento
dessert *nm* postre
dessin *nm* dibujo
dessiner *v* dibujar
dessous *adv* abajo, debajo
détester *v* odiar
devant *adv* delante
développer *v* desarrollar
devenir *v* ponerse, hacerse, convertirse(ie) (en)
différencier *v* distinguir
diffuser *v* difundir
dimanche *nm* domingo
dîner *nm* cena
dîner *v* cenar
dire *v* decir (i)
directeur, -trice *n* director, ora
discuter *v* conversar
disputer (se) *v* pelearse
dissoudre *v* disolver (ue)
distribuer *v* repartir
diviser *v* dividir
doigt *nm* dedo
donnée *nf* dato
donner *v* dar
donner rendez-vous *loc* quedar
doucher (se) *v* ducharse
doute *nm* duda
droit(e) *adj* derecho, cha, recto, ta
droite *nf* derecha
drôle *adj* gracioso, sa, divertido, da

E

eau *nf* el agua
échange *nm* cambio
échapper (s') *v* escapar(se)
école *nf* escuela
écouter *v* escuchar
écran *nm* pantalla
égal(e) *adj* igual
élever *v* criar
élève *n* alumno, a
éloigné(e) *adj* alejado, da
embêter *v* fastidiar
embouteillage *nm* atasco
empêcher *v* impedir (i)
emploi *nm* uso, empleo
en dessous *loc* debajo de
en face *loc* enfrente
en haut *loc* arriba
encore *adv* aún, todavía, otra vez
endormir (s') *v* dormirse
endroit *nm* sitio, lugar
enfant *n* niño, ña
enfin *adv* por fin
enlever *v* quitar, sacar
énervé, e *adj* nervioso, a
ennuyer (s') *v* aburrirse
ensemble *adv* juntos, tas
ensuite *adv* luego
entendre *v* oír
entraîneur, -euse *n* entrenador, ora
entrée *nf* entrada
entretien *nm* entrevista
envie *nf* gana
envoyer *v* enviar
épée *nf* espada
épeler *v* deletrear
épouse *nf* mujer, esposa
équilibré(e) *adj* equilibrado, da
espagnol(e) *adj/n* español, a
essayer *v* intentar, probar (ue)
est (point cardinal) *nm* este
état *nm* estado
été *nm* verano
éteindre *v* apagar
étoile *nf* estrella
étonner *v* sorprender, extrañar
étrange *adj* raro, ra
étranger, -ère *adj* extranjero, ra, forastero, ra
être à la mode *loc* ir a la (última) moda ; estar de moda
être *v* estar, ser
étroit(e) *adj* estrecho, cha
étudier *v* estudiar
événement *nm* acontecimiento
éventail *nm* abanico
exemple *nm* ejemplo
exercer *v* ejercer
exploser *v* estallar

F

façon *nf* modo
faible *adj* débil
faim *nf* hambre
faire *v* hacer
faire attention *loc* tener cuidado
faire la vaisselle *loc* fregar (ie) los platos
faire plaisir *loc* complacer
farine *nf* harina
fatigué(e) *adj* cansado, da
faute *nf* error, falta, culpa
fauteuil *nm* sillón
faux, -sse *adj* falso, sa
femme *nf* mujer
fenêtre *nf* ventana
fer à repasser *nm* plancha
férié(e) *adj* festivo, va
ferme *nf* granja
fermé(e) *adj* cerrado, da
fermer *v* cerrar (ie)
fêter *v* celebrar, festejar
février *nm* febrero
fiancé(e) *n* novio, a
fier, ère *adj* orgulloso, sa
film *nm* película
fille *nf* chica, muchacha
fils, fille *n* hijo, ja
finir *v* acabar
fixer *v* fijar
flamme *nf* llama
fois *nf* vez
football *nm* fútbol
footballeur, -euse *n* futbolista
forêt *nf* bosque, monte, selva
fort(e) *adj* fuerte
français(e) *adj/n* francés, a
frère *nm* hermano
frire *v* freír (i)
fromage *nm* queso
fruit de mer *nm* marisco
fumée *nf* humo

G

gai(e) *adj* alegre
gaîté *nf* alegría
garçon *nm* chico, muchacho
gare *nf* estación
gâteau *nf* tarta
gâteau *nm* dulce, pastel
gauche *nf* izquierda
génial(e) *adj* estupendo, da
genou *nm* rodilla
glace *nf* helado
gourmand(e) *adj* goloso, sa
goûter *v* (repas) merendar (ie), (essayer) probar (ue)
grand(e) *adj* grande
grandir *v* crecer
grand-père, grand-mère *n* abuelo, la
grille *nf* reja
gris(e) *adj* gris
gronder *v* regañar
gros, grosse *adj* gordo, da
grossir *v* engordar

H

habillé(e) *adj* vestido, da
habiller (s') *v* vestirse (i)
habiter *v* vivir
habitude *nf* costumbre
habituer (s') *v* acostumbrarse
haine *nf* odio
haïr *v* odiar
hand-ball *nm* balonmano
hasard *nm* casualidad
haut(e) *adj* alto, ta
hériter *v* heredar
héros, héroïne *nm* héroe, heroína, protagonista
heure *nf* hora
heureux, -euse *adj* feliz
hier *adv* ayer
hiver *nm* invierno
homme *nm* hombre
honnête *adj* honrado, da
honneur *nm* honor
honte *nf* vergüenza
horreur *nm* horror
humour *nm* humor

I

idiot(e) *adj/n* tonto, ta
inclure *v* incluir
infirmier, -ère *n* enfermero, ra
informations *nfpl* noticias
inoubliable *adj* inolvidable
inscrire (s') *v* apuntarse, (à un cours) matricularse
inquiéter (s') *v* preocuparse
instant *nm* rato
interdire *v* prohibir
intéresser *v* interesar
italien, -ienne *adj/n* italiano, na

J

jamais *adv* nunca
jambon *nm* jamón
janvier *nm* enero
jaune *adj* amarillo, lla
jean(s) *nm* vaquero(s)
jeter *v* echar, tirar
jeu *nm* juego
jeudi *nm* jueves
jeune *adj* joven
jeunesse *nf* juventud
joli(e) *adj* bonito, ta
jouer *v* jugar (ue), tocar (un instrumento)
jouet *nm* juguete
jour *nm* día
journal *nm* periódico
journaliste *n* periodista
journée *nf* día, jornada
juillet *nm* julio
juin *nm* junio
jupe *nf* falda
jus *nm* zumo
jusqu'à *prep* hasta

L

la plupart *loc* la mayoría
laid(e) *adj* feo, a
laisser *v* dejar
langue *nf* idioma, lengua
lapin(e) *n* conejo, ja
large *adj* ancho, cha
larme *nf* lágrima
laver *v* limpiar, (la vaisselle) fregar los platos
légume *nm* (sec) legumbre, (vert) verdura
lentement *adv* despacio
lettre *nf* carta
lever (se) *v* levantar(se)
lieu *nm* lugar
linge *nm* ropa
lire *v* leer
lit *nm* cama
livre *nm* libro
loger (se) *v* alojarse
loin *adv* lejos
long(ue) *adj* largo, ga
louer *v* alquilar
lumière *nf* luz
lundi *nm* lunes
lune *nf* luna
lunettes *nfpl* gafas
luxe *nm* lujo
lycée *nm* instituto

M

magasin *nm* tienda
magazine *nm* revista
mai *nm* mayo
maigrir *v* adelgazar
maillot de bain *nm* bañador
maintenant *adv* ahora
maison *nf* casa
maître, -esse *n* dueño, ña, maestro, tra
majorité *nf* mayoría
malade *n/adj* enfermo, ma
malheureusement *adv* desgraciadamente
manche *nf* manga
manège *nm* tiovivo
manger *v* comer
mannequin *nm* modelo
manquer *v* faltar
manteau *nm* abrigo
marché *nm* mercado
marcher *v* andar
mardi *nm* martes
mariage *nm* boda
marier (se) *v* casarse
marraine *nf* madrina
marron *adj* marrón
mars *nm* marzo
match *nm* partido
matière (école) *nf* asignatura
matin *nm* mañana
mauvais(e) *adj* malo, la
méchant(e) *adj* malo, la
médecin *n* médico, ca
méfiant(e) *adj* desconfiado, da
meilleur(e) *adj* mejor
mélanger *v* mezclar
même *adj* mismo, a

même *adv* incluso
mensonge *nm* mentira
mer *nf* el mar
merci *interj* gracias
mercredi *nm* miércoles
mère *nf* madre
mériter *v* merecer
messe *nf* misa
mesure *nf* medida
mesurer *v* medir (i)
métier *nm* oficio, profesión
mettre *v* meter, poner
midi *nm* mediodía
mieux *adj* mejor
mince *adj* delgado, da
mineur(e) *adj/n* menor
minuit *nm* medianoche
miroir *nm* espejo
moins *adv* menos
mois *nm* mes
moitié *nf* mitad
monter *v* subir
montrer *v* enseñar, señalar
moquer(se) *v* reírse
morceau *nm* pedazo, trozo
mordre *v* morder (ue)
mort(e) *n/adj* muerto, ta
mot *nf* palabra
mourir *v* morir(se) (ue)
moustache *nf* bigote
moyenne *nf* media
mûr(e) *adj* maduro, ra
musée *nm* museo

N

nager *v* nadar
naître *v* nacer
nature *nf* naturaleza
neige *nf* nieve
neveu *nm* sobrino
nez *nm* nariz
nièce *nf* sobrina
nier *v* negar (ie)
niveau *nm* nivel
noël *nm* navidad
noir(e) *adj* negro, gra
nom *nm* nombre
nom de famille *nm* apellido
non plus *adv* tampoco
nord *nm* norte
noter *v* apuntar, anotar
novembre *nm* noviembre
nuage *nm* nube
nuit *nf* noche

O

obéir *v* obedecer
obtenir *v* conseguir (i)
octobre *nm* octubre
odeur *nf* olor
œil *nm* ojo
œuf *nm* huevo
offrir *v* ofrecer
oiseau *nm* pájaro
olive *nf* aceituna
omelette *nf* tortilla
oncle *nm* tío
orage *nm* tormenta
orange *nf/adj* naranja
oranger *nm* naranjo
ordonner *v* mandar
oreille *nf* oreja
origine *nf* el origen
os *nm* hueso
oublier *v* olvidar
ouest *nm* oeste
ouvrir *v* abrir

P

page *nf* página
pain *nm* pan
paix *nf* paz
papier *nm* papel
par *prep* por
paraître *v* parecer
parapluie *nm* paraguas
parc *nm* parque
parfois *adv* a veces
parler *v* hablar
partager *v* compartir, repartir
partie *nf* parte
partir *v* salir
pâtisserie *nf* pastel (gâteau), pastelería (commerce)
payer *v* pagar
peine *nf* pena
pendant (que) *prep* mientras
père *nm* padre
personne *pron* nadie
petit(e) *adj* bajo, ja, pequeño, ña
petit-déjeuner *nm* desayuno
petit-fils, petite-fille *n* nieto, ta
peu (de) *adv* poco, ca
peur *nf* miedo, susto
peut-être *adv* quizá(s)
pire *adj* peor
place *nf* plaza, sitio, lugar
placer *v* colocar
plafond *nm* techo
plage *nf* playa
plaindre (se) *v* quejarse
plaine *nf* llanura
plaire *v* gustar
plaisir *nm* placer
planète *nf* el planeta
plein(e) *adj* lleno, a
pleurer *v* llorar
pleuvoir *v* llover (ue)
pluie *nf* lluvia
plusieurs *adjpl* varios, as
poche *nf* bolsillo
poète *nm* poeta
poids *nm* peso
poisson *nm* pescado (dans l'assiette), pez (dans l'eau)
poissonnerie *nf* pescadería
poitrine *nf* pecho
poivron *nm* pimiento
politesse *nf* cortesía
pomme *nf* manzana
pomme de terre *nf* patata
pompier *nm* bombero
pont *nm* puente
port *nm* puerto
portable (téléphone) *nm* móvil
porte *nf* puerta
portefeuille *nm* cartera
porter *v* llevar
possible *adj* posible
poule *nf* gallina
poulet *nm* pollo
poupée *nf* muñeca
pour *prep* para
pouvoir *v* poder (ue)
pratique *adj*, cómodo, a, práctico, ca
pratiquer *v* practicar
premier, -ère *adj* primero, ra
prendre *v* coger, tomar
prénom *nm* nombre
près *adv* cerca
présentateur, -trice *n* presentador, ora locutor, ora
prêter *v* prestar
prier *v* rezar
prince, princesse *n* príncipe, princesa
printemps *nf* primavera
prix *nm* precio
prochain(e) *adj* próximo, ma
proche *adj/n* cercano, na, pariente
profiter *v* aprovechar, disfrutar
projet *nm* proyecto, plan
promenade *nf* paseo
promener (se) *v* pasear(se)
prononcer *v* pronunciar
proposer *v* proponer (u)
proposition *nf* propuesta
propre *adj* limpio, a, propio, a (à soi)
prouver *v* probar (ue)
pull *nm* jersey
punir *v* castigar

Q

quai *nm* (de gare) andén, (de port) muelle
quartier *nm* barrio
quelqu'un *pron* alguien
quelques *pronpl* unos, unas
question *nf* pregunta
queue *nf* cola, rabo (d'animal)
quitter *v* dejar

R

raconter *v* contar
raisin *nm* uva
raison *nf* razón
ramasser *v* recoger
ranger *v* ordenar
rapide *adj* rápido, da
rapidement *adv* rápido
rappeler (se) *v* recordar (ue)
rater un examen *v* suspender
réalité *nf* realidad
reconnaître *v* reconocer
réél, réelle *adj* real
refrain *nm* estribillo
refuser (de) *v* negarse (a)
regarder *v* mirar
régime *nm* dieta, régimen

regretter *v* arrepentirse (ie)
reine *nf* reina
réjouir (se) *v* alegrarse
remercier *v* agradecer
remplir *v* llenar
rencontre *nf* encuentro
rencontrer *v* encontrar (ue), conocer
rendez-vous *nm* cita
rendre *v* devolver (ue)
rentrer *v* regresar, volver
renvoyer *v* despedir (i)
repas *nm* comida
repasser *v* planchar
répéter *v* repetir (i)
répondre *v* contestar
réponse *nf* respuesta
reposer (se) *v* descansar
résoudre *v* resolver (ue)
responsabilité *nf* culpa
ressembler (se) *v* parecer (se)
ressentir *v* experimentar
rester *v* quedar
retirer *v* quitar(se)
retour *nm* regreso
réussir *v* (un examen) aprobar (ue)
réussite *nf* éxito
rêve *nm* sueño
réveil *nm* despertador
réveiller (se) *v* despertar(se) (ie)
revenir *v* regresar, volver (ue)
rêver *v* soñar (ue)
réviser *v* repasar
riche *n/adj* rico, ca
rien *adv* nada
rire *nm* risa
rire *v* reír (i)
riz *nm* arroz
robe *nf* vestido
roi *nm* rey
roman *nm* novela
rôti(e) *adj* asado, da
rouge *adj* rojo, ja
route *nf* carretera
royal(e) *adj* real

S

sable *nm* arena
sac à dos *nm* mochila
sac *nm* la bolsa
sain(e) *adj* sano, na
saison *nf* estación, temporada
sale *adj* sucio, a
salle à manger *nf* comedor
salle de bains *nf* cuarto de baño
salle de classe *nf* el aula
saluer *v* saludar
samedi *nm* sábado
sandwich *nm* bocadillo
santé *nf* salud
sauce *nf* salsa
saucisse *nf* salchicha
sauvage *adj* salvaje
sauver *v* salvar
savon *nm* jabón
scientifique *adj/n* científico, ca
séduire *v* seducir
sel *nm* sal
selon *prep* según
sembler *v* parecer
sens *nm* sentido (odorat)
sentir *v* sentir (ie), oler (ue)
septembre *nm* septiembre
serveur, -euse *n* camarero, ra
serviette *nf* toalla, servilleta
seul(e) *adj* solo, la
seulement *adv* sólo
siècle *nm* siglo
siège *nm* asiento
signature *nf* firma
signer *v* firmar
simple *adj* sencillo, lla
singe *nm* mono, na
skieur, -euse *n* esquiador, ra
slogan *nm* eslogan, lema
sœur *nf* hermana
soif *nf* sed
soigner *v* curar
soir *nm* tarde, noche
sol *nm* suelo
soldes *nmpl* rebajas
soleil *nm* sol
solitude *nf* soledad
sombre *adj* oscuro, ra
sommeil *nm* sueño
son *nm* sonido
sortir *v* salir
souffrir *v* sufrir, padecer
souhaiter *v* desear
souriant(e) *adj* sonriente
sourire *v* sonreír (i) ; *nm* sonrisa
sous *prep* bajo, debajo de
souvenir (se) de *v* acordarse (ue) de
souvenir *nm* recuerdo
souvent *adv* a menudo
sport *nm* deporte
sportif, -ve *n/adj* deportista, deportivo, va
stade *nm* estadio
station (de métro) *nf* estación, parada
station de radio *nf* emisora
stylo *nm* bolígrafo
succès *nm* éxito
sucre *nm* azúcar
sud *nm* sur
suivant(e) *adj* siguiente
suivre *v* seguir (i)
sujet *nm* asunto
super *interj* guay
supporter *v* aguantar
sur *prep* encima de
sûr(e) *adj* seguro, ra
surprendre *v* extrañar
surpris(e) *adj* extrañado, da
sweat-shirt *nf* sudadera

T

tableau *nm* cuadro
table *nf* mesa
taille *nf* tamaño
tandis que *conj* mientras que
tante *nf* tía
tard *adv* tarde
tee-shirt *nm* camiseta
tendre *adj* (aliment) tierno, na, (personne) cariñoso, sa
tenter *v* intentar
tête *nf* cabeza
tiroir *nm* cajón
tissu *nm* tejido, tela
titre *nm* título
toit *nm* tejado
tomate *nf* el tomate
tomber *v* caer
tôt *adv* temprano
toucher *v* tocar
toujours *adv* siempre, todavía
tour *nm* vuelta ; *nf* torre
tourner *v* girar
tout(e) *adj/pron* todo, da
tout à coup *loc* de repente
traduire *v* traducir
tranche *nf* rebanada
tranquille *adj* quieto, ta
travail *nm* trabajo
travailler *v* trabajar, estudiar
traverser *v* cruzar
trésor *nm* tesoro
trop *adv* demasiado
trottoir *nm* acera
trouver *v* encontrar (ue)
tuer *v* matar

V

vacances *nfpl* vacaciones
valise *nf* maleta
veau *nm* ternera
vedette *nf* estrella
vélo *nm* bici(cleta)
vendredi *nm* viernes
vérifier *v* comprobar (ue)
véritable *adj* verdadero, ra
vérité *nf* verdad
verre *nm* vaso
vers *prep* hacia
vert(e) *adj* verde
veste *nf* chaqueta
vêtement *nm* prenda de vestir, *(pl)* ropa
véterinaire *n* veterinario, a
viande *nf* carne
vide *adj* vacío, cía
vider *v* vaciar
vie *nf* vida
vieillesse *nf* vejez
vieux, vieille *adj* viejo, ja
vif, vive *adj* vivo,va
ville *nf* ciudad
visage *nm* cara, rostro
vitrine *nf* escaparate
vivre *v* vivir
voie *nf* vía
voiture *nf* coche
voix *nf* voz
volley-ball *nm* voleibol
voyage *nm* viaje
voyager *v* viajar

Crédits photographiques

Couv. hg Ph. © Emile Luider/Rapho/EYEDEA / **Couv ht.d**, Ph. © Du Boisberranger Jean / HEMIS; **Couv bas** Ph. © Gonzalo Azumendi / EYEDEA; **13** Ph. © Photographer 9137 / Imagestate / EYEDEA; **14 ht d** Ph. © Randy Faris / CORBIS; **14 ht m** Ph. © Javier Diez Compadre / EYEDEA; **14 m g** Ph. © J. D. Dallet / Age Photostock / Hoa-Qui / EYEDEA; **16** Ph. © J.D. Dallet / Age Photostock / Hoa-Qui / EYEDEA; **17** Ph. © Marta Nascimento / REA; **18** Ph. © Matt Gray / GETTY IMAGES; **19 ht d** Ph. © Paul Fenton / KPA / EYEDEA; **19 ht g** Ph. © Paul Guilham / AFP; **20 ht d** Ph. © Sergio Pitamitz / Age Photostock / Hoa-Qui / EYEDEA; **20 m d** Ph. © Image Source / CORBIS; **20 bas g** Ph. © Rob Lewine / Zefa / CORBIS; **21** Ph. © Chris Young / AFP; **23 ht d** Ph. © TVE; **23 ht g** Ph. © Walter Hodges / CORBIS; **26 ht d** Ph. © Roy Philippe / Hoa-Qui / EYEDEA; **26 ht m** Ph. © Guillaume Horcajuelo / REA; **26 bas d** Ph. © Santiago Fernandez / Age Photostock / Hoa-Qui / EYEDEA; **26 bas g** Ph. © Sven Hagolani / Zefa / CORBIS; **27 ht g** Ph. © Chederros / Reporters-REA; **27 ht d** Ph. © Gonzalez / Laif- REA; **27 m d** Ph. © Javier Larrea / Age Photostock / Hoa-Qui / EYEDEA; **27 m m** Ph. © Frank Tophoven / Laif-REA; **28** © Quino; **29** Ph. © Dusko Despotovic / CORBIS; **31 ht g** Ph. © Sergio Pitamitz / Age Photostock / Hoa-Qui / EYEDEA; **32** Ph. © Successio Miro-Adagp, Paris 2008; **34 ht d** Ph. © SCHNEIDER D. / Urba images serveur; **34 m g** Ph. © Santiago Lyon / AP/ SIPA; **35 ht d** Ph. © Droits Réservés; **36** © Renault, Droits Reservés; **37** Ph. © Bridgeman / Droits Réservés; **38 ht d** Ph. © Mario Fourmy; **39 ht d** Ph. © TVE; **42 ht d** Ph. © COVER; **42 mg** Ph. © EFE/SIPA; **42 md** Ph. © Jesus Diges/EFE REA; **42 bas g** Ph. © Alpay / SIPA; **42 bas d** Ph. © Mc / Enfoque / SIPA; **43 ht g** Ph. © Carlos Alvarez/AFP / **mg** Ph. © Olive Albert/EFE/SIPA / **bas m** Ph. © Jacques Langevin / Sygma / CORBIS; **43 bas d** Ph. © Ballesteros / EFE / SIPA; **44** © Liniers ; **45** Ph. © Kevin Dodge / CORBIS; **46** Ph. © Chris Clinton / GETTY IMAGES; **47 ht g** Ph. © LWA-Dann Tardif / CORBIS; **47 m d** Ph. © Javier Arcenillas / COVER; **48 ht d** Ph. © San Rostro / Age Photostock / Hoa-Qui / EYEDEA; **49 ht d** Ph. © Gen Nishino / GETTY IMAGES; **50** Ph. © Michael Prince / CORBIS; **52** Exept. m.m. Ph. © M. Farina; **52 m m** Ph. © SW Productions / Brand X / CORBIS; **53** © Candelas Hernandez "Silence. She will sing a fado" Ph. © Gina Gallery of International Naive Art , Tel Aviv; **54 ht d** Ph. © Andreas Pollok / GETTY IMAGES; **55** Ph. © Egeda; **58 ht d** Ph. © Catherine Ledner / GETTY IMAGES; **58 bas m** Ph. © Gardel Bertrand / Hemis.fr; **59 ht g** Ph. © Mario Fourmy / REA; **59 m d** Ph. © Jordis Antonia Schlosser / Ostkreuz / EYEDEA; **60** © Liniers / Ediciones de la Flor; **61** Ph. © Tim Pannell / CORBIS; **62 ht d** Ph. © Koji Watanabe / AFP; **64 ht d** Ph. © PHOTO12 / ALAMY; **64 ht m** Ph. © PHOTO12 / ALAMY; **65 ht d** Ph. © Rudy Sulgan / Age Photostock / Hoa-Qui / EYEDEA; **67** Ph. © Daren Robb/Getty Images; **68 ht d** Maillot Ph. © JUPITER IMAGES / **68 ht d** Ph. © Hemera / **68 m g** Manteau Ph. © Chris Moore / Catwalking / GETTY IMAGES; **68** Exept. manteau et maillot de bain Ph. © Fotolia.; **69** © Creative; **70** Ph. © Tristan Deschamps/Photononstop; **71** Ph. © La fabrique de films; **74 ht** Ph. © Oronoz / PHOTO12; **74 m g** Ph. © EFE; **74 m m** Ph. © PHOTO12 / ALAMY; **74 m d** Ph. © RUE DES ARCHIVES/ Gregoire; **74 bas g** Ph. © PHOTO12 / ALAMY; **75 ht g** Ph. © EFE; **75 ht m** Ph. © Philippe Desmazes / AFP; **75 ht d** Ph. © Cristina Quicler / AFP; **77** Ph. © Carlos Cazalis / CORBIS; **78** Ph. © Moodboard / CORBIS; **79** Ph. © Tim Mantrani/Masterfile; **80** © El viaje de Carol de Imanol Uribe / Sogecable; **82** Ph. © Comstock Select / CORBIS; **83** Ph. © Colin Braley/Reuters; **84** © El Corte Inglés; **85** © Maitena; **87** Ph. © Bodega Films; **90 ht d** Ph. © EFE; **90 m m** Ph. © Ruddy Gold / Age Photostock / Hoa-Qui / EYEDEA / **90 bas** Ph. © Edgardo Contreras/Getty Images / **91 m g** Ph. © Floris Leeuwenbreg/CORBIS; **91 ht g** Ph. © Siri Stafford / GETTY IMAGES; **91 m d** Ph. © Jupiter images / AFP; **92** © Quino; **93** Ph. © Manuel H de Leon/EFE/SIPA; **94** © Ministerio de sanidad y consumo; **95 ht g** Ph. © Jean Daniel Sudres / Top / EYEDEA; **95 ht m** Ph. © PHOTO12 / ALAMY; **95 ht d** Ph. © Maurice Rougemont / PixOclock / PIX PALACE; **95 m d** Ph. © PHOTO12 / ALAMY; **96** Ph. © EFE; **97 ht d** Ph. © EFE; **97 m g** Ph. © Mario Fourmy / REA; **98** Ph. © Nick Dolding/Getty Images; **101 ht d** Ph. © Phranc / FOTOLIA; **101 m m** Ph. © Foodfolio / Sucré Salé / PIX PALACE; **101 m d** Ph. © Poulet Philippe / Belpress / Andia / PIX PALACE; **101 m g** Ph. © Dennis Gottlieb / GETTY IMAGES; **101 bas d** Ph. © Super Studio / GETTY IMAGES; **102 ht d** Ph. © Oronoz / PHOTO12; **103** Ph. © Egeda; **106 bas g** Ph. © J.D. Dallet / Age Photostock / EYEDEA; **107 ht d** Ph. © Escudero Patrick / Hoa-Qui / EYEDEA; **107 m g** Ph. © PHOTO12 / ALAMY; **107 m d** Ph. © Mallet / Photocuisine / CORBIS; **107 bas d** Ph. © Food Image Source / GETTY IMAGES; **108** Ph. © PHOTO12 / ALAMY; **109** Ph. © Adrian Weinbrecht / GETTY IMAGES; **110** Ph. © Biosphoto / Dickinson Nigel / Still Pictures; **111** Ph. © Annie Griffiths Belt / CORBIS; **112 ht d** Ph. © Frank Lukasseck / CORBIS; **112 bas** Ph. © Harten/Photononstop; **114** © Salvador Dali, Fondation Gala-Salvador Dali / Adagp, Paris 2008; **115** Ph. © Moodboard / CORBIS; **116** © Iberia / Banco Popular Español; **117** © Juanjo Saez, Los perros no pueden leer en Comocomic; **118** Ph. © Bacchella Adriano / Jacana/ EYEDEA; **119** © Ministerio del trabajo y asuntos sociales; **119 ht d** Ph. © Just Dream; **122 ht d** Ph. © EFE; **122 bas g** Ph. © Fernando Moleres / Cosmos; **123 ht d** Ph. © Weda/CORBIS; **123 ht g** Ph. © EFE, **123 m m** Ph. © Alexandros Vlahos / AFP; **123 bas g** Ph. © Manuel Cohen / THE PICTURE DESK; **124** © Maitena; **125** Ph. © Alvaro Leiva/AGE/Hoa-Qui/EYEDEA; **126** Ph. © EFE / CORBIS; **127** Ph. © JNS/RAPHO/EYEDEA; **128** Ph. © Pasquier/RAPHO/EYEDEA; **129** Ph. © Frédéric Léotard; **130** Ph. © Thomas Hoepker / MAGNUM; **131** Ph. © RH Productions / GETTY IMAGES; **132** Ph. © Derechos Reservados; **133** Ph. © Oronoz / PHOTO12; **134** Ph. © Mattes René / HEMIS; **135** Ph. © Egeda; **138 ht d** Ph. © Fernando Penalosa/EFE/SIPA; **138 bg**: Rafael Jauregui Lena/IBERIMAGE **138 m d** Ph. © Fly Fernandez / Zefa / CORBIS; **138 bas m** Ph. © Michael Prince / CORBIS; **139 ht d** Ph. © Ned Frisk / CORBIS; **139 ht g** Ph. © Chris Anderson/Aurora/GETTY Images; **139 m g** Ph. © Jutta Klee / CORBIS; **139 b d** Ph. © Rabouan Jean Baptiste / HEMIS; **141 ht d** Ph. © Villar Lopez/EFE/SIPA; **141 mg** Ph. © Vittoriano Rastelli/CORBIS; **141 bas d** Détail repris de la p. 147 Ph. © Rafa Rivas / AFP; **142 ht d** Ph. © Pompe Ingolf / HEMIS; **142 bas g** Ph. © Mario Fourmy/REA; **142 bas d** Ph. © Mario Fourmy/REA; **143 ht d** Ph. © Javier Cebollada/EFE/SIPA; **144 ht d** Ph. © Cristobal Garcia / CORBIS; **144 bas d** Ph. © Rodrigo Arangua / AFP; **145 m g** Ph. © EPA / EFE / AFP; **145 bas d** Ph. © Frilet Patrick / HEMIS; **146 ht d** Ph. © Cortesía Turismo Valencia; **146 bas g** Ph. © Aguililla & Marin / Age Photostock / Hoa-Qui / EYEDEA; **147 ht g** Ph. © Rafa Rivas / AFP; **147 ht d** Ph. © Cristina Quickler / AFP

Crédits textes

16 © Rosana Acquaroni Muñoz / Santillana; **17** © Elvira Sancho y Jordi Surís / Editorial Difusión; **18** © Camilo José Cela, Derechos Reservados; **32** © Santiago Gamboa / Editorial Planeta, Derechos Reservados; **33** © Almudena Grandes / Tusquets editores, Derechos Reservados; **35** © Elvira Sancho y Jordi Surís / Editorial Difusión; **44** © Rosana Acquaroni Muñoz / Santillana; **48** © Federico Garcia Lorca; **49** © Carmen Kurtz, Derechos Reservados; **50** © Luís García Montero, Derechos Reservados; **58** © El País; **64** © Camilo José Cela, Derechos Reservados; **65** © Elena Moreno / Santillana; **67** © José Ramón Ayllón, Derechos Reservados; **70** © Manu Chao, Derechos Reservados; **76** © Mario Vargas Llosa, Derechos Reservados; **80** © El viaje de Carol de Imano Uribe; **82** © Díaz-Corralejo, Violeta: Un vecino poco habitual, Madrid, Arco Libros, 2001; **83** © Juanes: A Dios le pido; **92** © Jordi Sierra y Fabra / Ediciones Sm; **96** © Paloma Bordons / Ediciones Sm; **98** Rosana Acquaroni Muñoz, Derechos Reservados; **108** © Díaz-Corralejo, Violeta: Un vecino poco habitual, Madrid, Arco Libros, 2001; **112** © Maria Puncel / Santillana; **113** © Elvira Lindo; **114** © Manuel de la Calva, Ramón Arcusa, Duo Dinámico; **115** © José Maria Serrano, Derechos Reservados; **124** © Edgar Neville, Derechos Reservados; **128** © Mario Benedetti; **129** © Carlos Ruiz Zafón, Derechos Reservados; **131** © Antonio Machado, Campos de Castilla, Anaya editorial; **140** © Alberto Fuguet, Derechos Reservados

Références sonores (pistes du CD élève)

1 © Radio Escolar; **10, 15, 27** © Radialistas.net; **4, 10, 13, 14** © Radialistas.net; **18** Diómedes Díaz © Virgin Music Spain / EMI / D.R.; **20** J. Aristizabal-Juanes © Universal / AZ; **22** © Ministerio de Sanidad y Consumo; **29** Dúo Dinámico © Virgin Music Spain / EMI / D.R.

América latina